Sarah.

COLLECTION J. E

CW00729444

L'ÉCONOMIE FRANÇAISE

face aux défis mondiaux

Faits — Chiffres — Analyses

Cinquième édition mise à jour

J. et G. BRÉMOND

HATIER

Avant-propos

La crise douce

La prise de conscience de la gravité de la crise économique a été tardive en France. Au niveau collectif, elle ne se développe véritablement qu'au début des années 80. De multiples facteurs ont favorisé cet aveuglement. L'habitude de la croissance d'abord. Depuis trois décennies la production augmentait régulièrement et chacun s'était habitué à l'accroissement régulier de son niveau de vie et au plein emploi. Bien sûr, la hausse du prix du pétrole avait inquiété pendant quelques mois mais rien de vraiment grave ne semblait encore toucher l'économie française : le niveau de vie poursuivait sa croissance, à un rythme simplement plus modeste. Sans doute le chômage se développait mais l'indemnisation des sans-emploi était élevée grâce à la protection sociale mise en place au cours des décennies précédentes. Bien sûr, les prix augmentaient fortement mais tous ceux, entreprises ou particuliers, qui avaient acquis à crédit un bien immobilier, de l'outillage ou une automobile, se réjouissaient, plus ou moins secrètement, tant il est vrai que l'inflation réduit la valeur réelle de remboursement des dettes anciennes.

Sur le plan politique l'optimisme aussi était de rigueur. A droite, on considérait, comme l'affirmaient les économistes libéraux, que la crise était conjoncturelle, qu'une saine politique devait permettre une sortie rapide de la récession. A gauche, la crise était considérée comme structurelle mais on croyait fermement qu'un changement de politique économique rétablirait la situation. Bref, pour des raisons différentes, à gauche comme à droite, des solutions à relativement court terme paraissaient possibles.

Rien ne va plus

A partir de 1982, une inquiétude profonde s'installe peu à peu. A l'échec des politiques de relance s'ajoute la prise de conscience d'un accroissement des rigidités de l'économie française, de la nécessité de mutations profondes pour tenter de sortir du sous-emploi. La crise est mondiale mais l'économie française rencontre des difficultés spécifiques.

Le chômage atteint des niveaux si élevés que l'on ne peut plus y répondre par les seuls moyens de la protection sociale traditionnelle. La crise dure... et le spectre de la « grande dépression de 1929 » resurgit.

Ne pas se tromper de crise

La crise constitue un véritable traumatisme pour la société française. Les certitudes d'hier disparaissent. A droite, le courant ultra libéral voit son audience grandir, la réduction massive de l'intervention de l'État apparaît à beaucoup comme une bouée de sauvetage face aux échecs des politiques keynésiennes de relance par le soutien de la demande. A gauche, les certitudes anciennes sont remises en question, comme le montre par exemple l'adoption d'une politique de « rigueur » et la revalorisation de « l'esprit d'entreprise » si contraire aux discours traditionnels du courant socialiste français.

Que peut-on faire pour sortir l'économie française des difficultés qu'elle rencontre ? La diversité des remèdes que nous proposent les économistes reflète les oppositions qui traversent la pensée économique.

Les économistes néo-classiques attribuent la responsabilité de la crise aux chocs extérieurs au champ économique (hausse brutale du prix du pétrole, mutations technologiques rapides...) et à l'intervention de l'État qui fausse le jeu du marché et s'oppose à la réalisation de l'équilibre spontané vers lequel tend naturellement l'économie en situation de « concurrence pure et parfaite ». Dénationaliser, laisser jouer la concurrence, en particulier en matière de salaires, améliorer les conditions de rentabilité des entreprises par la réduction des charges sociales, contrôler la masse monétaire pour enrayer l'inflation tels sont les principaux moyens préconisés par ce courant pour retrouver le plein emploi en France.

Cette politique est inefficace, affirment les keynésiens, car la tendance spontanée vers l'équilibre n'existe pas. Dans les années trente, l'intervention de l'État était extrêmement réduite, les salaires baissaient fortement sans que le chômage soit pour autant enrayé. Pourquoi en serait-il autrement aujourd'hui ? Quel que soit le coût salarial, quand les commandes sont insuffisantes, l'entreprise réduit le niveau de l'emploi. La faiblesse de la demande est une cause majeure de la crise actuelle. L'échec relatif des politiques de relance par la demande prouve seulement que l'intervention de l'État doit s'orienter différemment. Réduire les contraintes qui enrayent l'efficacité des politiques de relance, mettre en place des politiques de relance concertées au niveau international, favoriser le consensus social... sont les principaux moyens préconisés par les keynésiens pour sortir de la crise.

Ces interprétations sont partielles et partiales, rétorquent alors les marxistes. La politique libérale conduit à une aggravation de la situation des plus faibles et la politique keynésienne n'est qu'un moyen de renforcer le capitalisme. Or celui-ci engendre inéluctablement des crises économiques. L'appropriation par une minorité de la plus-value induit inévitablement un développement déséquilibré entre le secteur des biens de production et celui des biens de consommation. Si dans une première phase, celle de la croissance, le capitalisme investit la plus-value prélevée sur les travailleurs et soutient ainsi l'augmentation de la production, il arrive un moment où la production nouvelle ne trouve plus de débouchés suffisants, réduisant ce faisant l'intérêt des investissements. C'est donc la nature même de l'organisation du capitalisme qui est à l'origine des crises économiques. Seul un changement d'organisation sociale (renforcement du secteur nationalisé, du pouvoir des travailleurs dans l'entreprise, le repli partiel sur l'hexagone, les changements dans les critères de gestion...) est susceptible d'éviter les gaspillages économiques et sociaux qu'engendre la crise.

Compliquant un peu plus les approches, des analyses inclassables selon les critères traditionnels ont fait l'objet d'un regain d'intérêt. La prise en compte des rigidités, des rapports de force, des effets d'entraînement, des comportements, du poids de l'histoire caractérise ce courant hétérodoxe.

Face à la diversité des explications proposées comment ne pas se tromper de crise ? Des politiques plus ou moins inspirées par chacun de ces courants ont été pratiquées de par le monde avec des résultats qui ne permettent pas de dégager des conclusions indiscutables, succès et échecs pouvant être attribués à chacune de ces politiques. La gravité des enjeux, jointe au caractère incertain des résultats des différentes politiques, ont provoqué un renouveau d'intérêt pour les travaux qui cherchent à prendre en compte les caractéristiques concrètes d'une économie à un moment donné de son histoire.

Un outil pour la réflexion

Dans cette logique d'analyse, cet ouvrage voudrait fournir les éléments essentiels d'informations sur la société française, permettant ainsi à chacun une réflexion rigoureuse sur la crise économique dans notre pays.

Prix, niveau de revenu, production, productivité, secteurs industriels... Quelles sont les grandes ruptures des quarante dernières années ? EDF, Elf Aquitaine, BSN, Thomson, Péchiney, ..., qui sont les grandes entreprises françaises ?... Sur chacun des indicateurs essentiels de la vie économique, le lecteur pourra retrouver une information précise, facilement accessible grâce à **un index détaillé**.

Quelle est la nature des difficultés actuelles ? Au-delà de la description des faits quels sont les éléments potentiels de puissance et les causes des faiblesses ? Dans cette recherche, une attention particulière a été portée à la mise en évidence de nombreux simplismes qui faussent l'analyse, tant il est vrai que toute analyse constructive passe à la fois par le respect des faits et le rejet des simplifications abusives.

Première partie

LE CHOC
DE LA CRISE

Quand les problèmes s'amoncellent, le besoin d'analyser devient plus urgent. Aussi, le regard doit dépasser le quotidien pour prendre en compte la longue période qui fait mieux apparaître les ruptures et l'origine des difficultés.

En ce qui concerne l'économie française, il paraît paradoxal qu'une aussi forte croissance que celle des années cinquante et soixante ait pu aboutir à des blocages aussi importants que ceux que l'on constate actuellement. Les hommes ne sont-ils pas les mêmes ? pourquoi les méthodes, hier efficaces, ne le seraient-elles plus aujourd'hui ? Répondre à cette interrogation suppose que l'on regarde attentivement ce qui s'est passé, comment s'est faite la croissance rapide des « 30 glorieuses », quelles sont les mutations qui ont marqué l'économie française au cours des 40 dernières années et qui rendent compte des structures actuelles de l'économie française ?

Face aux difficultés présentes, les accusés sont nombreux : l'évolution du prix du pétrole, la révolution électronique, le cours du dollar, la crise du « fordisme », l'intégration croissante de l'économie française au marché mondial... Encore faut-il préciser l'impact de chacun de ces éléments.

Tout concourt à accroître les contraintes qui pèsent sur l'économie française et à réduire les marges de manœuvre de la politique économique.

1. Le temps de la croissance

Boom de la production et de la consommation

Les 30 années qui suivent la Seconde Guerre mondiale vont être marquées par *une croissance exceptionnellement vigoureuse*. De 1958 à aujourd'hui, en francs constants, le Produit Intérieur Brut de la France a été multiplié par près de 3. Cette forte croissance n'est pas spécifique à la France, mais l'accélération par rapport à la période d'avant-guerre est particulièrement marquée en France où le taux de croissance est supérieur à la moyenne des pays industrialisés. La période qui s'étend de 1945 à 1974, apparaît comme

La croissance française depuis 1785

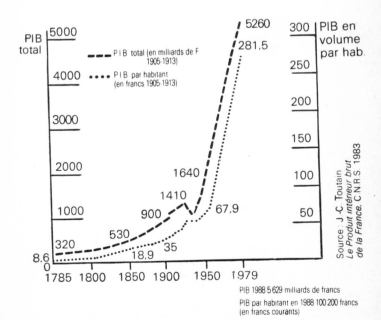

Source : J.-C. Toutain
Le Produit intérieur brut de la France. C.N.R.S. 1983

PIB 1988 5 629 milliards de francs
PIB par habitant en 1988 100 200 francs
(en francs courants)

un véritable âge d'or face aux difficultés actuelles. La France n'avait jamais connu une croissance aussi forte pendant une durée aussi longue.

Production industrielle depuis 1945

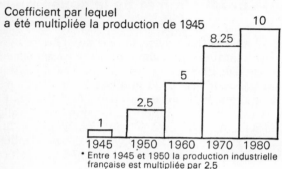

Coefficient par lequel a été multipliée la production de 1945

* Entre 1945 et 1950 la production industrielle française est multipliée par 2.5

La hausse du niveau de vie

Parallèlement la consommation moyenne par habitant en France est multipliée par plus de 2 de 1959 à aujourd'hui.

Diffusion des biens durables en France

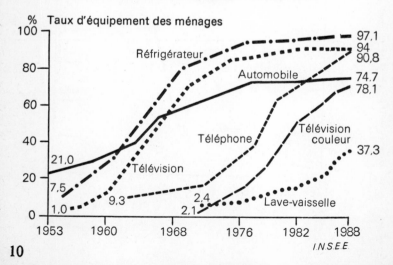

% Taux d'équipement des ménages

I N S E E

Le changement est particulièrement marqué en ce qui concerne la diffusion des biens durables. En 1953, huit ménages sur dix ne disposent pas d'automobile, aujourd'hui plus de 70 % des ménages sont équipés.

La composition de la consommation se transforme. Le poids de certaines dépenses a considérablement diminué. L'alimentation qui représentait 36 % des dépenses de consommation des ménages en 1959, n'en représente plus qu'à peine 20 % aujourd'hui, l'habillement auquel les Français consacraient 10 % de leur budget en 1959, ne constitue plus que 6,8 % des dépenses en 1988. Cela ne signifie pas bien sûr que les dépenses consacrées à ces consommations aient diminué en valeur absolue : elles ont augmenté massivement mais moins rapidement que celles d'autres types de dépenses (logement, santé), ce qui se traduit par la diminution de leur poids (en pourcentage) dans l'ensemble des dépenses de consommation.

Cette croissance de la consommation se manifeste dans tous les domaines. La consommation alimentaire a doublé, les dépenses de santé ont été multipliées par 6 en termes réels (c'est-à-dire déduction faite de l'inflation).

En 1955, deux logements français sur cinq n'avaient pas l'eau courante, aujourd'hui 99,6 % des logements en disposent.

Caractéristiques des logements	1954 en %	1962 en %	1984 en %
Eau courante	61,9	78,4	99,6
Baignoire ou douche	10,4	28,9	87,8
Chauffage central		19,3	67,5

I.N.S.E.E.

Sans doute cette moyenne doit-elle être nuancée par la constatation du maintien de poches de sous-équipement. Celles-ci ne se trouvent pas toujours là où on les attendait le plus. Ainsi à Paris, 46 % des logements ne possèdent pas l'ensemble des 3 éléments de confort que sont l'eau courante, les sanitaires et le chauffage central.

Composition moyenne du budget (en %)

	1959	1988
Santé	6,6	9,3
Logement	9,3	18,8
Transports	9,3	16,9
Loisirs-Culture	5,4	7,5
Divers	12,2	12,8
Équipement du logement	11,2	8,2
Habillement	10,1	6,8
Alimentation	36,0	19,7

Source : I.N.S.E.E.

L'augmentation globale de la consommation est évidemment liée à l'accroissement des revenus en termes réels. La modification de la composition des dépenses de la consommation est due à plusieurs facteurs : l'évolution des prix relatifs et les réactions des consommateurs face à ces variations ; le comportement des ménages dans l'affectation des accroissements de revenus ; la transformation des goûts au cours des années...

Ainsi, les prix des logements ont augmenté plus rapidement que la moyenne des prix en France, mais comme il s'agit d'un type de consommation considéré comme prioritaire par les ménages, la part des dépenses totales consacrée au logement a néanmoins augmenté. En revanche, la baisse relative du prix des produits électro-ménagers a constitué un facteur important de la croissance des taux d'équipement dans ce domaine.

Niveau de vie et sentiment de bien-être

Paradoxalement, semble-t-il, le sentiment d'amélioration du bien-être matériel est beaucoup moins intense que ne le laisserait supposer le caractère massif de l'augmentation de la consommation moyenne au cours des quarante dernières années. De nombreux éléments objectifs mais aussi subjectifs contribuent à expliquer ce décalage :

● Les changements sociaux qui ont accompagné la croissance ont créé des besoins nouveaux. Les consommations nouvelles destinées à les satisfaire n'accroissent pas le bien-être matériel. Ainsi, quand les distances entre le lieu de travail et le domicile augmentent, des moyens de transport collectifs ou individuels deviennent nécessaires sans qu'il en résulte d'amélioration du genre de vie.

L'urbanisation accrue, l'éloignement du lieu de travail contribuent au développement des dépenses de transport dans le budget du Français moyen, tandis que la mutation des attitudes vis-à-vis du vêtement induit une décroissance relative des dépenses d'habillement.

● Le sentiment de bien-être est pour partie relatif. Ne pas posséder de voiture ou de télévision est ressenti comme normal quand la grande majorité en est dépourvue... quand l'usage en est courant, le sentiment de frustration de celui qui n'en possède pas se trouve accru.

● Certains besoins, traditionnellement satisfaits dans le cadre de solidarités familiales, ou de voisinage... ne le sont plus aujourd'hui que par le recours au marché... augmentant la dépendance matérielle de ceux qui ne disposent que d'un faible revenu.

● Rien n'est plus facile que de s'habituer à la hausse du niveau de vie... Une fraction importante de la population n'a pas ou a peu connu la période de l'après-guerre... A la question : « Comment accroître le niveau de vie ? » tend à se substituer une autre interrogation : « Mon revenu me permet-il de disposer des biens dont j'estime avoir besoin ? » Cette approche induit une réduction du sentiment de bien-être.

Et pourtant, dormir l'hiver dans une pièce non chauffée, sortir de son logement malgré les intempéries pour aller chercher de l'eau, porter le même vêtement pendant cinq ou même dix ans... sont dans la France d'aujourd'hui des situations marginales, alors qu'elles étaient la condition d'un grand nombre de personnes, il y a à peine quelques décennies... et le restent dans une vaste partie du monde.

Le cercle vertueux de la croissance

Le boom de la productivité

Une telle croissance de la consommation ne peut s'expliquer ni par l'augmentation du nombre de travailleurs qui est modeste, ni par l'accroissement de la durée du travail, puisque celle-ci au contraire diminue lentement mais sûrement.

Si la production augmente sans que le nombre d'heures de travail s'accroisse, c'est que chaque producteur réalise en moyenne une plus grande quantité de produits par heure de travail. Les économistes diront que la « productivité du travail » s'accroît.

Les progrès de la productivité sont étonnants au cours des 30 ans qui suivent la Deuxième Guerre mondiale.

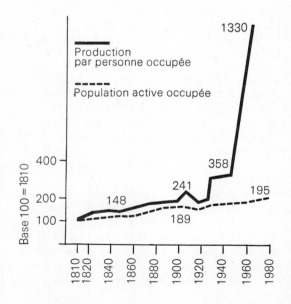

Cette croissance de la productivité s'est poursuivie après 1973, mais à un rythme ralenti :

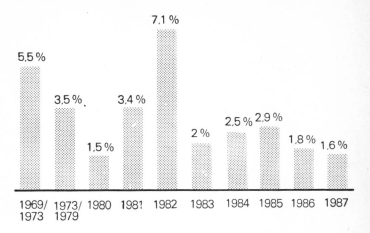

| 1969/ 1973 | 1973/ 1979 | 1980 | 1981 | 1982 | 1983 | 1984 | 1985 | 1986 | 1987 |

Accroissement des profits, accroissement des salaires

En termes de « croissance économique », ces 30 années sont donc fastes pour l'économie française : un véritable « cercle vertueux » de la croissance se développe. L'augmentation de la productivité permet aux entreprises de répondre aux revendications salariales tout en maintenant des profits élevés, l'accroissement des revenus salariaux entretient une demande croissante qui incite les entreprises à accroître leur capacité de production et à se moderniser. Cette augmentation des capacités de production induit des besoins de main-d'œuvre qui assurent un quasi plein emploi. Le chômage est très faible en France pendant cette période. Les entreprises se plaignent souvent d'avoir des difficultés à trouver des travailleurs qualifiés.

Dans de nombreux secteurs les nouvelles méthodes de production (production à la chaîne et en grandes séries standardisées) permettent des gains de productivité considérables, à condition toutefois de produire et de vendre en grandes quantités, ce qui est rendu possible par la crois-

15

sance régulière de la demande. Cette nouvelle organisation qui ne touche d'ailleurs pas tous les secteurs, a été qualifiée de « fordiste » en mémoire de Ford qui le premier l'appliqua à la production de voitures.

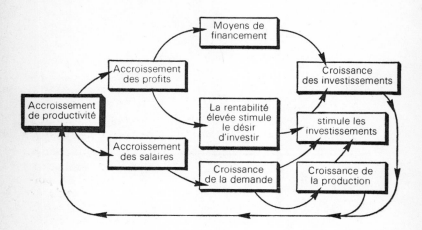

A posteriori, ce mécanisme semble si parfait qu'on pourrait considérer que la croissance était si facile qu'elle était en quelque sorte inévitable. La réalité est sans doute bien différente ; un simple regard sur l'économie du Royaume-Uni dont les résultats sur l'ensemble de cette période sont très médiocres, alors que les conditions économiques et politiques au lendemain de la guerre pouvaient sembler au moins aussi favorables que celles de la France, rappelle que le jeu de ces mécanismes ne va pas de soi ; de multiples facteurs peuvent les enrayer, les bloquer. Le miracle de l'économie française pendant cette période est justement d'avoir permis à cette dynamique de croissance de se développer.

La croissance va à la fois induire des changements (dans la nature des emplois, l'organisation du travail, dans la répartition entre les secteurs) et être entretenue par de multiples mutations qui, au moins jusqu'aux années 70, se révéleront globalement favorables à la croissance.

Celles-ci vont aussi accroître certaines vulnérabilités qui contribueront aux difficultés d'aujourd'hui.

2. La France change

Des mutations multiples

En 40 ans la société française va se transformer plus rapidement sans doute qu'elle ne l'avait fait au cours des décennies précédentes.

L'appareil de production se mécanise, le capital investi par travailleur s'accroît massivement, des produits nouveaux prennent une place considérable dans la vie quotidienne et modifient le mode de vie, la protection sociale se généralise, l'organisation de la production se transforme, les comportements en matière de natalité se modifient, la durée de vie s'allonge, la qualification de la main-d'œuvre et la nature des emplois se transforment... La France s'ouvre largement à la concurrence mondiale, les mentalités et les comportements évoluent...

L'intervention économique de l'État s'accroît et change de nature. La planification indicative et les nationalisations sont les symboles de cette intervention mais le champ de cette ingérence de l'État dépasse très largement ces seuls domaines.

Ces mutations qui vont accompagner la croissance, puis la période de crise ne sont pas toutes linéaires. Ainsi après l'urbanisation rapide de l'après-guerre, le rapport ville/campagne se stabilise à partir de 1975...

Aujourd'hui encore les transformations se poursuivent, dans certains domaines elles s'accélèrent. Ces mutations sont, pour partie au moins, liées à la croissance ; mais en s'intensifiant, en se développant, certains changements induisent des problèmes nouveaux qui contribuent aux difficultés mais aussi aux succès de l'économie française aujourd'hui.

La population,
du baby boom au refus du 3ᵉ enfant

Le baby boom

Au XIXᵉ siècle et au début du XXᵉ siècle, la croissance de la population française est nettement inférieure à celle de ses voisins européens et le nombre de Français sur la longue période ne s'accroît que faiblement. Aussi les taux élevés de natalité qui marquent la période 1946-1965 constituent-ils un phénomène tout à fait exceptionnel dans l'évolution démographique de la France. Dans un langage imagé les Américains parleront de « baby boom » pour qualifier une telle reprise de la natalité.

Taux de natalité et de mortalité en France

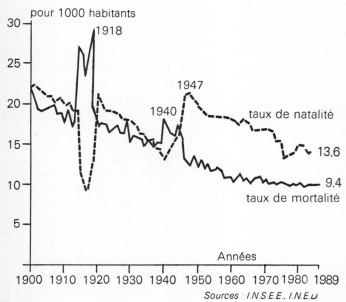

Sources : I.N.S.E.E., I.N.E.D.

18

L'accroissement des naissances n'augmente pas à court terme le nombre de producteurs ; aussi pour répondre aux besoins de main-d'œuvre provoqués par la croissance économique, la France fit appel à des travailleurs étrangers. La décolonisation provoqua le retour de nombreux Français en métropole ce qui contribua aussi à la croissance de la population.

Parallèlement, la forte baisse de la mortalité infantile et l'allongement de la durée de vie se traduit par une baisse soutenue de la mortalité.

Taux de mortalité infantile

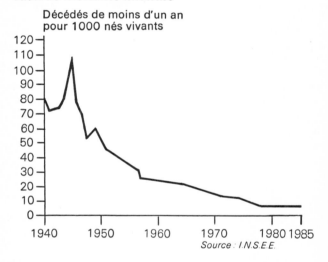

1989 : taux de mortalité infantile : 7,5 %

La conjonction de ces différents facteurs induit une augmentation exceptionnelle de la population de la France métropolitaine qui passe de 40 à 52 millions d'habitants entre 1946 et 1973 et à 56,3 millions au 1er janvier 1990.

La chute de la fécondité

Si le nombre moyen d'enfants par femme en âge de procréer (taux de fécondité) était resté constant, un nouveau boom des naissances aurait eu lieu à la fin des années soixante lorsque les générations nombreuses de l'après-guerre arrivèrent à l'âge de procréer. En fait, la faiblesse du taux de fécondité en France à partir des années 1965 va presque annuler l'effet de l'augmentation de l'effectif de ces générations.

Fécondité nette en France et en Europe occidentale depuis 1930

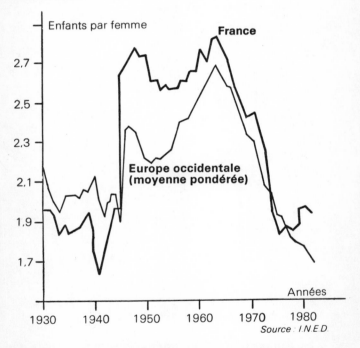

Nombre moyen d'enfants en France par femme en 1989 : 1,81

Le nombre des naissances va progressivement diminuer. Le solde des naissances sur les décès reste positif mais l'excédent devient très faible et la baisse de la fécondité est telle que si les comportements démographiques ne se modifient pas, le renouvellement des générations ne sera pas assuré et à terme la population française baissera.

Cette baisse de la fécondité touche tous les grands pays industriels. En Europe, la R.F.A. ou l'Italie ont un taux de fécondité particulièrement faible, il se situe autour de 1,5 enfant par femme alors que le seuil de remplacement des générations est de 2,1 enfants par femme.

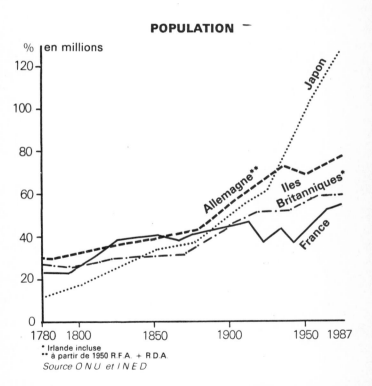

POPULATION

* Irlande incluse
** à partir de 1950 R.F.A. + R.D.A.
Source O N U et I N E D

Plusieurs facteurs sont généralement retenus pour expliquer ce renversement de tendance, le plus important semble être la réduction du nombre moyen d'enfants souhaités par les ménages, plus que la meilleure maîtrise de la fécondité, comme l'explique le directeur de l'INED dans son rapport de décembre 1984 sur la dénatalité :

La baisse de la fécondité « s'est réalisée en l'espace de douze ans : l'indicateur conjoncturel passe de 2,90 enfants par femme en 1964 à 1,83 en 1976 ; depuis, ses fluctuations sont mineures (1,83 en 1976, 1,97 en 1981, 1,79 en 1983). Baisse qui se caractérise essentiellement par le fait qu'elle "ne touche aucunement le premier enfant et ne concerne que très faiblement le deuxième". "En quasi totalité, la différence entre les descendances finales des générations féminines nées en 1930 et en 1955 résulte des enfants de rang 3 ou plus. (...) On n'assiste donc d'aucune façon à une sorte de refus métaphysique de l'enfant : le premier et le deuxième continuent de venir au monde avec une fréquence élevée et sensiblement inchangée depuis vingt-cinq ans. La baisse de fécondité, c'est exclusivement la limitation des tailles des familles à 1 ou — surtout — à 2 enfants. Si cette baisse marque un refus, c'est celui de la famille nombreuse : nos contemporains épuisent les joies de la paternité et de la maternité avec un ou deux enfants, dans le contexte actuel des choix familiaux. (...)" "L'ennui, c'est que la nature nous impose la « barre » de 2,10 enfants en moyenne : celle-ci ne peut être atteinte que s'il existe en nombre suffisant des familles de 3 enfants ou plus." (...)

"A notre sens, l'essentiel de la baisse de la fécondité résulte d'une diminution des désirs d'enfants, une part assez faible seulement tenant à une meilleure maîtrise de la fécondité. En effet, il faut observer que, lorsqu'on désire moins d'enfants, on appliquera avec plus d'efficacité la contraception, même à méthode contraceptive inchangée."

Dans ces conditions, on peut indiquer que si la contraception moderne (pilule et stérilet) ne s'était pas répandue en France à partir des années 1960, une grande partie de la baisse se serait néanmoins produite par une plus grande efficacité des méthodes alors utilisées (...). Si avoir un troisième enfant signifie non seulement accroître la taille de la famille et donc ses besoins mais en même temps renoncer à une fraction notable de son revenu, on conçoit que de nombreux couples refusent cette chute considérable de niveau de vie.

L'entrée en application de la loi Veil (sur la contraception et l'avortement) ne s'est pas accompagnée quelques mois plus tard d'une accentuation de la baisse de la fécondité : c'est au contraire à la fin de la période de baisse qu'on assiste à la fin de l'année 1975. Il en est allé de même chez la plupart de nos voisins, lorsque l'avortement a été libéralisé. »

Libération, 2 décembre 1984.

Les structures familiales se transforment

Si la famille reste une valeur refuge, des changements importants marquent sa structure. Le nombre de mariages, après une très forte augmentation dans les années 60, diminue sensiblement. Les divorces augmentent, la cohabitation entre personnes non mariées est plus fréquente, le nombre de naissance hors mariage s'élève, les familles « monoparentales » où l'enfant vit avec un seul de ses parents, ont vu leur nombre augmenter de façon sensible.

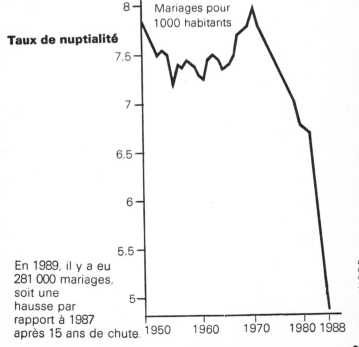

Taux de nuptialité

Mariages pour 1000 habitants

En 1989, il y a eu 281 000 mariages, soit une hausse par rapport à 1987 après 15 ans de chute.

Source INSEE

23

Le vieillissement

La conjonction de l'allongement rapide de la durée de vie et de la réduction du nombre des naissances s'est traduite par une modification importante de la structure de la population. Le pourcentage de personnes de plus de 65 ans

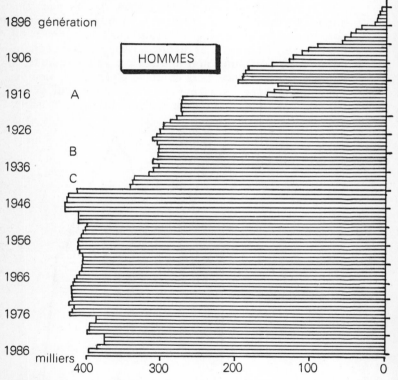

PYRAMIDE DES AGES DE LA FRANCE AU 1er JANVIER 1988 (2)

Effectifs de générations annuelles (en milliers au 1er janvier 1988)

A : déficit des naissances dû à la guerre de 1914-1918 (classes creuses).

était de 13,8 % début 1989 mais le pourcentage de moins de 20 ans de 27,9 %. Ce vieillissement apparaît nettement lorsque l'on examine la pyramide des âges. La baisse du nombre de naissances depuis 1974 se traduit par un rétrécissement de la base de la pyramide. A l'horizon de l'an 2000 cette évolution pose un problème grave pour le financement des retraites.

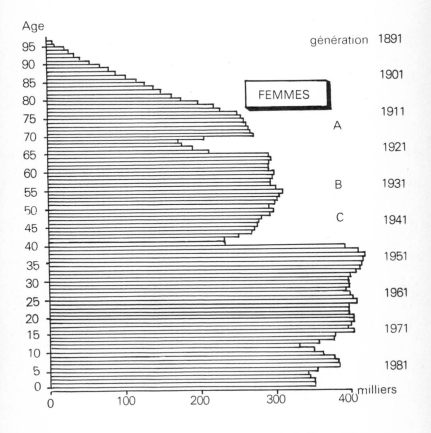

B : passage des classes creuses à l'âge de la fécondité.
C : déficit des naissances dû à la guerre de 1939-1945.

La population active

La montée du salariat

A peine trois actifs sur cinq étaient salariés dans les années 50. Aujourd'hui, c'est plus de 4 sur 5 (84 %) qui appartiennent à ce groupe. Parallèlement le nombre d'employeurs et de travailleurs indépendants s'est réduit à un niveau qui semble s'être stabilisé.

Part des salariés dans la population active

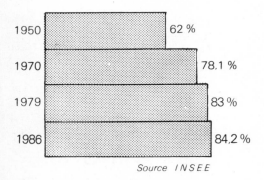

1950	62 %
1970	78,1 %
1979	83 %
1986	84,2 %

Source I N S E E

Les changements dans la production induisent une transformation des emplois

En 1946, près d'un tiers de la population active travaillait dans l'agriculture, aujourd'hui les paysans ne représentent plus que 8 % du total de l'emploi. Le monde rural a perdu les 3/4 de ses effectifs ce qui signifie qu'une reconversion d'une ampleur inconnue au cours des décennies antérieures s'est effectuée sur une période de 25 ans.

Parallèlement les emplois dans l'industrie voient leur poids relatif dans l'emploi total s'accroître jusqu'à 38,2 % en 1962 pour régresser ensuite (32 % en 1986), tandis que l'emploi tertiaire se développe encore plus rapidement et régulièrement pour atteindre 57,6 % de l'emploi total en 1982.

La population occupée par secteurs d'activité
(en % de la population active).

	Agriculture	Industrie et BTP	Tertiaire	Ensemble
1949	29,1	35	35,9	100
1982	8,2	34,2	57,6	100

Qualifications-déqualifications

Des métiers disparaissent, d'autres se développent. Le niveau des qualifications requises se transforme. Globalement, le poids des cadres s'accroît de façon extrêmement rapide. Cette croissance induit des possibilités nouvelles de promotion professionnelle individuelle. Les cadres sont rares et recherchés. La probabilité de devenir cadre augmente pour tous les enfants quelle que soit leur origine sociale ; cela n'implique évidemment pas que le capital financier et culturel de la famille n'influence plus la destinée professionnelle.

Parallèlement les métiers manuels subissent une forte déqualification. Le travail à la chaîne et la parcellisation des tâches se développent entraînant une déqualification du travail ouvrier. Les employés eux-mêmes, dont le nombre s'accroît massivement, subissent l'effet du développement du taylorisme ; le pool de dactylos remplace souvent le travail plus complexe de la secrétaire en attendant l'effet de l'informatisation des travaux qui modifie à nouveau le nombre de secrétaires nécessaire et la nature de leurs tâches.

L'automatisation réduit aujourd'hui les besoins en main-d'œuvre peu qualifiée et modifie les qualifications nécessaires à l'horizon de l'an 2000.

Les besoins en cadres dans les années 60 n'ont pu être satisfaits que grâce au développement de la formation et en particulier de la scolarisation. Aujourd'hui, la formation est plus que jamais un élément clé des performances économiques.

Les différentes catégories socio-professionnelles

	1954	1982
Agriculteurs exploitants	20,7 %	6,2 %
Salariés agricoles	6,0	1,3
Patrons de l'industrie et du commerce	12,0	7,4
dont Petits commerçants	6,5	3,7
Professions libérales et cadres supérieurs	2,9	7,7
Professions libérales	0,6	0,9
Professeurs, professions litt. et scient.	0,4	2,0
Ingénieurs	0,4	1,5
Cadres administratifs supérieurs	1,5	3,3
Cadres moyens	5,8	13,8
dont Techniciens	1,0	3,9
Employés	10,8	19,9
Ouvriers	33,8	35,1
dont Ouvriers spécialisés	9,5	11,1
Mineurs	1,2	0,2
Manœuvres	5,9	7,2
Personnels de service	5,3	6,5
Autres catégories	2,7	2,1
Artistes - Clergé - Armée et police		
Total	100,0	100,0

I.N.S.E.E.

La population active occupée aujourd'hui

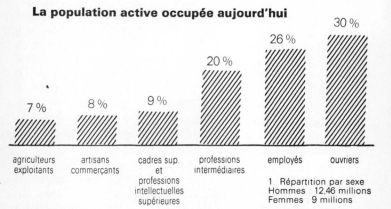

agriculteurs exploitants	artisans commerçants	cadres sup. et professions intellectuelles supérieures	professions intermédiaires	employés	ouvriers
7 %	8 %	9 %	20 %	26 %	30 %

1. Répartition par sexe
Hommes : 12,46 millions
Femmes : 9 millions

T.E.F., 1987. I.N.S.E.E., données 1986

Actifs et inactifs

Le poids des inactifs s'est accru

Les actifs produisent pour eux-mêmes... et pour subvenir aux besoins des inactifs ; plus le poids des actifs par rapport aux inactifs est élevé moins la charge relative que représentent les inactifs est importante. Au cours des années le poids des inactifs s'est accru mais les gains de productivité ont été tels qu'il n'en a résulté aucune baisse du niveau de vie.

L'évolution du poids des actifs résulte de la conjonction de différents mouvements aux effets souvent opposés : la hausse des taux d'activité, la réduction de la période d'activité, la modification de la structure par âge.

La population active en % de la population totale

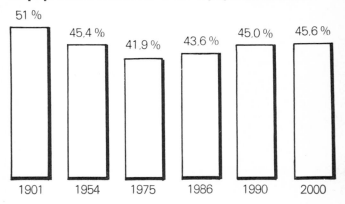

| 51 % | 45,4 % | 41,9 % | 43,6 % | 45,0 % | 45,6 % |
| 1901 | 1954 | 1975 | 1986 | 1990 | 2000 |

L'activité féminine

Les années qui suivent la Libération vont d'abord être marquées par une forte chute des taux d'activité des femmes, celles-ci travaillent de moins en moins souvent hors de leur domicile. A la fin des années soixante une inversion de tendance se produit, les femmes en âge de travailler recherchent de plus en plus fréquemment un emploi rémunéré. Ce développement de l'activité professionnelle féminine paraît aujourd'hui irréversible.

L'évolution du taux d'activité

Période	Taux d'activité[1]	Période	Taux d'activité
1901	42,1[2]	1946	46,5
1911	49,7	1954	38,3
1921	52,1	1962	36,2
1926	46,2	1968	36,1
1931	46,6	1975	40,3
1936	43,7	1982	44,8
		1988	45,6

1. Taux défini comme le rapport de la population active féminine de plus de 15 ans à la population totale féminine de 15 ans et plus.
2. Taux de 20 ans et plus.

Début 1989, 9 millions de femmes travaillent (dont 23 % à temps partiel).

Traditionnellement, le travail féminin est très important dans le secteur agricole, l'exode rural a donc d'abord contribué à réduire la propension des femmes à exercer une activité professionnelle, mais parallèlement la relative pénurie de main-d'œuvre dans l'industrie et les services a stimulé l'accroissement des taux d'activité. Au-delà de ces données économiques, c'est un changement majeur de comportement qui s'est produit, qui ne concerne pas que la France mais les pays industrialisés.

La scolarisation croissante

L'instruction primaire s'est progressivement généralisée à la fin du XIXe siècle et au début de notre siècle. Ce qui va caractériser l'après-guerre est le développement massif de l'enseignement secondaire.

Celui-ci résulte de la conjonction d'une aspiration démocratique — assurer à tous l'accès à l'enseignement — et de préoccupations économiques — la modernisation demande une main-d'œuvre plus qualifiée.

L'allongement de la scolarité réduit le nombre d'actifs. Des jeunes, qui à d'autres époques auraient travaillé tôt, ne se présentent plus sur le marché du travail.

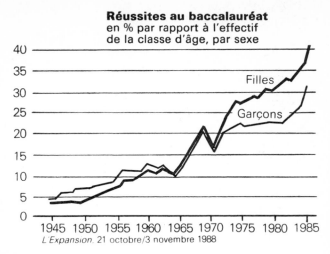

Réussites au baccalauréat
en % par rapport à l'effectif
de la classe d'âge, par sexe

L'Expansion. 21 octobre/3 novembre 1988

La composition par âge de la population

Le poids des actifs dans la population totale est aussi influencé par les transformations de la structure par âge de la population. L'allongement de la durée de vie se traduit par un accroissement du pourcentage des plus de 60 ans, ce qui induit évidemment une réduction du poids des actifs dans la population totale. De même, le baby boom a dans un premier temps accru le poids des jeunes dans la population totale, provoquant ce faisant une réduction du poids relatif des actifs.

La démographie à l'origine du chômage ?

Le baby boom s'est traduit par une arrivée massive de nouveaux demandeurs d'emploi à partir des années 60. Parallèlement l'accroissement du taux d'activité des femmes induisait de nouvelles demandes d'emploi. Globalement, malgré l'allongement de la scolarité et l'abaissement de l'âge de la retraite, les arrivées nettes (c'est-à-dire déduction faite des départs) sur le marché du travail ont été extrêmement importantes au moment même où se profilait une crise mondiale.

**Arrivées nettes sur le marché du travail
en moyenne annuelle**

1995-2000	+ 100 000
1990-1995	+ 90 000
1985-1990	+ 130 000
1980-1985	+ 230 000
1975-1980	+ 240 000
1968-1975	+ 185 000
1962-1968	+ 140 000
1954-1962	+ 30 000

Source : I.N.S.E.E.

De 1975 à 1985 c'est plus de 200 000 demandeurs d'emploi nouveaux qui apparaissaient chaque année sur le marché du travail, soit deux millions en 10 ans et la population active totale passe de 19 millions en 1954 à 21,7 millions en 1975 et 23,7 millions en 1986.

Deux idées fausses mais pourtant répandues doivent être examinées.

● La première consiste à estimer que le chômage actuel est lié à l'excès de la natalité de l'après-guerre ou à la hausse de l'activité féminine. Implicitement ou explicitement, on compare ces deux millions d'arrivées nouvelles sur le marché du travail et les deux millions et demi de chômeurs de la France de 1987. Si les premiers ne s'étaient pas présentés sur le marché du travail, il n'y aurait pas de chômage aigu.

Approfondissons l'analyse. Le raisonnement arithmétique ci-dessus est économiquement inexact car il ne prend pas en compte les effets indirects de chacun de ces phénomènes. Ainsi, l'emploi d'aujourd'hui est d'autant plus important que les entreprises des années 60 se sont modernisées, pour tenir compte de l'accroissement de demande qui devait se produire dans les années 70 avec l'arrivée sur le marché du travail de nombreux jeunes qui disposeraient ainsi de revenus engendrant une croissance de la demande nationale. De même, l'accroissement de l'activité féminine stimule de multiples activités économiques liées à la garde des enfants, à l'utilisation de produits alimentaires préparés, à l'équipement en matériel électro-ménager...

En revanche il est vrai que l'augmentation des demandes d'emploi s'est faite au plus mauvais moment possible, compte tenu de l'évolution de la conjoncture nationale et mondiale.

● La seconde idée fausse concerne la population immigrée. L'analogie des chiffres ne doit pas laisser croire qu'il suffirait que les travailleurs étrangers n'aient pas quitté leurs pays d'origine pour supprimer le chômage en France.

Plusieurs raisons s'opposent à ce mécanisme d'ajustement. Tout d'abord, il faut remarquer que la croissance des années 60 s'est appuyée sur l'appel à une main-d'œuvre immigrée moins exigeante en matière de salaire. L'appel aux travailleurs immigrés a permis de maintenir pendant des années des coûts relativement faibles, par exemple dans le secteur de l'automobile.

Aujourd'hui, les chômeurs français sont sans doute moins difficiles quant à la nature des emplois, mais il reste que les entreprises hésitent souvent à embaucher des travailleurs trop qualifiés pour effectuer du travail parcellisé ; elles craignent que l'adaptation soit particulièrement difficile, que les revendications sur les conditions de travail induisent des hausses de coûts considérables.

Par ailleurs, sur le plan démographique, le départ massif des travailleurs immigrés entraînerait une forte baisse du nombre d'habitants et du taux de natalité, ce qui risquerait de se traduire par une chute importante des perspectives de ventes sur le territoire national, non seulement à court terme mais aussi à long terme, chute qui pourrait provoquer une réduction des projets d'investissements. Il faut en effet restituer cette hypothèse de départ dans le cadre des difficultés qu'éprouve la France à simplement maintenir son niveau d'habitants. Sauf modification du taux de fécondité la population française tend à diminuer ; cette évolution serait fortement amplifiée si deux millions de personnes quittaient le territoire. Or, la plupart des démographes estiment qu'une telle baisse de population aurait des conséquences sur la production et sur l'emploi extrêmement négatives.

L'agriculture, une mutation réussie

La mutation de l'agriculture au cours de cette période apparaît aujourd'hui comme exceptionnellement réussie. Non qu'elle n'ait jamais induit des conséquences sociales négatives mais globalement la mutation rapide qui a consisté à faire passer des millions d'agriculteurs ou de fils d'agriculteurs de l'activité agricole au secteur industriel et tertiaire s'est faite sans chômage structurel grave, sans perte de compétitivité (au contraire) dans les secteurs d'accueil (secondaire et tertiaire). La production agricole en volume s'est non seulement maintenue, mais a augmenté à un rythme exceptionnel faisant de l'agriculture française la première d'Europe.

En 1985, la valeur de l'ensemble des produits de l'agriculture s'est élevée à 274 milliards de francs, soit près de 7 % du P.I.B. français et un quart de la production agricole de la C.E.E. Cette production se répartit à peu près entre l'élevage et des produits provenant de la culture de la terre.

La France est ainsi, selon les années, 4e ou 5e productrice mondiale de céréales, 2e productrice mondiale de betterave à sucre, 2e productrice de vin en quantité (mais première en valeur et en qualité !), 8e productrice mondiale de bovins (premier cheptel d'Europe...).

Les succès agricoles français se traduisent aussi par sa place dans les marchés intermédiaires : deuxième exportatrice mondiale de produits agro-alimentaires (produits exportés bruts et transformés).

La modernisation

Plusieurs facteurs semblent expliquer cette « restructuration » réussie :

Au lendemain de la guerre, l'agriculture française est encore très archaïque, les petites exploitations dominent, la mécanisation est extrêmement faible. L'après-guerre marque une rupture de ce point de vue : tracteurs, moissonneuses-batteuses vont se généraliser, l'emploi des engrais va s'étendre.

L'intervention de l'État, en particulier par la mise en place d'un soutien des prix, a fortement aidé à cette mutation. Dans ce contexte la modernisation s'avérait rentable d'autant que l'ouverture sur l'extérieur dès les années 50 laisse espérer l'extension des débouchés.

L'adaptation a aussi été favorisée par l'aptitude des agriculteurs à mettre en place un système de coopératives, qui, s'il favorisait sans doute les plus puissants, a aussi permis le financement de la modernisation (crédit agricole) et la réalisation d'un réseau de commercialisation moderne.

Une véritable course à la modernisation se met en place induisant des accroissements de productivité et diminuant les besoins de main-d'œuvre.

L'exode rural

Parallèlement les offres d'emploi dans les secteurs tertiaire et secondaire sont importantes. La ville et son mode de vie, la sécurité des emplois salariés qui y sont offerts fascinent. L'exode rural se développe rapidement facilitant la croissance des secteurs secondaire et tertiaire qui manquent de main-d'œuvre.

Population urbaine (en % de la population totale)

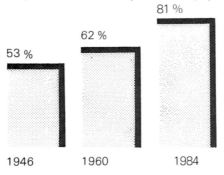

1946	1960	1984
53 %	62 %	81 %

De nombreuses exploitations deviennent non rentables car, malgré le soutien de l'État (qui d'ailleurs ne porte pas sur tous les produits), le prix relatif des produits agricoles tend à diminuer et pour survivre l'exploitation agricole est contrainte à se moderniser... avec l'engrenage d'endettement et de dépendance vis-à-vis du marché qui en résulte.

Ceux qui ne peuvent pas suivre n'ont pas d'autre choix que de rechercher un emploi salarié... le plus souvent à la ville.

Cette urbanisation croissante ne se stabilisera qu'après 1975. Le recensement de 1982 est le premier qui fera apparaître un « arrêt de la croissance urbaine ».

Un mouvement d'accroissement des dimensions des exploitations accompagne l'exode rural et soutient la modernisation de l'agriculture. La surface moyenne des exploitations passe de 6 hectares en 1900 à 13 hectares en 1955 et 23 hectares en 1985. Aujourd'hui les exploitations de moins de 20 hectares n'occupent plus que 16 % de la surface du territoire national consacrée à l'agriculture.

L'agriculture soutient la croissance

Cette mutation de l'agriculture favorise la croissance économique. Tout d'abord la modernisation implique des commandes de matériel qui soutiennent la croissance des industries de biens d'équipement agricoles. L'augmentation de la productivité permet une baisse des prix relatifs des produits agricoles et donc une diminution des dépenses consacrées aux produits alimentaires, ce qui constitue un élément anti-inflationniste non négligeable et permet à chacun de consacrer une part croissante de son pouvoir d'achat à ces nouveaux biens si fascinants que sont le réfrigérateur, la machine à laver, l'aspirateur, la radio, puis la télévision sans oublier l'automobile. L'exode rural permet aussi de répondre aux besoins de main-d'œuvre peu qualifiée et bon marché de l'industrie et du secteur tertiaire. Enfin, les produits agricoles vont progressivement contribuer à l'équilibre de la balance commerciale par le développement des exportations.

Les revenus des agriculteurs, un problème explosif

La modernisation de l'agriculture, la hausse de la productivité, le soutien des prix agricoles se sont accompagnés d'une hausse importante du revenu des agriculteurs au cours des Trente Glorieuses. Pourtant le problème de la rémunération des agriculteurs reste explosif, comme le symbolisent les manifestations fréquentes d'agriculteurs.

Pour comprendre ce problème, il faut prendre en compte divers éléments. Tout d'abord, l'évaluation des revenus des agriculteurs est particulièrement difficile dans la mesure où ils bénéficient souvent, du point de vue fiscal, d'une évaluation forfaitaire de leur revenu. D'après l'INSEE le revenu brut moyen d'une exploitation rurale gérée à temps complet s'élevait en 1984 à 114 000 francs par an, soit près de 10 000 francs par mois ; cette somme moyenne, sujette à de fortes variations selon la région considérée (7 000 francs en moyenne en Auvergne) et la taille de l'exploitation, la nature des produits, rémunère à la fois le travail et l'apport en capital de l'exploitant.

Le mécontentement des agriculteurs s'explique par plusieurs facteurs :

Tout d'abord une part de plus en plus faible de leurs recettes globales leur revient effectivement. Dans les années 60, leur revenu correspondait à 62 % de leur chiffre d'affaires, alors qu'en 1984 ils n'en reçoivent qu'environ 37 %. Ceci s'explique par la montée des consommations intermédiaires (alimentation du bétail, engrais, carburant...) dont les prix par ailleurs augmentent souvent plus vite que celui des produits agricoles... et par l'importance et le coût de l'endettement que nombre d'agriculteurs ont dû accepter pour ne pas disparaître.

Par ailleurs, la politique agricole de soutien des prix de certaines productions (lait, blé...) a eu des effets pervers importants (excédents incompressibles, coût élevé de la politique agricole, concurrence artificielle de certains pays de la C.E.E.) qui rend sa poursuite extrêmement coûteuse.

En conséquence, différentes mesures tendent à limiter les excédents (par exemple en imposant des quotas laitiers) ou en limitant les hausses de prix... ce qui exerce un effet dépressif sur l'évolution des revenus agricoles.

Enfin, plus que jamais l'agriculteur est dépendant du marché... L'importance de ses consommations intermédiaires et de son endettement l'oblige à vendre à n'importe quel prix et quand les prix s'effondrent la survie est vite impossible.

Les succès de l'industrie et du secteur tertiaire

Les handicaps industriels initiaux

La France est avec le Royaume-Uni le pays dont l'industrialisation est la plus ancienne ; celle-ci s'est faite tout au long du XIXᵉ siècle et au début du XXᵉ siècle, à un rythme relativement lent si on compare la croissance du secteur industriel français à celle des États-Unis ou de la R.F.A. Bien plus, la spécialisation de ces deux derniers pays à la sortie de la Seconde Guerre mondiale est nettement plus favorable. Les faiblesses sectorielles de l'économie française sont particulièrement marquées en matière de biens d'équipement. Les entrepreneurs français sont de longue date habitués à vivre dans une économie protégée par des tarifs douaniers élevés, les périodes de libre échange n'ayant été qu'exceptionnelles dans l'histoire économique du XIXᵉ siècle et du début du XXᵉ siècle. Le marché est essentiellement le marché national élargi aux pays de l'empire colonial.

A de brillantes exceptions près, le capitalisme français n'a pas la réputation d'aimer prendre des risques, il préfère un profit limité mais assuré. On parle à son propos de « mentalité de rentier ». Du côté des relations professionnelles, les antagonismes sont souvent aigus et le consensus difficile à trouver.

Et pourtant, malgré ces handicaps, la croissance industrielle va être exceptionnellement rapide, marquant une rupture de rythme par rapport à l'avant-guerre. Elle se maintiendra au-delà de la période de reconstruction[1].

La constitution d'entreprises leaders

Dès le XIXᵉ siècle des mouvements importants de concentration se produisent (textile, chimie, métallurgie, construction mécanique) mais à côté de quelques secteurs relativement concentrés, les petites et moyennes entreprises sont nombreuses dans l'appareil productif français.

Assez curieusement en dépit des vagues de concentration des années 20 (sidérurgie, chimie, matériel électrique...),

---

1. L'analyse détaillée du secteur secondaire fait l'objet du chapitre 7.

dans les années 50 le degré de concentration reste à peine plus important que ce qu'il était au début du siècle. Dans les années 60, la concurrence se développe sous l'effet de l'ouverture sur l'extérieur. Des vagues de concentration aboutissent à la constitution de firmes de taille internationale. Cette concentration est très inégale selon les secteurs. Ainsi les secteurs du bâtiment et des travaux publics ou celui de la machine-outil sont aujourd'hui peu concentrés.

A partir de 1958, l'État va accroître son intervention pour permettre le regroupement des entreprises afin de favoriser la constitution d'un ou de quelques groupes de tailles internationales. Cette politique vise à permettre à l'économie française d'affronter la concurrence mondiale dans de meilleures conditions. La dimension permet, en effet, de bénéficier d'économies d'échelles. L'allongement des séries produites induit des réductions de coûts, l'accroissement des moyens financiers permet de développer des réseaux commerciaux et des techniques de vente (publicité...) inaccessibles en dessous d'une taille minimale.

Dans les années 60, la concentration concerne des entreprises nationales ; à partir des années 70 les concentrations changent de nature, et sont beaucoup plus fréquemment réalisées entre une entreprise française et une firme d'un autre pays industrialisé.

Part des 10, 100, 1 000 premières entreprises françaises
(dans l'ensemble des entreprises soumises au bénéfice réel)

	Effectif % cumulé	CA HT % cumulé
10 premières entreprises	9,8	7,8
100 premières entreprises	19,2	20
1 000 premières entreprises	34,4	39,6

Tableaux de l'économie française, I.N.S.E.E., 1989 (données 1986).

Pourtant, au niveau international, les grandes entreprises françaises ne détiennent qu'une place modeste. En 1988, aucune des vingt premières entreprises mondiales n'était française

Nationalité des plus grandes entreprises mondiales

	50 premières	100 premières	200 premières	500 premières
États-Unis	17	34	72	170
Japon	9	16	37	102
Allemagne (R.F.)	7	12	19	42
Royaume-Uni	4	7	14	49
France	5	9	14	33

T.E.F., 1989, données 1987.

Les premières entreprises industrielles d'Europe

RANG		CHIFFRE D'AFFAIRES (en milliers de francs)	EFFECTIFS
1 Royal Dutch Shell (GB-NL)	Pétrole	593 956 739	134 000
2 British Petroleum (GB)	Pétrole	275 810 089	125 950
3 IRI (I)	Métaux	271 383 315	418 000
4 Daimler-Benz (RFA)	Automobile	249 148 058	338 749
5 Fiat (I)	Automobiles	202 930 637	277 353
6 Siemens (RFA)	Mat. électrique	201 278 883	353 000
7 Volkswagen (RFA)	Automobile	200 759 535	252 066
8 Bat Industries (GB)	Tabac	187 827 926	172 715
9 Unilever (NL-GB)	Alimentation	186 502 609	291 000
10 Philips (NL)	Électronique	168 797 789	310 300
11 Nestlé (CH)	Alimentation	165 587 957	197 722
12 Renault (F)	Automobile	161 438 000	181 715
13 Veba (RFA)	Énergie	150 485 495	84 715
14 ENI (I)	Pétrole	150 393 457	116 000
15 BASF (RFA)	Chimie	148 712 525	134 834
16 Hoechst (RFA)	Chimie	138 867 964	164 527
17 PSA (F)	Automobile	138 452 000	158 100
18 Bayer (RFA)	Chimie, pharm.	137 186 524	165 700
19 CGE (F)	Mat. électrique	127 958 000	204 100
20 Elf-Aquitaine (F)	Pétrole	126 097 000	72 200
27 Total-CFP (F)	Pétrole	83 290 000	41 862
28 Usinor-Sacilor (F)	Sidérurgie	78 886 706	80 700
31 Pechiney (F)	Embal. alu.	77 055 000	72 000
32 Thomson (F)	Mat. électrique	74 834 000	104 000
39 Rhône-Poulenc (F)	Chimie, santé	65 334 000	79 670

L'expansion décembre 1989 (données 1988).

Pourtant, au niveau international, les grandes entreprises françaises ne détiennent qu'une place modeste. En 1986, deux seulement des quarante-cinq premières entreprises mondiales étaient françaises.

La concentration touche aussi le commerce

Au lendemain de la guerre, les supermarchés sont inexistants. Aujourd'hui on en dénombre 5 600 auxquels il faut ajouter 550 hypermarchés. En 1968 le petit commerce domine encore la distribution, les grandes surfaces ne représentent que 3 % du chiffre d'affaires de l'ensemble du commerce de détail, aujourd'hui elles en réalisent un tiers.

Les changements dans les techniques de conditionnement et de commercialisation ont fortement contribué au mouvement de concentration dans le commerce. Les conditions de la distribution se transforment. L'emballage prend une dimension inconnue jusque-là. Non seulement la vente en vrac se marginalise, mais l'emballage tend à jouer un rôle croissant dans l'incitation à l'achat. L'emballage plastique élargit les possibilités de conditionnement. Parallèlement les techniques publicitaires évoluent extrêmement rapidement.

Le législateur ne fut pas toujours favorable à cette tendance. La loi Royer fut votée en décembre 1973 : la création d'établissements commerciaux d'une surface supérieure à 1 000 m^2 ne peut se faire sans l'accord d'une commission départementale composée d'élus locaux et des représentants des commerçants et des consommateurs. Cette obligation a sans doute ralenti le rythme de concentration dans la distribution d'autant que fréquemment les élus imposaient aux grandes surfaces (pour leur accorder l'autorisation) la prise en charge d'aménagements collectifs qui augmentaient le coût en investissements des hypermarchés.

Parallèlement au développement des grandes surfaces une autre forme de concentration apparaît qui laisse en place une structure de petites boutiques : cette concentration se fait à travers des centrales d'achat, des chaînes de commercialisation, des pratiques nouvelles reliant un producteur et des distributeurs.

Le développement du tertiaire

Aujourd'hui plus d'un Français sur deux travaille dans le secteur tertiaire. La « tertiairisation » croissante de l'économie française est une des transformations essentielles des 40 dernières années. Cette évolution marque d'ailleurs tous les pays industrialisés.

Les années 60 voient se développer des agences bancaires « à tous les coins de rues », chaque banque veut accroître son implantation le plus vite possible. L'usage des chèques se développe rapidement. Les transports par avion, le tourisme, les télécommunications, les services aux entreprises... s'accroissent. Ce dernier type de service montre d'ailleurs le caractère souvent ambigu de la distinction entre les secteurs. Si une entreprise sidérurgique a un service d'entretien pour ses ateliers, celui-ci est comptabilisé dans le secteur industriel mais si elle fait appel à une entreprise d'entretien extérieure, celle-ci est considérée comme faisant partie du secteur des services. Une partie de la tertiairisation s'explique donc par un glissement de certaines activités d'un secteur à l'autre. Il reste que le développement du tertiaire est un mouvement structurel essentiel de transformation de la société française, encore que le mouvement soit moins accentué qu'aux États-Unis où 68 % de la population active travaillent dans le tertiaire.

Le secteur tertiaire est créateur d'emplois. Si depuis 1973 le nombre d'emploi total s'est globalement maintenu, c'est parce que les créations d'emplois dans le secteur tertiaire ont compensé les pertes d'emplois dans l'industrie et les services.

Banques

	Total de l'actif Milliards F	Effectifs en Milliers
1. Crédit Agricole	1 276	73,7
2. BNP	1 193	58,1
3. Crédit Lyonnais	1 084	58,1
4. Société Générale	942	45,5

Données 1988 (*L'Expansion*, déc. 1989).

Assurances

	Montant des primes brutes Millions F	Effectifs en Milliers
1. Union des Assurances de Paris	55 633	30,0
2. AXA..	41 880	13,6
3. AGF..	32 835	16,9
4. Groupe des Assurances Nationales	23 496	8,7

Commerce	C.A. Millions F	Effectifs en Milliers
1. Leclerc	74 000	37,8
2. Intermarché.....................................	70 000	45,0
3. Carrefour	64 830	44,3
4. Promodes	46 188	32,1

Transports, Tourisme		
1. SNCF	47 615	222,4
2. Air-France	32 788	41,8
3. RATP...	13 915	39,4
4. Cie Navigation Mixte.......................	13 368	23,0

Services		
1. France Telecom	95 531	159
2. La Poste...	63 000	305
3. Générale des Eaux..........................	52 967	87
4. Lyonnaise des Eaux........................	16 840	37

Presse		
	C.A. en Millions F	
1. Hachette	8 375	7,2
2. Groupe Hersant	7 200	9,8

Données 1988 sauf Transports et services 1987 (*L'Expansion,* déc. 1989 et TEF 1989).

L'État et le soutien de la croissance

L'accroissement des dépenses publiques

L'intervention de l'État en matière économique est une très ancienne tradition dans le pays de Colbert. Néanmoins, les 40 dernières années marquent une rupture par rapport aux années d'avant-guerre dans la mesure où l'intervention de l'État va s'accroître massivement tant du point de vue quantitatif que qualitatif.

La mesure traditionnelle de cette augmentation du rôle de l'État est constituée par le poids des prélèvements fiscaux et des cotisations sociales.

Les taux de prélèvements obligatoires

Pourcentage du P.I.B. total	1973	1982
États-Unis	29,3	30,5
Japon	22,5	27,2
R.F.A.	36,3	37,3
France	**35,7**	**43,7**
Royaume-Uni	31,7	39,6
Italie	26,3	39,9
Canada	31,3	34,9
Belgique	38,0	46,7
Pays-Bas	41,6	45,5
Luxembourg	33,1	37,7
C.E.E.	33,9	40,6
O.C.D.E.	31,4	36,8

Regards sur l'actualité, décembre 1984. Documentation Française.
France 1987 : 44,4 % prévisions 1988 : 44,7 %.

Si ces données traduisent bien l'extension des instruments financiers dont dispose l'État, elles masquent une partie importante de ses moyens d'intervention ; en effet le secteur nationalisé, la législation... n'apparaissent pas et constituent néanmoins des moyens d'action essentiels.

Traditionnellement, on distingue deux aspects de l'intervention de l'État, la première concerne le social (famille, santé, solidarité), la seconde l'intervention économique. Ces deux types d'action étatique ne sont en fait pas totalement indépendants. L'accroissement des dépenses sociales a des conséquences négatives sur les coûts des entreprises et un impact favorable sur la demande. Il peut aussi en résulter un meilleur consensus social, qui favorise la croissance économique.

L'État-providence

Assurer à tous la couverture des besoins fondamentaux

Droit à l'éducation, droit au travail, droit à la santé, droit à un minimum de revenus pour ceux qui ne peuvent plus travailler... l'élan de solidarité et le désir d'égalité face aux besoins les plus fondamentaux marquent profondément les années qui suivent la Libération. La mise en place de la Sécurité sociale est le symbole de cette orientation. Ce mouvement touche à des degrés divers tous les pays européens et même, après les années 60, les États-Unis. L'État-providence fournit les moyens matériels de cette protection collective.

Dépenses de protection sociale

	En % du PIB 1960	En % du PIB 1982	en milliards de F 1988
Santé	2,5	8,4	367
Famille et Maternité	3,5	5,1	178
Vieillesse, Invalidité, Décès	4,8	12,4	678
Chômage, Formation professionnelle	ε	3,0	100
Divers	8,4	5,8	4
Total	**19,2**	**34,7**	**1 327**

Source : Ministère des Affaires sociales et de la Solidarité nationale. Direction de la Sécurité sociale.

Pour financer ces dépenses de protection sociale, un système de cotisations assis pour l'essentiel sur les salaires est institué. Ces cotisations sociales vont représenter progressivement un pourcentage croissant du coût salarial.

Les outils de la politique sociale

Les dépenses de protection sociale ne traduisent qu'une partie de l'intervention sociale de l'État. Ainsi si l'extension de la Sécurité sociale a un coût financier élevé, la mise en place du SMIC ne coûte rien à l'État.

En 1950 le *SMIG* (salaire minimum interprofessionnel garanti) est créé. En 1970, il sera remplacé par le *SMIC* (salaire interprofessionnel de croissance) dont le montant est régulièrement révisé pour assurer non seulement le maintien de son pouvoir d'achat mais aussi lui faire suivre l'évolution de la richesse nationale en l'indexant sur le taux de croissance de la production du pays.

De plus, l'État légifère sur les conditions générales du travail : durée hebdomadaire du travail (39 heures depuis 1982), durée minimale des congés payés qui passe à quatre semaines en 1964, puis à cinq semaines en 1982 ; il étend les droits des travailleurs dans l'entreprise (droit de créer une section syndicale et obligation, à partir d'une certaine dimension de l'entreprise, d'organiser l'élection de délégués du personnel et de mettre en place un comité d'entreprise...), mais au-delà de ces conditions minimales, la négociation entre les partenaires sociaux retrouve ses droits. Les conventions collectives librement négociées entre les syndicats de travailleurs et le patronat fixent dans la plupart des secteurs des conditions de travail plus favorables que celles imposées par la loi.

L'État-providence soutient la croissance et l'emploi...

La montée des dépenses sociales se traduit par la croissance extrêmement rapide du nombre de médecins et d'enseignants. L'extension de l'enseignement secondaire, en particulier, induit le développement de la construction de lycées et surtout de collèges.

L'indemnisation du chômage, l'institution du SMIC... stabilisent le niveau des revenus distribués, ce qui contribue à réduire l'incertitude des entreprises face à l'évolution de la demande. Celles-ci peuvent plus facilement investir, car elles sont à peu près assurées que leurs acheteurs habituels ne subiront pas une baisse brutale de leurs revenus pouvant modifier leurs plans d'achats.

**... mais la montée des coûts sociaux
pèse sur les prix de revient**

Les dépenses de santé et d'éducation croissent d'autant plus rapidement que les « demandeurs ne sont pas les payeurs ». C'est la collectivité par l'intermédiaire des cotisations sociales ou des impôts qui finance ces dépenses alors que seuls les besoins (qui paraissent illimités) fixent le niveau de la demande.

Tant que la croissance sera soutenue, celle-ci permettra le financement de ces coûts sociaux ; mais si brutalement un ralentissement durable apparaît, ce sont les coûts de production qui supportent l'accroissement des charges.

L'État et l'orientation de la production

Les nationalisations, pour quoi faire ?

Au lendemain de la guerre, différents facteurs incitent à nationaliser.

Les conditions politiques sont favorables, la gauche est puissante, la droite relativement discréditée dans l'opinion publique. Or les nationalisations représentent pour la gauche un instrument d'intervention permettant de réduire (ou de faire disparaître) la puissance des intérêts privés.

Les difficultés de la reconstruction sont immenses, la moitié de l'infrastructure ferroviaire est hors d'état de fonctionnement (il faut 15 heures par exemple pour se rendre en train de Paris à Strasbourg) ; plus d'un million de personnes sont sans logement.

L'intervention directe de l'État par les nationalisations et la planification semble le moyen d'assurer rapidement la réorganisation des infrastructures essentielles (transport, énergie) et de relancer la production par la maîtrise de la distribution du crédit.

Les nationalisations effectives vont se polariser sur ces trois domaines, même si certaines nationalisations relèvent d'une logique de sanction (Renault).

Nationalisations de l'après-guerre

Crédit et assurances	Transport	Énergie
Nationalisation des principales entreprises d'assurances : 1946 Banque de France et 4 banques de dépôt : 1946 • Crédit Lyonnais • Société Générale • BNCI • Comptoir National d'Escompte	RATP Usines Renault : 1945 Compagnie des Messageries Maritimes. SNCF : 1945 Compagnie Générale Transatlantique : 1948 Création d'Air France : 1948 Gnome et Rhône : 1945 (future SNECMA)	Gaz et Électricité : 1946 Houillères du Nord et du Pas-de-Calais : 1944

Ces nationalisations sont très différentes de celles de 1982 qui porteront sur des entreprises industrielles et bancaires du secteur concurrentiel massivement orientées vers le marché extérieur (voir p. 124).

La planification indicative

L'idée même de plan semble s'opposer fondamentalement à celle de marché, évoquant plus l'organisation des pays de l'Est que le libre jeu de l'offre et de la demande. Pourtant dans le cas de la France le type de planification mis en place va plus souvent renforcer le marché ou le canaliser que le détruire. Le premier plan n'a-t-il pas été créé en partie pour justifier auprès des États-Unis le bon usage des fonds accordés par le plan Marshall.

Jean Monnet qui a laissé son nom au premier plan mis en place à la Libération, voyait dans le plan un outil permettant d'accélérer la modernisation, de rationaliser à la fois les décisions publiques et privées par une classification des informations et des alternatives, de favoriser la réalisation d'un véritable dialogue social aboutissant à la définition de priorités nationales par la réunion dans chaque commission des différents partenaires sociaux.

Les premiers plans français se fixent comme objectif d'assurer la modernisation de l'appareil de production en vue d'améliorer la satisfaction des besoins fondamentaux (alimentation, logement, santé...). A la perspective de reconstruction s'ajoute l'idée que seule une modernisation intense permettra une adaptation réelle au marché mondial. Cette optique, déjà sous-jacente dans les premiers plans, prendra la première place dans les 4e et 5e plans qui cherchent à accélérer l'adaptation de la France aux conditions nouvelles créées par son entrée dans le Marché Commun. Le 5e plan voit dans la constitution de quelques groupes nationaux de taille internationale le moyen d'une compétitivité élevée de niveau mondial. Quelques grandes entreprises bénéficient de façon privilégiée des aides de l'État et des commandes du secteur public.

1er plan	1947-1951	7e plan	1976-1980
2e plan	1952-1956	8e plan	1980-1981
3e plan	1957-1959	Plan intermédiaire	1982-1983
4e plan	1960-1965	9e plan	1984-1988
5e plan	1966-1970	10e plan	1989-1992
6e plan	1971-1975		

La politique industrielle, de la logique nationaliste à l'atlantisme

Jusqu'au milieu des années 70 la politique industrielle de l'État s'intègre dans une logique qui reste très nationaliste. Il s'agit d'accroître la puissance des firmes françaises et d'assurer parallèlement la maîtrise par la France des secteurs considérés comme stratégiques pour l'indépendance nationale. De « grands projets », parfois européens, sont soutenus massivement par l'État :
- Dans le secteur nucléaire, le Commissariat à l'Énergie Atomique (CEA) est créé.
- Dans l'aéronautique, Caravelle, Concorde, Ariane, Airbus mais aussi les Mirages de Dassault n'auraient pu exister sans l'appui de l'État.
- Le « plan calcul » cherche à favoriser la constitution d'une filière électronique cohérente et nationale.
- La sidérurgie, malgré ses difficultés, fait l'objet de la sollicitude de l'État tant pour des raisons politiques et sociales que pour des motifs d'indépendance économique.
Au milieu des années 70, cette politique de maîtrise à tout prix des secteurs considérés comme stratégiques va être remplacée par la politique des « créneaux » : l'idée étant de

se spécialiser dans les productions pour lesquelles on détient un avantage marqué face à la concurrence étrangère, quitte à abandonner parallèlement les productions pour lesquelles l'avantage est moins évident, et à importer.

Cette politique n'a jamais été pratiquée de façon extrême car, politiquement, il n'était pas possible de laisser disparaître brutalement des pans entiers de l'économie. C'est ainsi que le soutien à la sidérurgie se poursuit mais les « grands projets » se raréfient, les investissements étrangers en France sont plus faciles, les accords franco-américains sont souvent soutenus par l'État. Ainsi dans le secteur informatique, à l'accord avec les firmes européennes (Siemens et Philips), l'État préfère l'absorption de fait de la firme française (la CII) par le groupe américain Honeywell.

L'arrivée au pouvoir des socialistes, en 1981, si elle a été marquée par une volonté d'accélérer les restructurations en fonction d'une politique de maintien des filières, n'a pas marqué de rupture essentielle du point de vue de l'intégration au marché mondial[1].

L'inflation acceptée

L'important, c'est la croissance des revenus en termes réels

Si le discours officiel a toujours été défavorable à l'inflation, en pratique elle a été le plus souvent acceptée comme un moindre mal. Cette caractéristique de l'économie française au cours des quarante dernières années apparaît nettement si on compare la politique française à celle du Royaume-Uni dans lequel une politique rigoureuse de stabilisation était mise en place dès que les tensions sur les prix devenaient importantes. En France, des plans de stabilisation ont bien été mis en place, mais moins drastiques ; ils avaient surtout pour fonction d'éviter l'emballement incontrôlé des prix et donc de maintenir l'inflation dans des limites considérées comme supportables. Pour rétablir la compétitivité des prix, des dévaluations ont régulièrement été pratiquées... malheureusement ce mécanisme jadis efficace ne permet plus aujourd'hui de soutenir la croissance.

1. Cette question est analysée plus en détail dans la partie relative à l'industrie.

Depuis la Première Guerre mondiale, l'inflation fait partie du décor quotidien français : +6 % en moyenne de 1945 à 1973 soit nettement plus que la moyenne des pays industrialisés. Les différents groupes sociaux y sont habitués. Les salariés ne s'en inquiètent guère car les salaires sont en fait plus ou moins indexés. Les rentiers ont compris qu'il fallait diversifier leurs placements, s'ils voulaient maintenir leur pouvoir d'achat.

L'inflation a facilité la croissance

L'abondance monétaire favorise l'investissement des entreprises et l'acquisition de biens durables par les particuliers. La demande aux entreprises s'en trouve soutenue et par suite l'emploi a tendance à s'accroître. Cette approche a la faveur de la majorité des économistes et des hommes politiques des années 60, d'autant que l'inflation, si elle reste modérée, peut présenter d'autres aspects positifs.

En effet, *l'inflation réduit le poids de l'endettement.* C'est vrai pour le particulier comme pour l'entreprise : si un particulier achète un logement à crédit au taux d'intérêt de 7 % et si pendant la période de remboursement les prix augmentent de 7 % par an, en termes réels il ne rembourse que le capital. L'inflation lui est bénéfique. L'inflation facilite le financement des achats immobiliers, déclenchant un engouement pour la propriété. En 1962, deux ménages français sur 5 sont propriétaires de leur logement, aujourd'hui il y en a plus de un sur deux. Il en va de même pour une entreprise qui rembourse ses dettes en une monnaie qui a perdu une partie de sa valeur. Pourquoi hésiter à investir quand l'inflation réduit la charge qui en résulte et rentabilise de façon quasi certaine l'opération. L'État lui-même voit sa dette publique réduite par l'inflation.

La sensibilité aux *augmentations nominales de revenus* a toujours été très forte. L'inflation est donc aussi le moyen, dans une société où le consensus est faible, de maintenir la paix sociale en accentuant le sentiment d'augmentation des revenus.

Du point de vue de l'État l'inflation facilite l'accroissement de la *pression fiscale*, il suffit en effet de ne pas modifier la grille des taux d'imposition pour que l'impôt sur le revenu, qui par principe est progressif, augmente.

Les gains de productivité ont limité l'inflation

La mise en place de chaînes de production implique des dépenses d'investissements considérables qui supposent une certaine abondance monétaire. Parallèlement, la production en grande série impose une forte augmentation de la demande, qui implique aussi une certaine abondance monétaire.

Les entreprises qui produisent en très grandes séries ne cherchent pas, face à une augmentation de la demande, à vendre plus cher mais à *produire plus*. La production répond à l'accroissement de la demande, ce qui limite l'inflation.

Une fuite limitée devant la monnaie.

L'inflation entraîne presque toujours une certaine fuite devant la monnaie, les biens réels sont préférés à l'argent. Ce mécanisme, quand il prend des proportions importantes, peut désorganiser une économie. La confiance dans la valeur de la monnaie disparaît, on lui préfère n'importe quel bien réel (immeuble, actions, mais aussi produits alimentaires ou biens plus durables...). Le seuil à partir duquel se manifestent ces comportements peut varier très fortement d'un pays à l'autre.

En France, le taux d'inflation a favorisé les *achats immobiliers et les placements en actions* mais sans que ce comportement perturbe l'économie française au moins jusqu'aux années 75. Au contraire, les placements en actions fournissent des liquidités aux entreprises, les achats immobiliers stimulent la construction, ce qui entretient la croissance.

Quand l'inflation devient trop forte, il faut pourtant réagir

Lorsque, sous l'effet d'une trop forte croissance de la demande, l'inflation tend à s'accélérer, des « plans de stabilisation » visent à réduire la tension sur les prix. Les plus célèbres sont le plan Pinay de 1958 et le plan de stabilisation de 1963.

Malheureusement l'inflation présente d'autres inconvénients ; elle accroît le prix des produits nationaux, ce qui favorise le développement des importations et réduit le niveau des exportations. Le déficit commercial n'est pas loin.

Pour lutter contre cet effet négatif de l'inflation, la France a régulièrement dévalué sa monnaie.

La dévaluation acceptée

La dévaluation rétablit la compétitivité...

Contrairement par exemple au Royaume-Uni qui refusa longtemps toute dévaluation, la France a accepté, pendant les 30 glorieuses, de nombreuses dévaluations pour maintenir sa compétitivité.

Si une telle politique a été possible c'est que, moyennant un plan de stabilisation de quelques mois, le délai pendant lequel les exportations françaises restaient avantagées, était suffisamment long pour favoriser la relance de la croissance qui stimulait les gains de productivité.

La faiblesse du poids des importations dans le PIB des années 60, la relative flexibilité des importations par rapport aux prix, les réserves de capacité de production et de productivité expliquent la faiblesse des engrenages inflationnistes qui résultent des dévaluations et le rétablissement le plus souvent rapide de l'équilibre extérieur.

Un exemple de dévaluation réussie souvent cité est celui de 1969. Après les fortes hausses de salaires de Juin-Juillet 1968 (accords de Grenelle), la dévaluation redonne une bonne compétitivité à l'économie française et relance la production. Bien plus, les marges bénéficiaires se reconstituent.

... Une stratégie aujourd'hui bien périlleuse

A partir de 1974, les dévaluations vont se heurter à des rigidités croissantes qui rendent cette stratégie périlleuse (voir page 134). Dès le début de la crise actuelle se met en place un double système de change, les taux de change restent, sauf accident de parcours, sensiblement fixes vis-à-vis des monnaies de la C.E.E. mais fluctuent fortement au jour le jour vis-à-vis des principales monnaies (et en particulier du dollar).

QUARANTE ANS D'HISTOIRE ÉCONOMIQUE

1944 Accords de Bretton Woods, Nationalisations
Mise en place du plan Monnet

1945 Mise en place de la Sécurité sociale
Institution des Comités d'entreprise

1946 4e République,
Vincent Auriol, Président de la République,
début de la guerre d'Indochine, Plan Marshall

1948 École obligatoire jusqu'à seize ans
Scission de la C.G.T. qui aboutit à la naissance de
la C.G.T.-F.O.
Dévaluation du Franc

1949 Dévaluation du Franc

1950 Traité de Paris : CECA
Mise en place du SMIG

1953 René Coty, Président de la République

1954 Fin de la guerre d'Indochine
Début de la guerre d'Algérie

1957 Dévaluation du Franc de 20 %
Traité de Rome : CEE et Euratom

1958 5e République.
De Gaulle, Président de la République
Dévaluation de 17,5 %

1962 Fin de la guerre d'Algérie

1963 Plan de stabilisation (Valéry Giscard d'Estaing)

1964 Généralisation de la 4e semaine de congés payés

1965 De Gaulle réélu Président de la République

1968	Mai : Accords de Grenelle
1969	Pompidou, Président de la République Dévaluation de 12,5 %
1970	Le SMIC remplace le SMIG
1971	Le dollar n'est plus convertible en or
1972	Entrée dans le serpent monétaire (1972-1974, puis 1975-1976)
1973	Premier choc pétrolier
1974	V. Giscard d'Estaing, Président de la République Sortie du serpent monétaire
1976	Accords de la Jamaïque. Plan Barre
1978	Création du Système Monétaire Européen (SME)
1979	Deuxième choc pétrolier
1981	François Mitterrand, Président de la République Dévaluation du Franc de 3 %
1982	Nationalisations Dévaluation du Franc de 5,75 % 5e semaine de congés payés
1983	Plan de rigueur Delors Dévaluation du Franc de 2,5 %
1985	Projet technologique européen : Eureka
1986	Loi de privatisation. Dévaluation du franc. Plan Chirac
1987	Réajustement monétaire au sein du SME Entrée en vigueur de l'acte unique européen
1988	Réélection de F. Mitterrand
1989	Mise en place du revenu minimum d'insertion

L'intégration au marché mondial

Du repli traditionnel...

Traditionnellement, l'économie française était fortement repliée sur l'hexagone. Au lendemain de la guerre, l'empire colonial constitue une zone d'exportation privilégiée.

Progressivement, le pourcentage de notre commerce extérieur réalisé avec l'ancien « Empire français » tend à se réduire à une peau de chagrin.

Part de l'ancien « Empire français » dans les échanges extérieurs de la France* (en %)

	1949	1958	1973	1979
Importations	25 (8)	25 (7)	6 (1)	5 (1)
Exportations	33 (13)	34 (17)	9 (2)	9 (2)

* La part correspondant aux échanges avec l'Algérie est indiquée entre parenthèses.

Plusieurs facteurs vont être à l'origine de cette mutation. La décolonisation s'accompagne d'une ouverture des pays nouvellement indépendants aux importations des pays industrialisés autres que la France ; elle transforme un marché réservé en un nouveau lieu de compétition économique, même si des liens privilégiés restent souvent réels entre la France et ses anciennes colonies. Le taux de croissance de ces pays est souvent modeste, les conditions de financement qui doivent leur être accordées limitent l'intérêt des contrats obtenus.

... à l'ouverture sur l'extérieur

La Communauté Économique Européenne

La mise en place progressive à partir de 1958 de la Communauté Économique Européenne va se traduire par la suppression quasi complète des droits de douanes et de contingentements entre les pays membres[1] et la mise en

1. Pays membres en 1958 : La France, la RFA, l'Italie, la Belgique, le Luxembourg, les Pays-Bas.

place d'un tarif douanier commun (TEC) à l'ensemble des pays membres. Celui-ci correspond, en principe, à la moyenne des anciens tarifs appliqués par les pays de la Communauté. Or la France appliquait avant 1958 des taux nettement plus élevés que la moyenne des autres pays de la CEE, l'adoption du TEC s'est donc traduite pour la France par une baisse de sa protection douanière. Si on ajoute que divers accords internationaux (Kennedy round...) ont abouti à des réductions supplémentaires importantes du tarif extérieur commun, on comprend que l'économie française soit passée d'une situation très fortement protectionniste à une situation très proche du libre échange si on exclut quelques produits qui restent protégés (produits agricoles en particulier dans le cadre de la politique agricole commune).

Les étapes de l'élargissement de la Communauté Économique Européenne

25 mars 1957
> Signature du Traité de Rome (6 pays membres)

1er janvier 1958
> Première phase de mise en place

1er janvier 1973
> Élargissement à la Grande-Bretagne, au Danemark et à l'Irlande

1er janvier 1981
> Élargissement à la Grèce

1er janvier 1986
> Élargissement à l'Espagne et au Portugal

1er juillet 1987
> Entrée en vigueur de l'acte unique européen, prévoyant la réalisation du marché unique européen pour le 1er janvier 1993.

L'entrée dans la CEE ne s'est pas accompagnée d'une réduction en valeur absolue des échanges de la France avec les pays hors Marché Commun.

Un coup de pouce à la croissance

L'entrée dans le Marché Commun et l'ouverture sur le reste du monde obligèrent les entreprises à investir massivement pour ne pas disparaître et, dans de nombreux cas, à opérer des concentrations importantes. L'élargissement du marché stimula la mise en place d'une modernisation destinée à accroître les économies d'échelles et favorisa le développement d'une croissance fordiste au moins jusqu'aux années 70.

Dans un contexte où les échanges mondiaux augmentent plus rapidement que la production nationale, les exportations soutiennent la croissance.

La politique agricole commune, des effets contestés

Pour la France, la mise en place d'une politique agricole commune était une condition de son adhésion à la CEE. Si la R.F.A. a une puissance industrielle « inquiétante », l'agriculture française bénéficie d'avantages traditionnels importants par rapport à la R.F.A. et aux autres pays de la CEE. Les agriculteurs espèrent que la mise en place de la CEE leur permettra d'écouler leur production croissante vers les autres pays de la CEE à l'abri de la protection douanière qui les protège de la concurrence des producteurs des pays tiers vis-à-vis desquels ils ne pourraient guère lutter tant les prix mondiaux sont faibles.

Quelques mois après la signature du traité de Rome (25 mars 1957) la conférence de Stresa précise les modalités de la Politique Agricole Commune. Le 14 janvier 1962 le Fonds Européen d'Orientation et de Garantie Agricole (FEOGA) est créé. Ses ressources sont principalement constituées par les prélèvements (taxes) effectués sur les produits agricoles protégés en provenance de pays extérieurs à la Communauté[1], ses disponibilités monétaires sont utilisées pour assurer le financement des achats aux agriculteurs qui ne trouveraient pas à vendre leurs produits (lait et céréales) aux prix fixés par la CEE.

1. Auxquels s'ajoute une participation des États membres de la C.E.E.

Si tous les produits agricoles ne bénéficient pas de ce mécanisme, le montant des restitutions est considérable (en 1980, 66 milliards de francs) et la France en est la première bénéficiaire.

Malheureusement pour les agriculteurs français, à partir de 1971, la mise en place de montants compensatoires réduit l'effet bénéfique pour eux de la PAC. Ces montants compensatoires ont pour fonction d'empêcher les prix agricoles exprimés en francs ou en deutsche Mark d'être influencés par la dépréciation monétaire liée aux fluctuations des changes. En pratique, ces montants compensatoires aboutissent à subventionner l'agriculture des pays à monnaie forte et à taxer les produits en provenance des pays à monnaie faible. L'agriculture française a donc subi le poids d'un prélèvement important.

Il reste que la politique commune a permis le développement d'une agriculture puissante à la fois en France et dans les autres pays de la CEE.

Le pari du grand marché européen

Le premier juillet 1987 est entré en vigueur l'acte unique européen prévoyant la réalisation du marché unique européen pour le 1er janvier 1993. Les barrières à la liberté des échanges qui subsistent encore devront avoir disparu à cette date... Sur le plan économique, on attend de ce grand marché un accroissement des potentialités de croissance de toute l'Europe et en particulier de la France. Par suite de la très faible protection extérieure de la CEE, la progression vers le marché unique est un nouveau pas dans l'intégration au marché mondial.

L'intégration progressive au marché mondial

La montée du poids de l'extérieur dans la production nationale et la demande nationale

La participation à la CEE n'est qu'un aspect de l'intégration progressive de l'économie française au marché mondial. L'économie française s'est ouverte aux importations et a développé ses exportations. Le poids des marchandises étrangères dans la consommation française s'est fortement accru et nos entreprises ont consacré une part de plus en plus grande de leur production à l'exportation.

La pénétration du marché intérieur et l'effort à l'exportation

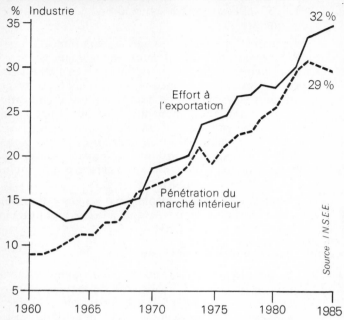

La pénétration du marché intérieur et l'effort à l'exportation (Source INSEE)

La pénétration des entreprises étrangères en France[1]

		Entreprises à participations étrangères majoritaires	Entreprises à participations étrangères minoritaires (entre 20 et 50 % du capital)	Entreprises à capitaux français	Ensemble de l'industrie
Effectifs en milliers de personnes	1975	14,2	3,2	82,6	100
	1982	15,8	3,4	80,8	100
Ventes hors taxes (en MF)	1975	22,4	3,5	74,1	100
	1982	23,9	3,4	72,7	100
Investissements totaux (en MF)	1975	18,8	3,0	78,2	100
	1982	15,5	2,5	82,0	100

1. Entreprises employant 20 personnes ou plus.
Source : SESSI, Direction du Trésor.

Bien plus, les firmes étrangères contrôlent un pourcentage élevé de l'appareil productif industriel. En 1984, les entreprises à participation étrangère majoritaire réalisaient 24,4 % du chiffre d'affaires de l'industrie (hors énergie, I.A.A., bâtiment et travaux publics) et 27,8 % du total des exportations industrielles.

Si globalement le taux de pénétration peut paraître modeste, il est très élevé dans certains secteurs (les biens d'équipement et principalement l'électronique et les industries chimiques).

En 1985, l'indice de pénétration (% des ventes totales réalisées par des firmes à capitaux étrangers majoritaires) était de 44,9 % dans l'industrie pharmaceutique, 55,8 % dans la production de machines agricoles, 26,4 % dans la fabrication de machines-outils, 65,2 % dans la fabrication de matériel de traitement de l'information, 26,4 % des ventes totales dans la fabrication du matériel électronique ménager et professionnel, 35,7 % dans la fabrication d'instruments et matériel de précision...

Le développement des accords internationaux

Par ailleurs de nombreuses firmes étendent leurs implantations à l'étranger, par des accords de concentration ou de coopération avec des firmes étrangères. D'autres (ou les mêmes) distribuent sous licence des produits d'origine étrangère.

Le rôle croissant de la compétitivité

Cette transformation accroît *l'importance de la compétitivité* des productions nationales dans la détermination du niveau de production et d'emploi. En situation d'économie ouverte dans laquelle se trouve la France, toute chute durable de la compétitivité risque de se traduire par des déplacements de lieu de production hors territoire, qui ne sont pas nécessairement compensés par l'émergence de nouveaux secteurs à l'intérieur de l'hexagone.

En effet, ce sont non seulement les marchandises qui se déplacent au niveau mondial mais également les capitaux, l'investissement se réalisant d'abord là où il est le plus rentable. Sans doute, les États introduisent-ils des limites à cette tendance à la mondialisation de l'économie. Il reste qu'il s'agit d'une mutation qui modifie les règles du jeu des économies nationales.

La montée des contraintes

Ces mutations profondes qui ont transformé la société française ont été à la fois globalement favorables à la croissance pendant 30 ans et susceptibles d'engendrer à terme des difficultés qui contribuent à expliquer la situation actuelle.

Ainsi, l'indexation de fait prix/salaire, longtemps facteur de croissance, s'est avérée insupportable pour la compétitivité ; quand un prélèvement extérieur a remis en cause les possibilités de croissance simultanée du pouvoir d'achat des salaires et des profits, le mécanisme d'ajustement prix/salaire a alors favorisé l'inflation aux dépens de l'ajustement réel.

De même, lorsque les économies d'échelle permises par le travail à la chaîne traditionnel se réduisent dans les industries fordistes[1], les mécanismes de la croissance, fondés sur le partage des gains de productivité, se bloquent.

L'ouverture sur l'extérieur a engendré une forte dépendance vis-à-vis du marché mondial qui a induit une montée importante des contraintes qui pèsent sur notre économie. En particulier, la relance de la production par l'accroissement de la demande nationale génère un déséquilibre de la balance commerciale. Ceci résulte de ce que près du tiers de la demande nationale de produits industriels est satisfaite par des biens importés.

Sur le plan interne, l'urbanisation, la transformation des métiers accroissent la fragilité. Le paysan ou l'ouvrier d'hier pouvait souvent en cas de crise se nourrir avec les produits de son jardin... la vie rurale renforçait des solidarités qui ont souvent disparu aujourd'hui...

---

1. Industries qui utilisent les procédés développés par Ford : standardisation des pièces, chaînes continues, parcellisations des tâches.

3. La rupture des grands équilibres

La France dans la crise mondiale

A l'aube des années 70, toutes les prévisions convergent pour annoncer... une poursuite de la croissance. Une fois de plus une rupture majeure de la conjoncture économique va se produire sans que les observateurs économiques aient su la prévoir. Pourtant au niveau mondial de nombreux indicateurs auraient pu alerter l'attention : chute des taux de rentabilité, montée régulière du chômage...

Si la crise est mondiale et touche les pays à des degrés divers, il n'est pas indifférent de situer l'économie française par rapport à l'évolution des autres pays industrialisés. La crise mondiale est en effet l'occasion d'une redistribution des coûts entre les différentes puissances et toute perte en valeur relative rend un peu plus difficile le redressement.

Le ralentissement de la croissance

Alors que le taux de variation annuel du P.I.B. moyen était de 4,7 % entre 1962 et 1973 dans les pays industrialisés, il n'est plus que de l'ordre de 2 % de 1973 à 1984.

Sans doute la situation des différents pays est assez disparate. Le Japon maintient un taux moyen de croissance du PIB nettement supérieur aux autres pays industrialisés mais néanmoins le freinage est marqué (8,4 % en moyenne par an entre 1970 et 1973, moins de 4 % depuis 1973). Sur l'ensemble des 10 premières années de crise, la situation de la France est proche de la moyenne des pays développés.

Accroissement annuel du P.I.B., en volume

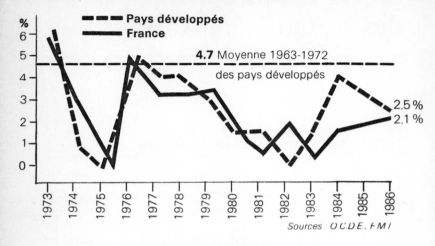

Sources : O.C.D.E., F.M.I.

Évolution du P.I.B. en France
(en volume, en %)

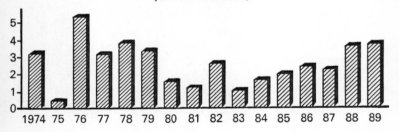

De 1981 à 1987, il existe un décalage marqué entre l'évolution mondiale et la situation française. Ainsi, en 1982, la France fait nettement mieux que la moyenne des pays industrialisés alors que de 1983 à 1987 elle n'obtient que des résultats inférieurs en terme de croissance. En revanche 1988 est marquée par un net redressement du taux de croissance de la production.

... induit une montée du chômage

La baisse du taux de croissance de la production induit mécaniquement une diminution des emplois et ce à travers deux mécanismes. Tout d'abord les accroissements de capacité nécessaires pour satisfaire la demande deviennent moins importants, les investissements de capacité tendent donc à diminuer, provoquant une chute de l'activité et de l'emploi dans les entreprises. Par ailleurs, l'impératif de compétitivité conduit nombre d'entreprises à maintenir un certain nombre d'investissement de productivité, réduisant, à production inchangée, les besoins de main-d'œuvre. Sans doute, certaines rigidités sociales peuvent conduire l'entreprise à conserver pendant un certain temps l'excédent de main-d'œuvre qui en résulte, ne serait-ce que parce que l'entreprise espère retrouver les rythmes de croissance antérieure, et hésite donc à licencier une main-d'œuvre formée aux spécificités de son activité... mais tôt ou tard, quand les perspectives de croissance apparaissent comme durablement réduites, la firme cherche à licencier pour améliorer sa productivité et réduire ses coûts. L'exemple des années 1988-1989 où une hausse inattendue du taux de croissance autour de 3,5 % s'est accompagnée d'un redressement de l'emploi illustre cette liaison croissance-emploi.

Si tous les pays industrialisés ont été frappés par le chômage, la France ne bénéficie pas avant 1988 de l'amélioration de la situation de l'emploi qui marque par exemple l'économie américaine après 1984.

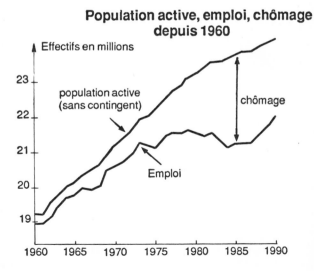

Population active, emploi, chômage depuis 1960

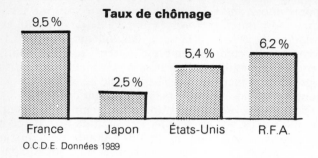

Taux de chômage

9,5 % France

2,5 % Japon

5,4 % États-Unis

6,2 % R.F.A.

O.C.D.E. Données 1989

De l'inflation à la désinflation

Alors qu'en avril 1973, le rythme de croissance des prix ne dépassait pas en moyenne 4 % dans les pays de l'O.C.D.E., en 1974 et en 1980 lors des deux chocs pétroliers, le niveau moyen de hausse des prix dans les pays développés dépasse 12 % !

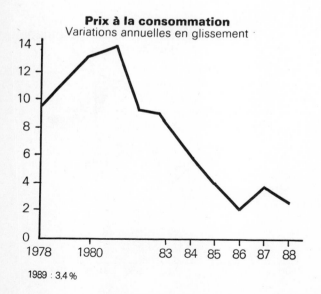

Prix à la consommation
Variations annuelles en glissement

1989 : 3,4 %

Écart d'inflation avec les principaux partenaires

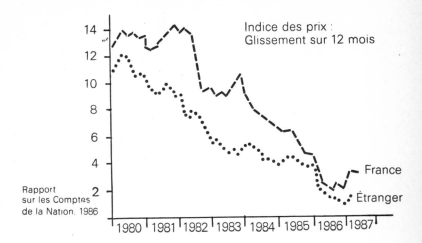

La décélération des rythmes de croissance des prix qui se produit à partir de 1980 sera beaucoup plus importante que celle, éphémère, de 1975-76. En 1986, les pays développés retrouvent un taux d'inflation de 2 % pour la première fois depuis 1973.

Si cette désinflation marque aussi l'économie française, le rythme de croissance des prix en France depuis 1975 a régulièrement été supérieur à cette moyenne, l'écart de rythme de hausse des prix étant particulièrement marqué pour les produits industriels. Ces écarts exercent un effet potentiel défavorable sur la compétitivité des prix des entreprises françaises. Toutefois, pour apprécier les variations réelles de prix sur les différents marchés du monde, il faut prendre en compte les réajustements monétaires qui ont, à plusieurs reprises, réduit les écarts liés aux différences d'inflation.

Alors qu'en matière d'emploi, sur la longue période, la France a un taux de chômage proche de la moyenne des pays de l'O.C.D.E. européens (un peu plus ou peu moins selon les périodes), en matière de prix à la consommation, la France se situe presque toujours à un niveau supérieur à la moyenne de ces pays.

La consommation

Parallèlement, la croissance de la consommation se ralentit globalement : +4,2 % par an de 1970 à 1975 ; +2,3 % entre 1975 et 1979 ; entre 1982 et 1983 la croissance des transferts sociaux maintient le niveau de consommation ; en 1984 le pouvoir d'achat baisse d'environ 1 %, mais le niveau de consommation se maintient par suite de la réduction du taux d'épargne des ménages.

Cette résistance globale ne doit pas masquer la montée d'une nouvelle pauvreté, chômeurs en fin de droits, laissés pour compte d'une société en crise dont les besoins élémentaires sont de plus en plus difficilement satisfaits comme en témoignent toutes les associations d'assistance.

Chute de la rentabilité...

Au niveau mondial, la baisse de la rentabilité des entreprises, en particulier dans le secteur industriel, caractérise les périodes 1965-1983. Elle est relativement tardive en France, mais aussi particulièrement marquée après le deuxième choc pétrolier. Les frais financiers (hausse des taux d'intérêt et accroissement de l'endettement) et la montée des charges salariales sont les principaux accusés. S'ils pèsent sans doute réellement sur les résultats financiers, la nature de la spécialisation de l'économie française, comme on le verra, exerce une influence décisive. A partir de 1983 la rentabilité des entreprises va se redresser nettement sous l'effet en particulier de la désindexation des salaires par rapport au niveau moyen des prix[1].

... et des investissements

Une chute particulièrement marquée

L'investissement qui représente plus de 25 % du P.I.B. en 1973 n'atteint plus que 18,9 % du P.I.B. en 1984. Sans doute les États-Unis ou le Royaume-Uni consacrent un plus faible

---

1. L'indexation sans être de droit était en pratique accordée. Voir p. 242.

pourcentage de leur production à l'investissement que la France, mais cette tendance est antérieure à la crise, et dans le cadre des États-Unis la masse globale des investissements est beaucoup plus importante (depuis 1982 le taux d'investissement américain est caractérisé par une remontée significative).

Formation brute de capital fixe
(en % du P.I.B. à prix courants)

	1961-1970	1971-1980	1981	1984	1987
C.E.E. (12)	22,1	21,5	20,2	18,6	18,5
R.F.A.	24,9	22,3	21,8	20,2	19,3
France	22,9	22,9	21,4	18,9	18,5
Royaume-Uni	18,3	19,2	16,4	17,4	17,4
Italie	21,3	20,1	20,2	18,2	17,9
États-Unis	18,0	18,4	16,4	16,1	15,6
Japon	32,4	32,7	30,7	27,9	27,9

Wharton, juillet 1987 (1987 : prévisions).

Parmi les facteurs explicatifs avancés, la chute de la rentabilité des investissements tient évidemment la première place ; les placements financiers en France se sont avérés nettement plus intéressants que les investissements industriels.

Ainsi, en 1980-82, la rentabilité des placements financiers en France est nettement supérieure à celle des investissements, 15 % pour les premières, 5 % pour les secondes. En revanche, au Japon, le rendement des investissements après impôt est de 10 % contre 9 % pour les placements financiers ce qui est favorable aux investissements réels, et aux États-Unis, la rémunération est de 12,5 % pour les placements financiers et de 9 % pour les investissements.

En R.F.A., les placements financiers rapportent en moyenne 9 % contre 5 % pour les investissements, la tendance est la même qu'en France mais les écarts sont plus réduits.

**Les placements financiers
plus rentables que les investissements**

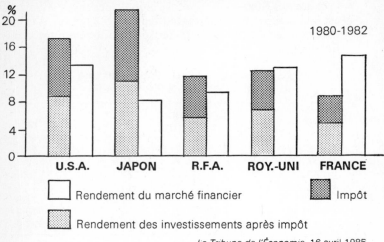

La Tribune de l'Économie, 16 avril 1985.

Une redistribution des richesses
et de la puissance à l'échelle mondiale

La crise s'est accompagnée d'une nouvelle répartition des richesses au niveau mondial. Le Japon, et quelques pays à croissance rapide voient leur poids dans la production mondiale s'accroître. La place des États-Unis dans la production mondiale reste globalement à peu près stable malgré l'émergence de pôles de faiblesse. La place relative de l'Europe tend à fléchir.

Si l'Europe reste le principal pôle de commerce mondial (45 % des échanges mondiaux en 1972, environ 38 % aujourd'hui), la place du Japon (6,1 % en 1972, 8,5 % en 1982) et des pays exportateurs de pétrole (6,8 % en 1972, 12 % en 1982) s'est rapidement accrue.

La crise à la française

1974-1980 : la crise, quelle crise ?

Vue de l'extérieur, la France dans les années 74 à 80 peut paraître relativement moins touchée par la crise mondiale que d'autres pays. *Le niveau de vie moyen reste très élevé, le produit intérieur brut* par habitant est comparable à celui des États-Unis en termes de pouvoir d'achat moyen (de l'ordre de 6 000 francs par mois et par habitant). *La croissance* s'est ralentie, mais on ne peut pas parler de décroissance ; sur 10 ans, depuis le choc de 1973, le rythme moyen de croissance de la production reste de l'ordre de 2,5 % ; *le chômage* s'est accru, mais le sous-emploi est inférieur aussi à la moyenne des pays de la C.E.E. La protection sociale est élevée et atténue les effets de la crise. Le *niveau de la consommation moyenne n'a pas baissé,* sur l'ensemble de la période le pouvoir d'achat des salaires a même augmenté. *On pourrait continuer cette description optimiste.* C'est qu'en vérité la crise en France est *peu visible,* si peu visible que de 1973 jusqu'en 1980 intellectuellement chacun sait que la crise existe, mais à *l'exception de certaines catégories particulièrement* touchées dans leur emploi, *pour la majorité des Français la crise n'existe pas.* C'est le deuxième choc pétrolier qui va induire une prise de conscience de la réalité et surtout de la gravité de la crise française.

Le taux de rentabilité des entreprises diminue dangereusement. Le taux de marge passe de 28 % avant 1974 à 22 % en 1975. Si ce taux soutient encore la croissance, il ne peut plus descendre sous peine de voir se réaliser une fuite devant l'investissement. D'autant que les *taux d'intérêt augmentent,* réduisant la marge nette en cas d'emprunt.

La chute du niveau global des investissements est importante, les investissements privés fléchissent fortement. La montée des investissements publics va provisoirement masquer la perte de rentabilité du capital.

1980-1987 : le choc de la stagnation

Dans les années 80, les Français prennent conscience de la réalité et de la gravité de la crise. Pour comprendre l'importance du traumatisme qui en résulte, il faut avoir à l'esprit que *cette stagnation succède à 30 ans de croissance rapide et de plein emploi.*

Pour rappeler les ordres de grandeur *la production industrielle* a été multipliée par 10 de 1945 à 1980, le niveau de vie des Français par 4. Pour prendre un élément de comparaison, les États-Unis n'ont pas connu une telle croissance dans les années 60-70 et ont eu un chômage endémique relativement important depuis 1945.

Le Français est habitué à voir son niveau de vie augmenter régulièrement et cette donnée est intégrée dans son comportement. Ainsi, ses plans d'achat de logement sont fondés sur cette augmentation régulière des revenus.

Parallèlement, l'évolution des positions sociales est marquée par la crise. Pendant la période de forte croissance la structure sociale s'est profondément modifiée. Le nombre de *cadres moyens et supérieurs* s'est considérablement accru, il en résultait des possibilités de promotions individuelles très importantes. Avec la crise, les positions sociales se figent et tendent à se dégrader. Ceci résulte tout d'abord du chômage lui-même : être chômeur dans le subconscient collectif, c'est baisser de position sociale ; la montée du chômage induit une crainte de rétrograder dans l'échelle sociale non seulement pour ceux qui sont effectivement sans emploi mais aussi pour tous ceux qui craignent de le devenir.

Par ailleurs les réductions d'emploi limitent les possibilités de promotion. On a donc une inversion brutale de tendance ; la structure de l'évolution de la population devient défavorable à la promotion professionnelle individuelle. Les parents deviennent brutalement inquiets pour l'avenir professionnel de leurs enfants.

La désillusion face aux politiques conjoncturelles

Les périodes se suivent mais ne se ressemblent pas

Pendant 30 ans la France avait, comme tous les pays industrialisés, mais peut-être un peu plus que les autres, pratiqué des politiques keynésiennes de soutien de la demande et d'acceptation d'une inflation limitée (voir page 50), quitte à mettre en place à intervalles aussi espacés que possible des politiques de « stabilisation » chaque fois que les risques de « surchauffe » apparaissaient importants. Cette stratégie, tous les partis politiques au pouvoir l'ont pratiquée avec succès, puisque — nous l'avons vu — la croissance globale s'est avérée soutenue par cette politique et a conduit à un quasi plein emploi et à une amélioration du niveau de vie.

Face à la crise, le même type de politique va être par deux fois pratiqué, mais sans procurer les résultats espérés.

Plans d'austérité, plans de relance

De 1974 à aujourd'hui on peut distinguer cinq phases du point de vue de la politique conjoncturelle.

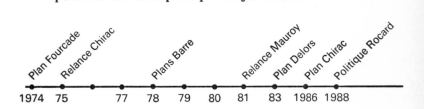

Du plan Fourcade à la relance Chirac

En 1974 face au choc pétrolier le plan Fourcade tend à limiter la croissance monétaire.

Dès 1975, le plan Chirac relance l'activité qui se traduit en particulier par le soutien de l'activité du bâtiment qui a la particularité de soutenir l'emploi sans impliquer des hausses massives des importations. L'investissement est favorisé par des avantages financiers, le déficit budgétaire réapparaît : à un excédent de +0,4 % du P.I.B., succède un déficit de −2,6 %, induisant une croissance significative de la demande.

Les résultats sont assez satisfaisants en matière de croissance économique puisque la production augmente de 5 %, le chômage se stabilise, mais les tensions inflationnistes sont importantes, la spéculation contre le franc s'accroît et celui-ci doit sortir du serpent monétaire en 1976[1].

Les plans Barre

En 1976, le premier plan Barre met en place une phase d'austérité qui durera jusqu'en 1980 :

● Il s'agit d'abord d'une action sur les prix : le 22 septembre 1976, les prix sont gelés pour 3 mois, les prix du secteur public pour 6 mois. Progressivement les prix seront ensuite libérés et pour la première fois depuis 30 ans les prix industriels seront entièrement libres à la fin de 1980.

● La masse monétaire est sévèrement contrôlée, elle passe d'un taux de croissance de +20 % en 1976 à 10 % en 1980.

● Il s'agit d'un plan ayant pour objectif d'accroître les marges bénéficiaires des entreprises :
En janvier 1977, le taux courant de la taxe sur la valeur ajoutée (TVA) est abaissé de 20 % à 17,6 %. Ce qui en principe exerce une action favorable sur les marges bénéficiaires et aussi sur les prix.
Le mode de calcul des impôts sur les sociétés devient plus favorable (amortissement dégressif).

La demande est comprimée : d'une part, par un accroissement des impôts sur les revenus, du prix de l'essence et de la vignette automobile, d'autre part les conditions de crédit s'alourdissent.

Mais la tentative de blocage de la croissance du pouvoir d'achat des salariés se heurte à la résistance syndicale.

● Le déficit budgétaire est sévèrement réduit. Cette politique « orthodoxe » sera appliquée pendant une période

---

1. En avril 1972 le serpent monétaire était institué, préfigurant le SME. Les valeurs de certaines monnaies européennes étaient liées pour la première fois entre elles.

longue puisqu'elle durera près de 5 ans, jusqu'à la veille des élections présidentielles de 1981. Elle induit les effets classiques de politique de stabilisation : effet négatif sur l'emploi et la production mais réduction du rythme d'inflation et amélioration du solde commercial. Néanmoins les résultats sont décevants, d'autant que le deuxième choc pétrolier ne facilite pas les adaptations. Le chômage s'accroît. L'inflation se situe à un niveau supérieur à celle de nos concurrents. La balance commerciale reste déficitaire même si les placements de capitaux étrangers éloignent les difficultés sur le franc. Le rétablissement de l'investissement privé est peu marqué.

La relance socialiste

L'arrivée des socialistes au pouvoir en 1981 est marquée par une relance de la consommation :

● Hausse du pouvoir d'achat des bas salaires, des prestations familiales, du revenu des personnes âgées, des handicapés.

● Les budgets d'investissement des différents ministères s'accroissent, des créations d'emplois publics massives sont mises en place.

L'ensemble de ces décisions aboutit à une augmentation de la demande d'environ 1 % du P.I.B.

Le déficit budgétaire en 1982 est de 2,5 % du P.I.B., ce qui est comparable au déficit du plan Chirac et reste très inférieur aux déficits moyens des autres pays industrialisés.

Des déséquilibres très graves vont rapidement apparaître :

● Si le taux de croissance augmente, le chômage n'est pas véritablement endigué, et la croissance des prix est élevée. Surtout la dévaluation d'octobre 1981 ne suffira pas à freiner la spéculation, deux autres dévaluations seront nécessaires pour maintenir la compétitivité vis-à-vis des principaux pays concurrents et endiguer la spéculation.

● Le déficit de la balance commerciale et l'endettement extérieur s'accroissent dangereusement, il ne reste alors plus que deux solutions :

- sortir du S.M.E. et mettre en place une forte protection extérieure, c'est la solution préconisée par certains économistes[1] ;

---

1. Voir à ce sujet A. Liepietz, *L'audace ou l'enlisement*, La Découverte.

- ou bien, privilégier le rétablissement de la balance extérieure et la compétitivité des entreprises, c'est cette deuxième formule qui sera choisie.

Le plan de rigueur

Le 23 mars 1983 la politique de rigueur (Plan Delors) se met en place ; elle comporte plusieurs aspects, tout d'abord elle consiste à exercer une pression à la baisse *sur la demande* par l'accroissement des impôts, la réduction des dépenses publiques.

Il s'agit de stabiliser la consommation à son niveau antérieur, ce qui est atteint en 1983 et 1984 puisque la consommation des ménages va juste se maintenir grâce à la réduction du taux d'épargne.

Cette politique se propose aussi d'exercer une action sur les prix par un double mécanisme : la limitation de la création monétaire et de l'accès au crédit, la lutte contre l'engrenage hausse des salaires-hausse des prix. L'État compte sur le potentiel de confiance des salariés vis-à-vis d'un gouvernement socialiste, sur le poids du chômage qui limite les revendications et fixe un taux normal de hausse des salaires qu'il appliquera (ou presque) lui-même dans le secteur public.

Les évaluations des résultats obtenus sont très divergentes comme cela se produit fréquemment dans l'appréciation d'une politique économique. Néanmoins quelques tendances peuvent être dégagées :

● La désindexation des salaires par rapport aux prix semble effective.

● Les marges bénéficiaires des entreprises se redressent.

● La désinflation se met en place, ce résultat est d'autant plus important que 80 % des prix industriels ont progressivement été libérés.

● Si le déséquilibre extérieur se réduit nettement, c'est la stagnation qui stabilise les importations, et la relance dans les autres pays qui soutient les exportations.

● En matière d'emploi, l'effet habituel du plan d'austérité apparaît. Le chômage se développe d'autant plus que sur le plan industriel le gouvernement met en place une politique de vérité de l'emploi en autorisant les licenciements en cas de sureffectifs.

La politique libérale

Début 1986, une mini-relance de la consommation profite surtout aux entreprises étrangères.

En mars 1986, les élections législatives se traduisent par un changement de gouvernement. Sur le plan conjoncturel la politique restrictive se poursuit. Le nouveau gouvernement est élu sur un programme d'inspiration libérale qui présente plusieurs composantes :
1. La réduction des prélèvements obligatoires et le retour à l'équilibre budgétaire.
2. La libéralisation des prix, l'accroissement de la concurrence, la réduction des aides publiques.
3. La privatisation des entreprises publiques et plus généralement la réduction de l'intervention de l'État dans la vie économique.

En ce qui concerne le premier point, si le budget pour 1988 est marqué par une baisse sensible des impôts, l'accroissement des cotisations sociales décidées ne conduit pas à une baisse de l'ensemble des prélèvements obligatoires... quant à l'équilibre budgétaire certaines dépenses traditionnellement financées par l'impôt ont été couvertes par les ressources fournies par les privatisations.

En revanche, la libéralisation des prix et la réduction des aides publiques, la réduction du contrôle des changes, la « libéralisation » des règles d'encadrement des banques sont beaucoup plus manifestes. Les privatisations des entreprises publiques se réalisent à un rythme rapide (voir page 135).

Le deuxième mandat de François Mitterrand

Le deuxième mandat de F. Mitterrand s'ouvre sur une embellie économique, le taux de croissance pour la première fois depuis le deuxième choc pétrolier dépasse 3 %. La réduction de la facture énergétique et la bonne conjoncture américaine qui soutient les exportations françaises contribuent à cette amélioration, tandis que la perspective du grand marché de 1993 relance les investissements.

L'adaptation de l'économie française au grand marché européen de 1993 devient un des pôles majeurs de la politique économique du gouvernement Rocard. Des mesures fiscales telles que la baisse de la TVA ou la baisse des prélèvements sur les obligations vont dans ce sens.

Aux contraintes subies s'ajoutent des contraintes acceptées liées en particulier à la volonté de s'insérer dans un ensemble européen unifié. Ce choix conduit en particulier à ne plus utiliser l'arme des taux de change comme outil de la politique économique.

La montée de la contrainte extérieure

Globalement, une des caractéristiques des années de crise est la réduction des marges de manœuvre des politiques économiques.

Les politiques de relance se heurtent à la contrainte extérieure. Toute politique de relance comporte ce risque mais ce qui est spécifique à la France actuelle, c'est à la fois la rapidité avec laquelle apparaît cette contrainte extérieure et son ampleur.

Ceci résulte d'une double cause :

- La faiblesse des marges bénéficiaires incite les entreprises à augmenter leurs prix plus que leur production dès que les conditions de la demande le permettent.

- Les entreprises françaises contrôlent de moins en moins le marché intérieur, l'accroissement de la demande se traduit alors largement par le développement des importations.

Cette situation renvoie aux déficiences de *l'appareil productif français* et ne peut être résolue qu'en s'attaquant aux *problèmes structurels.*

L'adaptation insuffisante des productions françaises aux orientations nouvelles de la demande mondiale réduit les possibilités d'exportation. Tout accroissement de la production nationale implique un accroissement important des importations. Ceci n'est pas aujourd'hui, pour l'essentiel, lié au poids du pétrole dans la consommation, mais à l'importance des achats de biens d'équipement et de produits intermédiaires importés en cas de hausse de la production. Le seul type de relance possible semble être celui d'une « relance concertée » au niveau mondial ou au moins au niveau européen.

4. A qui la faute ?

Face à la gravité de la crise économique et sociale, une interrogation majeure interpelle : A qui la faute ? Quels mécanismes ont pu conduire une économie aussi florissante aux difficultés présentes ?

Un certain nombre de mutations récentes modifient les conditions de la croissance économique. Les chocs pétroliers, les fluctuations du dollar sont les premiers accusés. Si l'impact de ces chocs extérieurs est globalement dépressif, d'autres pays, le Japon notamment, les ont subis sans être marqués par les mêmes difficultés. Le risque d'une surestimation du rôle des chocs pétroliers est de masquer les faiblesses spécifiques de l'appareil productif français. Plusieurs mutations majeures se sont produites au niveau mondial qui modifient les conditions de l'activité économique. La demande et les conditions de production au niveau mondial sont transformées. Deux éléments jouent un rôle central dans cette évolution : d'une part, des industries, telles que l'automobile, qui avaient soutenu la croissance des années 50-60, se heurtent aujourd'hui à une relative saturation de la demande et à la baisse des gains de productivité fordiste. L'apparition d'une nouvelle vague d'innovations liées au développement des technologies électroniques et de la communication bouleverse l'ensemble des moyens de production et de la demande de biens de consommation. Une autre transformation qui trouve son origine dans la croissance des années 60, modifie les conditions des échanges internationaux : l'intégration massive des économies nationales dans l'économie mondiale avec son corollaire, le rôle grandissant des firmes multinationales dont la logique de gestion est le plus souvent différente de celles des sociétés centrées sur le marché national.

Accusés, le pétrole et le dollar

Quatre chocs extérieurs

La baisse du cours du dollar et celle des prix du pétrole qui se manifeste dès la fin de 1985 ne doivent pas laisser oublier que l'économie française a subi quatre chocs extérieurs depuis 1973.

Un premier choc pétrolier se produit entre le 4e trimestre 1973 et le 2e trimestre 1974, il est caractérisé par le quadruplement du prix du pétrole.

Prix du pétrole

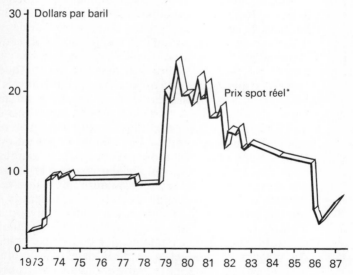

* Prix spot déflaté par l'indice du prix PIB des pays industrialisés

Source Petroleum Intelligence Weekly OPEC Bulletin

Un choc matières premières se produit du 1er trimestre 1976 au 3e trimestre 1977, il se manifeste par la hausse du prix des matières premières importées qui avaient déjà fortement augmenté entre 1972 et 1974.

Prix des matières premières

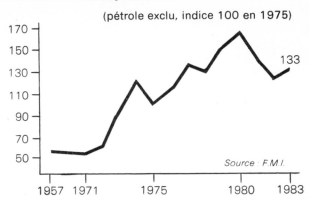

(pétrole exclu, indice 100 en 1975)

Source : F.M.I.

Un deuxième choc pétrolier caractérisé par une nouvelle hausse massive des cours du pétrole se produit du 1er trimestre 1979 au 1er trimestre 1980.

Enfin un choc dollar, lié à la hausse du dollar à partir de la fin de 1980 qui induit des hausses du prix des importations comparables à celles provoquées par un choc pétrolier.

L'ampleur de ces différents chocs est inégale. Pour la France la conjonction du deuxième choc pétrolier et de la hausse du dollar a une incidence à peu près équivalente à celle du premier choc pétrolier. L'impact de la hausse du prix des matières premières est à peu près moitié moins important. Ces chocs seront suivis de mouvements de baisse du cours du pétrole et du dollar particulièrement marqués en 1986, année où le coût des importations énergétiques de la France sera divisé par deux !

Les prélèvements liés à la hausse du prix du pétrole

Toutes choses égales par ailleurs, chaque choc extérieur induit une détérioration des « termes de l'échange », ce qui signifie qu'il faut exporter plus de produits nationaux pour payer une même quantité de produits importés. *En dehors de toute réaction d'adaptation* de l'économie, il en résulte *un prélèvement sur l'économie nationale* : il faut fournir plus de marchandises pour payer le niveau d'importation antérieur... sauf à voir apparaître une *dégradation du solde extérieur.*

Le prélèvement extérieur est d'autant plus important que l'on consomme beaucoup de pétrole et, qu'à court terme, on est incapable de réduire les quantités importées.

Trois pays industrialisés échappent au prélèvement des chocs pétroliers ou ne subissent qu'un prélèvement modeste. Les États-Unis et le Canada, riches en matières premières et ressources énergétiques, voient leurs termes de l'échange s'améliorer, la Grande-Bretagne qui a subi le premier choc pétrolier, échappe au second grâce à ses ressources pétrolières.

Les pays qui subissent la plus forte dégradation des termes de l'échange sont le Japon et l'Italie (8,5 % du P.I.B. pour le premier entre 1970 et 1981, 7 % pour le second), la R.F.A. et la France « perdent » 4 % de leur P.I.B. pendant la même période.

Toutefois la détérioration des termes de l'échange est un indicateur imparfait de l'ampleur du choc extérieur car une baisse du prix des exportations peut être une forme d'adaptation à la crise : en effet la baisse des prix à l'exportation peut être un moyen de vendre plus sur les marchés extérieurs et donc de rétablir rapidement l'équilibre extérieur.

C'est ainsi que le Japon, qui a fortement baissé ses prix à l'exportation après le premier choc pétrolier, a rapidement rétabli l'équilibre de son commerce extérieur.

L'adaptation au premier choc pétrolier

Hausse des prix...

En France, l'adaptation au premier choc pétrolier a été rapide et relativement indolore, au moins à court terme. Pour comprendre cette adaptation, il faut revenir à la situation de la France en 1973-1974.

La hausse du prix du pétrole agit sur les prix nationaux tout d'abord de façon directe par le biais de la hausse des coûts des produits comportant l'utilisation de produits énergétiques mais aussi de façon indirecte par contagion.

Les entreprises qui incorporent dans leur production des biens importés dont le prix s'est accru, ont tendance à réagir à un accroissement de leurs prix de revient par une augmentation des prix de vente et à reporter ainsi sur leurs clients le poids du choc extérieur. Cette réaction est plus ou moins intense, elle peut même être nulle si l'entreprise estime que, compte tenu de l'état de la concurrence et de la demande, toute hausse induirait des pertes de marché dramatiques du point de vue du bénéfice global.

Le report des hausses de coût peut être différent selon qu'il s'agit des *prix sur le marché national* ou des *prix à l'exportation*. Il est très possible, par exemple, d'augmenter le prix d'une voiture sur le territoire national et de ne pas modifier son prix sur le marché allemand où l'on estime, par exemple, la concurrence plus vive ; mais dans une économie ouverte, cette situation est limitée par la concurrence accrue qui peut en résulter sur le territoire national.

Comme tous les produits n'incorporent pas le même pourcentage de consommations intermédiaires importées dont le coût a augmenté, comme toutes les entreprises ne reportent pas leurs hausses de coûts de la même façon sur leurs prix, les chocs extérieurs *modifient donc les rapports de prix entre les produits* avec les conséquences qui peuvent en résulter au niveau de la demande.

En France, les prix des produits exportés augmentent de 23 % en 1974, puis de 26,7 % entre 1975 et 1978, cette hausse réduit considérablement la détérioration des termes de l'échange liée au premier choc pétrolier et à la hausse des prix des matières premières. En 1975 le prélèvement n'est plus que de 1 % du P.I.B. par rapport à 1970, il remontera sous l'effet de la hausse du prix des matières premières pour atteindre début 1979 1,5 % du P.I.B. par rapport à 1973.

... et accroissement de la part des salaires dans le revenu national

Les membres de la collectivité nationale cherchent à *atténuer les effets du prélèvement extérieur sur leur propre niveau de revenu et à reporter cet effet sur les autres catégories.* Ainsi l'entreprise cherche à reporter l'effet des hausses de coût sur le consommateur.

Le partage de la valeur ajoutée

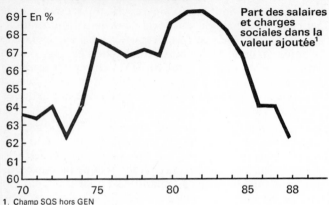

En %

Part des salaires et charges sociales dans la valeur ajoutée[1]

1. Champ SQS hors GEN

1. Champ sociétés et quasi-sociétés hors grandes entreprises nationales.
Source : Comptes nationaux, 1988, I.N.S.E.E.

1. Valeur ajoutée : ce qui est « créé » par les entreprises :
Valeur des produits ou services vendus par les entreprises moins la valeur de l'ensemble des marchandises et services achetés pour réaliser la production.
Ici, il s'agit de la somme des valeurs ajoutées par toutes les entreprises.

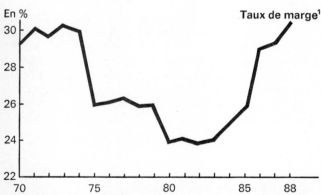

En %

Taux de marge[1]

1. Rapport de l'excédent brut d'exploitation à la valeur ajoutée. Champ SQS hors GEN
Source : Comptes nationaux 1988. INSEE

Les salariés qui voient leur pouvoir d'achat diminuer par le simple jeu de la hausse des prix vont tenter d'obtenir des hausses de salaires leur permettant de maintenir ou même d'accroître leur revenu réel. Dans la mesure où cette stratégie s'avère efficace il peut en résulter une *modification de la structure du revenu national*. C'est ce qui s'est passé en France, la part des salariés s'accroît après le premier choc pétrolier. Les salaires qui représentaient 50 % du revenu national en 1973 constituent 54 % de ce revenu en 1977. Ce « jeu du mistigri » entre les partenaires sociaux est aussi à l'origine de tensions inflationnistes ; les entreprises pour maintenir leur marge tentent de reporter les hausses de coût sur les prix, et les salariés réclament et obtiennent des hausses de salaires qui augmentent les coûts.

Le deuxième choc pétrolier est mal supporté par l'économie française

La concurrence limite la hausse des prix à l'exportation. Les variations du prix des exportations sont beaucoup plus faibles en 1979 qu'après le 1er choc pétrolier (+ 10 % en 1979, + 12 % en 1980). Ceci provient de deux causes :
- L'environnement déflationniste dans les autres pays rend les hausses de prix impossibles d'autant que la bonne tenue du franc accroît le prix en monnaie étrangère de nos produits. Il faudra attendre les dévaluations de novembre 1981 et juin 82 pour que ces prix augmentent.
- Les prix français sont déjà élevés et supportent mal la comparaison au niveau mondial. Les entreprises ne peuvent donc pas augmenter leurs prix sous peine de perdre massivement leurs débouchés.

L'industrie est la plus touchée

En 1974, les services épongent la plus grande part du prélèvement pétrolier, l'industrie accroît ses prix et maintient ainsi pour l'essentiel ses marges bénéficiaires.

En 1979, de telles hausses ne sont plus possibles par suite de l'intensification de la compétition. L'industrie subit le poids du prélèvement pétrolier, les marges bénéficiaires dans l'industrie s'effondrent, ce qui freine les investissements à la fois par manque de moyens de financement et par suite de la faiblesse des taux de rentabilité espérés.

Le décalage conjoncturel avec les autres pays

Tandis que lors du premier choc pétrolier l'évolution conjoncturelle française suit sensiblement celle des autres pays industrialisés, les réactions conjoncturelles sont très différentes lors du deuxième choc pétrolier. Dès 1980, l'adaptation française est moins rapide que celle de ses concurrents surtout en 1981-1982 : une politique de relance de la demande est mise en place alors qu'en R.F.A., au Japon, aux États-Unis l'austérité règne. En 1983, la politique d'austérité française va aussi à contre-courant puisque les États-Unis soutiennent leur activité par un déficit budgétaire massif et une politique d'incitation vis-à-vis de l'investissement.

Ce que les chocs pétroliers expliquent...

Il ne faut ni sous-estimer l'impact de la hausse du prix du pétrole sur l'économie française ni la surestimer.

Coûts et prix

Les chocs pétroliers ont induit une montée des coûts, accroissant les tensions sur la répartition, tensions qui vont s'ajouter à l'effet direct de la hausse des prix du pétrole (et des matières premières) sur les coûts pour engendrer des effets inflationnistes importants. La réduction des marges bénéficiaires des entreprises françaises qui va résulter de cette pression sur les coûts, en particulier après le deuxième choc pétrolier va réduire les possibilités d'investissement des entreprises. Il reste que les évaluations quantitatives généralement retenues (O.C.D.E., I.N.S.E.E.) évaluent à 3 ou 6 points d'inflation, l'effet global de chaque choc pétrolier, une partie importante de l'inflation reste donc inexpliquée si on retient les seuls chocs pétroliers.

La demande

On peut admettre aussi que compte tenu du comportement des agents les chocs extérieurs ont engendré un certain effet dépressif sur le niveau de la demande globale et induit certaines mutations de la demande : développement de la demande d'usines ou d'ouvrages clés en main dans les pays de l'O.P.E.P., demande de biens de consommation et de production utilisant moins d'énergie dans les pays non pétroliers, développement aussi des produits de substitution. Cette transformation de la demande a provoqué, compte tenu de la politique de l'État et des entreprises, des transformations significatives de l'appareil de production français : développement de l'énergie nucléaire, modification des caractéristiques des automobiles pour leur permettre de consommer moins d'énergie...

L'accroissement de la contrainte extérieure

La demande de produits pétroliers étant rigide à court terme, l'accroissement du prix du pétrole augmente le poids et la valeur des importations incompressibles. Il en résulte à la fois une plus grande rigidité des importations et une tendance accrue au déficit dans un pays comme la France dont l'équilibre extérieur a toujours été précaire.

... ce qu'ils n'expliquent pas

Un élément doit inciter à relativiser la place des effets de la hausse du prix du pétrole dans la crise actuelle : le ralentissement de la croissance mondiale est antérieur à 1973.

Taux de croissance du P.I.B. en volume

Japon	1960-70	10,3 %	**États-Unis**	1960-65	4,6 %
	1970-73	7,9 %		1965-73	3,2 %
	1973-80	4,5 %		1973-80	2,7 %
	1980-85	4 %		1980-85	2,1 %
	1986-87	2,6 %		1986-87	2,5 %
	1988	6 %		1988	3,9 %
Italie	1960-70	5,3 %	**France**	1959-73	5,7 %
	1970-73	3,8 %		1973-79	3,2 %
	1973-80	2,6 %			
	1980-85	1,4 %		1980-85	1,4 %
	1986-87	2,8 %		1986-87	2,5 %
	1988	4 %		1988	3,2 %

En France la relance, liée aux hausses de salaire qui ont suivi mai-juin 1968, soutient la demande et la production, ce qui contribue à retarder la dépression de la conjoncture. Néanmoins, le chômage commence à s'accroître avant 1973 et la tendance au ralentissement des gains de productivité débute avant le choc pétrolier.

Le choc pétrolier va amplifier ces tendances, il va aussi révéler les problèmes qui étaient à l'origine de ces tensions.

L'instabilité monétaire mondiale est antérieure aux chocs pétroliers

La fin des années soixante est marquée par la crise du système monétaire international mis en place à Bretton Woods en 1944. De 1944 à 1970 les cours des monnaies sont relativement stables ; sans doute, des dévaluations à intervalles plus ou moins éloignés marquent l'évolution de certaines monnaies, dont le Franc, mais leur fréquence en ce qui concerne les grands pays industrialisés est suffisamment faible pour que les entreprises puissent négliger ces variations sur le court terme en dehors des périodes de tensions sur la monnaie nationale. D'autant que le dollar est parfaitement stable puisque convertible en or au taux fixe de 35 dollars l'once d'or.

Avec l'abandon par les États-Unis de la convertibilité du dollar en or (1971) et le développement progressif des changes flottants, l'instabilité monétaire se généralise. Le dollar continue à bénéficier du statut de monnaie internationale sans assurer en contrepartie le rôle régulateur qui lui était dévolu dans les accords de 1944. Non seulement les États-Unis se retrouvent dans la situation extrêmement privilégiée de pouvoir garder de façon durable une balance des paiements extérieurs déficitaire puisqu'ils paient leur déficit en dollars, monnaie nationale qu'ils peuvent donc émettre en quantité illimitée, mais encore les entreprises des autres pays du monde subissent un risque de change important. Ainsi une entreprise française dont les contrats sont libellés en dollars ne sait pas avec précision quelle quantité de francs elle devra payer ou recevoir à l'échéance du règlement puisque le montant de son achat ou de sa vente exprimé en monnaie nationale sera fonction du cours incertain du dollar.

En revanche, les exportateurs américains ont une parfaite maîtrise de leurs recettes puisque les contrats sont presque toujours libellés dans leur monnaie nationale.

Cette instabilité a pu être amplifiée par les chocs pétroliers, ils ne l'ont pas créée.

Le choc dollar, un effet aussi important pour la France qu'un choc pétrolier

Les années 80 sont marquées par de fortes variations du dollar à la hausse d'abord, puis à la baisse.

Un handicap que ne subit pas le Japon

La hausse du cours du dollar qui va marquer le début des années 80 a un impact d'autant plus grand sur l'économie française qu'une part importante de nos importations est facturée en dollars. Comme le dollar a augmenté de plus de 100 % entre 1980 et 1985, le poids du « choc dollar » sur les prix français et sur la balance extérieure est au moins aussi important que celui des chocs pétroliers.

A la différence des chocs pétroliers, le choc dollar n'affecte pas l'économie japonaise, tout au plus subit-elle une concurrence accrue sur son marché intérieur, d'autant plus tolérable que le marché est très fermé.

Sans doute, la France n'est pas le seul pays à subir cet effet dollar (Allemagne...), mais il reste que deux partenaires commerciaux importants y échappent (États-Unis et Japon).

Les effets pervers de la hausse des taux d'intérêt

Les fluctuations du dollar pour l'essentiel ne proviennent pas des chocs pétroliers mais s'expliquent d'abord par la politique interne des États-Unis. Fin 1979, les États-Unis mettent en place une politique monétaire restrictive destinée à réduire l'inflation. Cette stricte limitation de l'accroissement des quantités de monnaie en circulation sur leur territoire provoque une forte demande en dollars à l'intérieur des États-Unis d'autant que le déficit budgétaire accroît les besoins en dollars de l'État américain qui cherche donc à emprunter. La forte hausse des taux d'intérêt qui en résulte attire les capitaux étrangers. Le dollar est recherché, ce qui provoque les hausses importantes du cours du dollar sur les marchés des changes. Pour réduire la fuite des capitaux outre-atlantique, la France est obligée d'augmenter la rémunération des capitaux qui acceptent de se placer en francs français.

Cette hausse des taux d'intérêt a un effet négatif sur l'activité productive. Il devient plus rentable de placer son argent auprès d'une banque que d'investir dans un projet industriel. Comme en outre les placements financiers (obligations, bons de caisse, Sicav à court terme) sont moins risqués que les investissements industriels, on voit mal ce qui pourrait décider un particulier ou une entreprise à investir. Cet effet indirect de la politique restrictive des États-Unis est sans doute au moins aussi dépressif sur l'activité économique que le prélèvement qu'il effectue sur les économies. L'assouplissement de cette politique à partir de 1983 contribuera à la reprise aux États-Unis, elle soutiendra également l'activité économique française.

L'instabilité monétaire mondiale est-elle à l'origine de la forte inflation des années 1975 ?

Alors que le premier choc pétrolier est suivi d'une forte inflation au niveau mondial, le second choc pétrolier est rapidement suivi par une décélération des prix. Cette évolution divergente appuie l'idée que le rôle de l'instabilité monétaire mondiale aurait été trop négligé dans les explications de la crise actuelle. En effet, jusqu'en 1980, les banques centrales des pays industrialisés doivent racheter des dollars pour éviter l'effondrement des cours. Ce faisant la France, par exemple, émet des francs qui accroissent les quantités de monnaie en circulation, ce qui constitue le fondement d'une forte tension inflationniste d'autant que les dollars sont immédiatement replacés aux États-Unis. Ce mécanisme va disparaître à partir de 1980 lorsque la FED décidera de laisser suffisamment monter les taux d'intérêt américains pour casser la spéculation contre le dollar et permettre aux banques centrales des autres pays industrialisés de ne plus accroître leur masse monétaire pour soutenir le dollar[1].

---

1. Analyse de P. Fabra, *Le Monde*, février 1985.

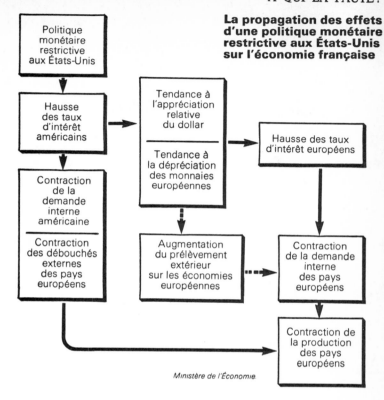

**La propagation des effets
d'une politique monétaire
restrictive aux États-Unis
sur l'économie française**

Ministère de l'Économie.

Les inconvénients de la baisse du dollar

Mais la hausse de prix du dollar n'a pas eu que des aspects négatifs. Plus le cours du dollar est élevé, plus les prix, exprimés en dollars, des produits français sur le marché américain sont faibles. Un dollar cher soutient donc la croissance des exportations françaises vers les États-Unis, et inversement la chute de près de 50 % du cours du dollar handicape les exportations françaises vers les États-Unis.

L'instabilité des cours, facteur de stagnation

Les fluctuations du dollar sont un facteur important d'incertitude. Telle production qui sera rentable si le cours du dollar reste élevé peut ne plus l'être si le dollar s'affaiblit.

91

Comment, dans un contexte aussi incertain quant à l'évolution future de la demande, prendre des décisions en matière d'investissement ? Faut-il alors s'étonner si les entreprises hésitent à investir ?

La France est particulièrement touchée dans la mesure où une part élevée de ses importations est rigide et où la relative rigidité de sa production ne lui permet de bénéficier que partiellement des situations de change en principe favorables.

Ne pas surestimer le rôle des chocs pétroliers

Ainsi l'instabilité monétaire mondiale qui a lourdement pesé sur l'économie française est largement autonome par rapport au prix du pétrole.

Il serait illusoire de croire que l'essentiel des transformations de la demande et de l'appareil de production est lié aux chocs pétroliers, d'autres phénomènes majeurs sont également intervenus : parmi les plus importants on peut citer : l'arrivée à « maturité » des industries qui ont soutenu la croissance de l'après-guerre, la concurrence de nouveaux pays en cours d'industrialisation rapide, les premiers effets de la troisième révolution technologique.

Le contre-choc pétrolier

En 1985-1986, se produit un contre-choc pétrolier. Brutalement le prix du brut descend à un niveau de prix qui correspond à ceux pratiqués avant le deuxième choc pétrolier. Une telle baisse (qui s'accompagne d'ailleurs de la baisse de tous les produits énergétiques) induit une baisse massive des prélèvements pétroliers sur l'économie française, d'autant que parallèlement le prix du dollar fluctue autour de 6 francs, niveau particulièrement bas, si on le compare aux cours supérieurs à 10 francs qui prévalaient quelques mois auparavant.

Baisse de la facture énergétique...

La conjonction de ces deux facteurs se traduit par une baisse de la valeur des importations d'énergie. Le solde des échanges en ce domaine passe de 180 milliards de francs en 1985 à 90 milliards en 1986 !

Part de la facture énergétique dans le PIB marchand

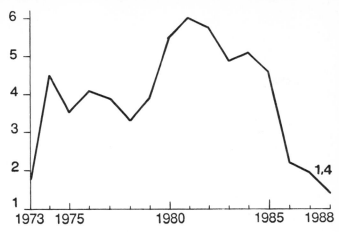

Source : *bilans de l'énergie, observatoire de l'énergie*

... et désinflation importée...

Par ailleurs, la baisse du dollar et du prix du pétrole induit une baisse des prix des produits importés qui contribue à la réduction de l'inflation nationale. Ce contre-choc est un des facteurs de la désinflation qui marque l'économie française en 1986-1987. Cet effet est par nature limité dans le temps. La stabilisation des prix à un niveau plus bas continue d'alléger la balance commerciale mais n'exerce plus d'effet anti-inflationniste au-delà de 1987.

... mais la contrainte extérieure ne disparaît pas.

Le contre-choc pétrolier a certes contribué à la reprise de l'économie depuis 1986 mais il n'a pas véritablement desserré la contrainte extérieure que subit la France par suite de la dégradation d'autres postes de la balance des paiements (solde industriel en particulier).

Le contre-choc pétrolier a d'ailleurs quelques effets pervers, il réduit la rentabilité de certains investissements (économie d'énergie, nucléaire...) et provoque la diminution des exportations vers les pays producteurs de pétrole (OPEP).

Accusées, les mutations de la demande mondiale et des conditions de production

La croissance ralentie de la demande accroît la concurrence

Globalement la demande mondiale de produits industriels ne diminue pas depuis 1973 mais le rythme de croissance s'est nettement ralenti ; il était, selon l'estimation du C.E.P.I.I., de l'ordre de 6,6 % par an entre 1960 et 1967, de 4,8 % par an de 1967 à 1971 et seulement de 2,5 % depuis 1970.

Le ralentissement du rythme de croissance de la demande accroît la concurrence sur le marché mondial, les marchés nationaux n'assurant plus de débouchés suffisants pour permettre la croissance des firmes, celles-ci deviennent beaucoup plus agressives dans la conquête des marchés extérieurs.

Des mutations sectorielles de la demande que les chocs pétroliers ne suffisent pas à expliquer

Si on examine la composition sectorielle de cette demande au niveau mondial, on constate que de nombreux secteurs traditionnellement porteurs ne le sont plus. La demande de machines-outils croît au rythme de 8,3 % l'an entre 1960 et 1970, mais décroît de 1,1 % par an depuis 1970. Le matériel de B.T.P., les pneumatiques, le verre, les métaux non ferreux, le gros matériel électrique, l'automobile, la mécanique générale dont les taux de croissance se situaient entre 6 et 10 % voient leur croissance annuelle entre 1970 et 1980 réduites à des taux qui ne dépassent plus 2,5 %. Parallèlement, l'électronique et en particulier l'informatique, la pharmacie, l'optique photo sont caractérisées par une forte croissance, se situant entre 8 et 12 % par an.

Demande mondiale en volume (taux de croissance moyen)

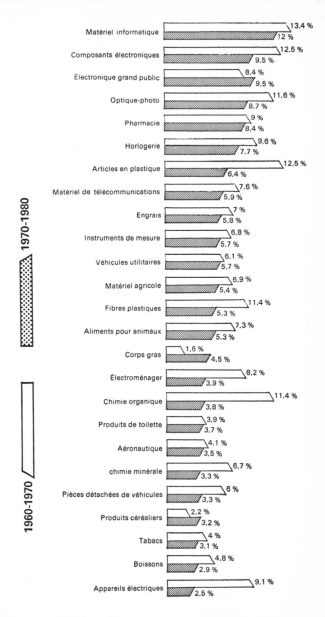

Catégorie	1970-1980	1960-1970
Matériel informatique	13,4 %	12 %
Composants électroniques	12,5 %	9,5 %
Électronique grand public	8,4 %	9,5 %
Optique-photo	11,6 %	8,7 %
Pharmacie	9 %	8,4 %
Horlogerie	9,6 %	7,7 %
Articles en plastique	12,5 %	6,4 %
Matériel de télécommunications	7,6 %	5,9 %
Engrais	7 %	5,8 %
Instruments de mesure	6,8 %	5,7 %
Véhicules utilitaires	6,1 %	5,7 %
Matériel agricole	6,9 %	5,4 %
Fibres plastiques	11,4 %	5,3 %
Aliments pour animaux	7,3 %	5,3 %
Corps gras	1,6 %	4,5 %
Électroménager	8,2 %	3,9 %
Chimie organique	11,4 %	3,8 %
Produits de toilette	3,9 %	3,7 %
Aéronautique	4,1 %	3,5 %
chimie minérale	6,7 %	3,3 %
Pièces détachées de véhicules	6 %	3,3 %
Produits céréaliers	2,2 %	3,2 %
Tabacs	4 %	3,1 %
Boissons	4,8 %	2,9 %
Appareils électriques	9,1 %	2,5 %

LE CHOC DE LA CRISE

1960-1970 ▱   ▨ **1970-1980**

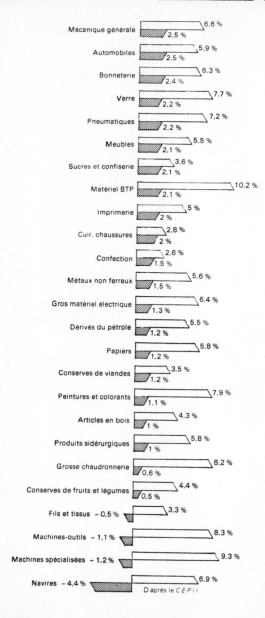

	1960-1970	1970-1980
Mécanique générale	6,6 %	2,5 %
Automobiles	5,9 %	2,5 %
Bonneterie	6,3 %	2,4 %
Verre	7,7 %	2,2 %
Pneumatiques	7,2 %	2,2 %
Meubles	5,5 %	2,1 %
Sucres et confiserie	3,6 %	2,1 %
Matériel BTP	10,2 %	2,1 %
Imprimerie	5 %	2 %
Cuir, chaussures	2,8 %	2 %
Confection	2,6 %	1,5 %
Métaux non ferreux	5,6 %	1,5 %
Gros matériel électrique	6,4 %	1,3 %
Dérivés du pétrole	5,5 %	1,2 %
Papiers	5,8 %	1,2 %
Conserves de viandes	3,5 %	1,2 %
Peintures et colorants	7,9 %	1,1 %
Articles en bois	4,3 %	1 %
Produits sidérurgiques	5,8 %	1 %
Grosse chaudronnerie	8,2 %	0,6 %
Conserves de fruits et légumes	4,4 %	0,5 %
Fils et tissus	3,3 %	– 0,5 %
Machines-outils	8,3 %	– 1,1 %
Machines spécialisées	9,3 %	– 1,2 %
Navires	6,9 %	– 4,4 %

D'après le *C E P I I*

96

Le marché français suit une évolution comparable. La baisse des taux de croissance de la demande est extrêmement marquée dans la quasi totalité des secteurs industriels, la rupture de tendance est particulièrement nette pour les biens intermédiaires (la sidérurgie, le verre et les matériaux de construction, la chimie de base et les fibres synthétiques) ; le textile voit aussi son rythme de croissance passer de 6,2 % par an à 0,6 %. La croissance de la demande du secteur automobile, fleuron de l'industrie française, passe de 10,7 % entre 1967 et 1973 à 4,5 % depuis la crise.

Évolution de la demande sur le marché national (en taux de croissance annuel)

	1967/1959	1973/1967	1980/1973
Agriculture, sylviculture, pêche	% 2,4	% 2,1	% 1,5
Industries agro-alimentaires			
Viande et produits laitiers	3,4	2,4	3,1
Autres prod. agr. et alim.	4,3	5,1	3,2
Énergie			
Charbon et combustibles minéraux solides	0	− 5,4	0
Produits pétroliers et gaz naturel	10,3	8,9	0
Électricité, gaz	7,1	8,5	6,2
Biens intermédiaires			
Sidérurgie	3,7	5,5	0
Minerais et métaux non ferreux	6,9	6,6	3,9
Matériaux de construction	7,6	7,8	2,0
Verre	7,2	8,3	3,4
Chimie de base et fibres synth.	10,0	11,3	3,4
Fonderie et travail des métaux	6,7	6,2	1,6
Papier, carton	7,3	7,3	2,7
Caoutchouc et mat. plastiques	8,5	9,9	4,5
Biens d'équipement			
Construction mécanique	8,4	9,6	2,0
Matériel électrique professionnel	10,7	10,0	8,1
Construction navale et aéronautique, armement	4,3	9,3	4,8
Biens d'équipement ménager	8,8	10,3	6,7
Automobile et transp. terrestre	7,6	10,7	4,5

Biens de consommation courante			
Parachimie, pharmacie	9,4	9,0	4,9
Textile, habillement	5,0	6,2	0,6
Cuirs et chaussures	5,0	4,7	1,7
Bois, meubles, ind. diverses	8,4	8,6	4,1
Presse, imprimerie, édition	6,5	5,4	4,0
Bâtiment, génie civil	8,1	4,8	0,5
Tertiaire			
Réparation et commerce de l'automobile	8,0	6,1	2,7
Hôtels, cafés, restaurants	3,2	2,8	3,6
Transports	5,3	8,0	2,7
Télécom. et postes	8,3	9,1	10,0
Services marchands aux entreprises	7,2	8,6	3,8
Services marchands aux particuliers	6,5	5,7	6,0
Location, crédit-bail immobilier	6,8	7,0	5,3
Assurances	8,3	7,7	8,2
Banques, organismes financiers	10,0	11,1	3,9
Total	**5,8**	**6,4**	**3,2**

I.N.S.E.E.

Les chocs pétroliers ont induit certaines mutations de la demande, équipements plus économiques en énergie, voitures plus sobres, développement des énergies de substitution mais ils n'expliquent pas l'ampleur de la mutation qui touche la quasi totalité des secteurs. La brutale réduction de la demande de produits sidérurgiques, la quasi stagnation de la demande textile en France ont d'autres causes que les chocs pétroliers.

Par ailleurs, les fluctuations de la demande s'avèrent de plus en plus brutales, une forte croissance telle année n'assure pas que l'année suivante le taux de croissance sera élevé. Ces fluctuations de la demande ont souvent handicapé les entreprises françaises.

La fin de la croissance fordiste défavorable à l'économie française

Les difficultés actuelles s'expliquent-elles par une crise de ce que l'on a appelé le développement « fordiste » qui s'appuie sur des gains de productivité élevés, liés à des économies d'échelle importantes (travail à la chaîne, standardisation...) et sur une croissance régulière de la demande ?

Plusieurs facteurs sont invoqués pour expliquer le blocage actuel de ces mécanismes :

● La tendance générale au ralentissement de la croissance de la demande mondiale réduit les possibilités d'allongement des séries produites. Surtout, la plupart des industries pour lesquelles des gains importants de productivité pouvaient être obtenus par la production à la chaîne se heurte à une saturation relative de la demande. L'automobile, l'équipement électroménager deviennent d'usage courant et la demande est de plus en plus une simple demande de renouvellement... les fluctuations d'une année à l'autre, d'un mois à l'autre de la demande sont devenues beaucoup plus fortes, posant des problèmes nouveaux de flexibilité de volume produit auxquels les procédés fordistes sont mal adaptés. Car toute réduction des cadences sur les chaînes classiques entraîne des surcoûts très importants. En pratique les fortes variations de la demande imposent une surcapacité permanente très coûteuse en termes de prix de revient.

● Le travail à la chaîne est monotone et peu motivant, il en résulte un désintérêt croissant de l'ouvrier vis-à-vis de son travail. Certains économistes[1] y voient l'origine d'une évolution des comportements face au travail qui pèserait négativement sur la productivité et les prix de revient. Un taux de rotation du personnel élevé, l'absentéisme fréquent, le développement des malfaçons ne seraient que le reflet du rejet du travail parcellisé.

Quand on sait que le développement des années 60 s'appuyait massivement sur ces industries (dont l'automobile), on comprend que les répercussions de la crise du fordisme vont être importantes pour l'économie française.

1. Lorenzi, *La crise du XXe siècle*, Economica.

L'intégration au marché mondial accroît l'impératif de compétitivité

L'ouverture sur le monde qui a soutenu longtemps la croissance se révèle à terme imposer de nouvelles contraintes.

Les oligopoles mondiaux, une logique de gestion à l'échelle du monde.

Dans presque tous les secteurs, l'essentiel du commerce international est contrôlé par quelques grandes firmes multinationales. Ces oligopoles[1] constituent la forme dominante de marché au niveau des échanges internationaux.

Lorsqu'une firme multinationale prend une décision de production ou d'investissement, elle raisonne au niveau de l'ensemble de l'économie mondiale. Ainsi, si elle doit choisir le lieu de production pour un nouveau produit, les alternatives qu'elle va envisager tiendront compte des différences de prix de revient dans les différents pays du monde.

Contrairement à la firme traditionnelle centrée sur un pays qui se situe à peu près exclusivement dans le cadre national, la firme multinationale définit sa stratégie en envisageant l'hypothèse de délocalisation des lieux de production d'un pays à l'autre. Les capitaux deviennent mobiles et se déplacent en fonction d'une gestion faite à l'échelle mondiale. Il en résulte une modification des règles du jeu économique qui pose aux États des problèmes tout à fait nouveaux.

La contrainte de la compétitivité

Jusqu'à la fin des années 60, l'ouverture sur l'extérieur permet d'accroître les débouchés de l'économie française tout en stimulant la modernisation par l'aiguillon de la concurrence. Mais au-delà d'une certaine intégration le risque existe de voir la logique de l'offre se séparer de celle de la demande. La production tend à s'implanter là où les coûts sont les plus faibles sans se préoccuper de l'impact global sur la demande nationale... et si un État contraint ses

1. Le marché de l'automobile, de l'aéronautique, sont des exemples classiques d'oligopole ; une dizaine d'entreprises dans chacun de ces secteurs contrôlent la quasi totalité du marché mondial.

firmes nationales à ne pas suivre cette logique de délocalisation, le marché national est envahi de produits fabriqués ailleurs à meilleur compte.

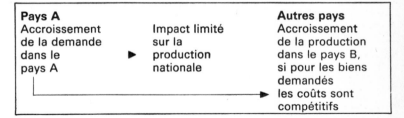

LOGIQUE NATIONALE

Pays A		**Autres pays**
Accroissement de la demande nationale ▶	Accroissement de la production nationale ▼ Accroissement de l'emploi	Impact très limité de la relance dans le pays A

LOGIQUE MONDIALE

Pays A		**Autres pays**
Accroissement de la demande dans le pays A ▶	Impact limité sur la production nationale	Accroissement de la production dans le pays B, si pour les biens demandés ▶ les coûts sont compétitifs

Chaque pays se trouve ainsi contraint à produire à des coûts compétitifs : il faut produire au prix mondial ou être condamné à voir se développer un chômage massif.

Cette intégration croissante à l'économie mondiale réduit l'autonomie nationale et rend inopérant nombre de mécanismes qui soutenaient la croissance avant 1973. Ainsi, le développement de politiques sociales plus ambitieuses que celles de nos concurrents se heurte à la nécessité de ne pas surcharger les coûts des entreprises. Cette réduction des marges de manœuvre de la politique économique est d'autant plus importante que l'économie française présente des faiblesses en matière industrielle et commerciale.

La révolution de l'électronique

La rupture technologique des années 1970

Les ruptures industrielles au niveau mondial commencent à se dessiner entre 1967 et 1975. Elles se caractérisent par l'effondrement des branches traditionnellement motrices (textiles, sidérurgie, métallurgie, construction navale...) ; inversement les industries portées par ce que l'on a appelé la troisième révolution industrielle (électronique, matériaux nouveaux, biotechnologies...) sont marquées par une croissance rapide.

**Part des produits de l'électronique
dans les échanges mondiaux de produits industriels**

en %	1975	1986
TOTAL	6,8	11,8
dont :		
● Informatique, bureautique	1,7	3,9
● Composants électroniques..................................	0,9	1,9
● Matériel de télécommunication	1,4	2,0
● Électronique grand public	1,2	1,8
● Appareils de précision, instruments de mesure..................................	1,6	2,2

Cette mutation touche non seulement la nature de la demande mais l'ensemble de l'appareil productif et influence les conditions de la productivité. Ainsi, l'ensemble des moyens de production est marqué par une tendance soit à l'intégration d'éléments électroniques soit par le développement d'outils totalement nouveaux (robots...).

Un élément décisif dans la compétitivité

Les pays qui dominent dans ces branches bénéficient d'un avantage décisif, non seulement au niveau des débouchés directs de ces industries dont la demande est en forte croissance, mais également au niveau de la compétitivité globale de l'économie. Ces technologies permettent, en effet, l'amélioration de la productivité et souvent l'accroissement de la flexibilité de l'ensemble de la production.

Ainsi, dans le secteur automobile, les chaînes fordistes sont extrêmement rigides (une chaîne donnée ne peut produire qu'un type de voiture) alors que les nouveaux ateliers flexibles qui s'appuient sur la robotique peuvent s'adapter à des modèles différents. Dans le contexte actuel de fortes variations dans la nature de la demande des clients, cette flexibilité devient un élément important de la compétitivité, d'autant qu'elle permet de multiplier les modèles proposés. Les gains de productivité obtenus induisent des tensions sur l'emploi lorsque la croissance de la production est trop faible, mais les pertes de compétitivité qui résulteraient d'une modernisation insuffisante entraîneraient des réductions d'activité qui réduiraient encore plus l'emploi.

La technologie,
un enjeu essentiel dans la croissance actuelle

Si on admet, d'une part que les mutations technologiques peuvent être à l'origine d'une réduction significative des coûts et d'autre part que les produits nouveaux qu'elles génèrent font l'objet d'une demande soutenue, la maîtrise de ces secteurs est au cœur d'une stratégie de sortie de crise.

La France a remporté des succès importants dans le développement de ces nouvelles technologies. Le premier ordinateur à transistor français sort pratiquement en même temps qu'aux États-Unis. Le premier micro-ordinateur fut français, mais l'industrialisation des micro-ordinateurs fut américaine !

Aujourd'hui encore, l'électronique professionnelle rem porte des succès à l'exportation, la technologie française des robots est à la pointe du savoir-faire international...

Mais parallèlement à ces succès réels, les faiblesses sont importantes, comme le montre le niveau élevé des importations (ordinateurs et électronique grand public, voir page 200). De même le déficit de la balance des brevets (page 157) traduit le caractère aujourd'hui largement importé des technologies utilisées ; le degré d'autonomie des firmes françaises dans ces domaines est dans presque tous les cas inférieur à celui du Japon et des États-Unis...

Une entreprise particulière peut dans certains cas spécifiques gagner beaucoup d'argent dans des activités traditionnelles, mais un pays qui ne s'adapte pas aux mutations technologiques court le risque d'avoir demain une spécialisation inadaptée à la demande mondiale.

Fallait-il sortir
du Système Monétaire Européen ?

Le S.M.E. et la politique du franc fort

L'entrée de la France dans le Système Monétaire Européen (S.M.E.) en 1979 marque une politique de « franc fort ». En effet le rythme d'inflation française étant supérieur à celui de l'Allemagne fédérale, le maintien d'une quasi stabilité des taux de change entre le franc et le Deutsche Mark suppose que le cours du Deutsche Mark exprimé en franc ne suive pas l'évolution des pouvoirs d'achats relatifs des deux monnaies. Le franc se trouve alors surévalué en terme de pouvoir d'achat. C'est ainsi que les dévaluations du franc d'octobre 1981 et juin 1982 ne font que rétablir les parités de pouvoir d'achat au niveau de 1980.

Défense et critique

Les défenseurs d'un franc fort invoquent plusieurs arguments :

- La rigidité accrue des importations liée à la hausse du prix du pétrole et à la dépendance en matière de produits à forte composante technologique réduit à néant l'impact habituel d'un franc faible sur le niveau des importations. L'importation du pétrole, des ordinateurs ou des machines-outils allemande ou américaine continuera, malgré l'accroissement de leur prix (exprimé en francs).

- Le poids des importations est tel dans notre économie qu'une baisse de notre monnaie induit (toutes choses égales par ailleurs) une hausse des prix significative.

- La constitution d'une zone de stabilité monétaire en Europe est une des conditions du resserrement des liens économiques entre Européens. Renoncer au S.M.E., c'est condamner l'Europe économique qui est le seul espoir de redressement pour les pays de la C.E.E.

Les adversaires de cette analyse font plusieurs remarques

La France a sur le plan économique intérêt à voir sa monnaie légèrement surévaluée par rapport au dollar et sous-évaluée par rapport au Mark. En effet, les importations libellées en dollars sont pour l'essentiel très rigides, la sous-évaluation n'a donc effectivement que peu d'intérêt (si ce n'est de stimuler quelque peu les exportations mais au prix d'un tel accroissement de coût des importations que le solde global est négatif). Une légère surévaluation permet au contraire d'améliorer les termes de l'échange, il faut exporter moins de produits pour payer nos importations.

En revanche, les échanges avec l'Allemagne fédérale (automobile, textile, produits chimiques...) sont beaucoup plus sensibles aux variations de prix, aussi une légère sous-évaluation stimule sensiblement nos exportations et réduit nos importations d'outre-Rhin.

Le refus de la fluctuation des changes vis-à-vis de l'Allemagne notre premier client, alors que le franc fléchit vis-à-vis du dollar, nous a mis dans la pire des situations de change possible. Les contraintes du S.M.E. ont imposé une politique de rigueur qui est facteur de sous-emploi[1].

En effet, dans le cadre du système monétaire européen, la réduction du taux d'inflation au niveau allemand devient un objectif prioritaire que l'on tente d'obtenir par une politique de rigueur. Des taux d'intérêt élevés sont alors considérés comme nécessaires pour attirer en France les capitaux flottants et stabiliser ainsi les taux de change. Ces taux d'intérêt élevés freinent aussi la demande de biens de consommation et d'investissement, redivisant l'incitation des entreprises nationales à produire. En même temps, ces taux d'intérêt réels pèsent sur les coûts financiers des entreprises et par suite sur leur compétitivité.

Le choix de l'Europe monétaire

Finalement après quelques hésitations (et une 3e dévaluation) le gouvernement socialiste choisit de rester dans le S.M.E. reprenant ce faisant la politique du franc fort. Cette décision relève pour une large part de motifs politiques, la volonté de ne pas entraver la marche vers l'Europe économique et politique. A partir de 1984, la confance des financiers internationaux se rétablit et le franc (pour partie sous l'effet de taux d'intérêt plus élevés qu'en RFA) se trouve de fait légèrement surévalué vis-à-vis du Deutsche Mark.

1. Sur la défense de la sortie du S.M.E. on pourra lire : « A. Liepietz, *L'audace ou l'enlisement*, La Découverte.

Deux réaménagements monétaires sont alors effectués pour améliorer la compétitivité, en particulier par rapport à l'Allemagne... sans réussir à supprimer notre déficit commercial, et sans réduire la surévaluation du franc qui pèse sur notre compétitivité.

Le grand marché, de nouvelles questions

La mise en place du grand marché européen pose de nouveaux problèmes en matière de relations monétaires au sein de la C.E.E. dans la mesure où la liberté totale de circulation des capitaux risque d'accroître les difficultés de stabilisation des taux de change. C'est pour répondre à ce problème et avancer vers l'unité européenne qu'a été élaboré le plan Delors qui prévoit la mise en place d'une banque centrale européenne.

La zone Franc

A l'intérieur de la zone Franc, les monnaies sont convertibles, le Franc C.F.A. est dans un rapport de change fixe avec le Franc français. Une gestion collective des réserves est organisée.

La zone France comprend 15 pays que l'on peut regrouper en quatre blocs :

● La France y compris les départements et territoires d'outre-mer (plus Monaco et Mayotte).

● L'Union Monétaire Ouest Africaine (U.M.O.A.) qui regroupe le Bénin, le Burkina Faso, la Côte d'Ivoire, le Mali, le Sénégal, le Togo et le Niger.

● La zone de la Banque des États d'Afrique Centrale (B.E.A.C.) qui regroupe le Cameroun, la République Centrafricaine, le Congo, le Gabon, la Guinée équatoriale et le Tchad.

● La République des Comores.

L'adhésion au Système Monétaire Européen

Au lendemain de la Seconde Guerre mondiale, les accords de Bretton Woods facilitent le retour à la convertibilité du franc.

Cette organisation du Système Monétaire International se révélera peu stable et facteur de dépendance vis-à-vis des États-Unis dont la monnaie nationale fait fonction de monnaie internationale. Réduire cette dépendance apparaîtra encore plus nécessaire après la décision des États-Unis de ne plus assurer la convertibilité du dollar en or. Les fluctuations du dollar et ses effets déstabilisants renforcent les arguments des défenseurs de la constitution d'un pôle monétaire européen.

La constitution du serpent monétaire qui se donnait pour objectif de limiter les fluctuations des monnaies européennes les unes par rapport aux autres est historiquement une première tentative dans ce domaine.

L'adhésion au Système Monétaire Européen créé le 13 mars 1979 marque une nouvelle étape. Au-delà même de la création d'une stabilisation des cours relatifs des monnaies européennes les unes par rapport aux autres, il s'agit de constituer un nouveau pôle monétaire mondial.

L'ECU *(European Currency Unit)* devient une monnaie scripturale définie par un panier de monnaies européennes. Il est utilisé non seulement comme unité de compte par les organisations internationales communautaires mais de plus en plus fréquemment pour des besoins privés (obligations libellées en ECU, chèques de voyages en ECU...). Chaque pays membre s'engage à maintenir sa monnaie nationale dans un rapport à peu près fixe par rapport à l'ECU.

Si en pratique les réaménagements de parités acceptées au niveau européen ont été nombreux (8 en 6 ans), la valeur de l'ECU a été marquée par une très grande stabilité.

La participation au Système Monétaire Européen se traduit pour la France par un double système de changes. Vis-à-vis des pays européens, l'État français doit maintenir des parités quasi fixes et vis-à-vis du reste du monde[1] (dollar en particulier) les taux de change sont flexibles.

---

1. A l'exception de la zone Franc qui constitue un cas particulier (voir p. 166).

Des données nouvelles
qui imposent
des comportements nouveaux

Les recettes passées ne fonctionnent plus

Manifestement les recettes passées ne fonctionnent plus. La politique qui a fait le succès de 30 années de croissance (soutien de la demande, acceptation d'une certaine inflation et de dévaluations espacées, recours à la main-d'œuvre peu qualifiée des campagnes et immigrée... allongement des séries et standardisation... aides de l'État à la modernisation et à la concentration...) ne suffit plus aujourd'hui à soutenir la croissance. Le fordisme a montré ses limites, les contraintes qui pèsent sur l'économie française se sont progressivement resserrées. L'intégration au marché mondial a induit une forte dépendance vis-à-vis de la conjoncture extérieure qu'il s'agisse de l'évolution de la demande, du cours du dollar ou du prix du pétrole... Parallèlement, la compétitivité des produits français est devenue beaucoup plus nécessaire au fur et à mesure que l'économie s'ouvrait sur l'extérieur et que le développement des firmes multinationales dans le monde faisait prévaloir une logique de gestion mondiale.

La France n'est pas le seul pays à subir ces difficultés. La crise de 1973 a touché toutes les économies de marché. Mais si les mutations de l'économie mondiale bouleversent partout le jeu économique, les structures nationales tant économiques, sociales que politiques sont plus ou moins armées pour prendre en compte les nouvelles donnes. De ce point de vue, les modalités du développement français au cours des « trente glorieuses » se sont avérées à terme marquées par des faiblesses importantes : très forte vulnérabilité à la conjoncture extérieure par suite d'une ouverture sur le marché mondial particulièrement importante... difficultés d'adaptation face à un monde en changement rapide comme le montre par exemple l'incapacité à maîtriser la nouvelle génération d'industries liées aux technologies électroniques.

Gérer le changement

La période actuelle est marquée par des changements extrêmement rapides qui font des capacités d'adaptation un atout essentiel dans la course à la compétitivité et transforment, ce faisant, les conditions de la gestion efficace. En même temps, la gestion du changement est devenue plus difficile par suite de la montée de l'incertitude quant à l'évolution économique future : c'est une des données nouvelles majeures dont il faut tenir compte. Cette incertitude n'est pas totalement nouvelle, tout investissement a toujours comporté un risque car l'avenir n'est jamais parfaitement connu ; ce qui est nouveau c'est son ampleur.

Incertitude liée à l'évolution des variables énergétiques

Depuis les chocs pétroliers, l'évolution de la demande des différents produits énergétiques au niveau mondial est devenue très aléatoire, la preuve en est que les prévisions quantitatives se sont toujours avérées inexactes, les erreurs sur l'évolution des prix considérables.

La baisse du prix du pétrole elle-même constitue un nouvel élément d'incertitude. En effet, si certaines de ses implications sont favorables à l'économie française (réduction de la valeur des importations, accélération du mouvement de désinflation économique), elle perturbe un peu plus l'horizon économique. Les investissements effectués depuis 1973 pour réduire la consommation de pétrole risquent de se révéler brutalement non rentables.

Incertitude liée aux mutations de la demande

Quels seront les produits les plus demandés dans 10 ans ? Comment prévoir l'investissement lorsque l'on sait qu'un pourcentage élevé de la demande future ira à des produits qui n'existent pas encore !

La demande est de plus largement une demande de renouvellement, or celle-ci peut être beaucoup plus irrégulière que la demande de premier équipement. D'autant que le ralentissement de la croissance peut susciter des modifications de comportements (demande de petites voitures puis à nouveau de grosses cylindrées).

Incertitude liée aux taux de change et aux prix relatifs

Les années 70 marquent l'ouverture d'une période de forte fluctuation des changes. On parlera de jeu de « yoyo » à propos du dollar tant ses fluctuations sont importantes. En ce qui concerne la France les conséquences de cette incertitude des changes sont amplifiées par l'importance accrue des échanges extérieurs par rapport à l'activité économique.

Comment l'entreprise peut-elle fixer un niveau rémunérateur de prix des exportations (exprimées en monnaie des pays importateurs) quand les taux de change varient aussi fortement ?

E.D.F. qui a emprunté massivement pour financer le développement du nucléaire lorsque le dollar cotait 4 à 5 francs a vu son endettement, exprimé en francs, doubler lorsque le dollar a dépassé 10 francs.

« *Les oscillations de grande ampleur des taux de change depuis une quinzaine d'années ont complètement brouillé les signaux du marché. La mesure même de la compétitivité par les prix semble être devenue fugitive et aléatoire* »[1]. Pour illustrer cette affirmation le C.E.P.I.I. donne l'exemple des variations de prix entre la France et les États-Unis et le Japon (voir tableaux p. 107).

En 1980, les prix américains étaient en moyenne inférieurs de 26 % aux prix français, en 1985 les prix américains dépassent en moyenne ceux de la France de 45 %. Pendant la même période, la moyenne des prix japonais est passée d'un écart favorable au Japon de 12 % à un écart favorable à la France de 16 %. Cette moyenne ne reflète pas les différences de compétitivité car seuls certains secteurs font l'objet d'un commerce international important et dans ces domaines le Japon a des écarts de prix qui restent presque toujours favorables.

1. *C.E.P.I.I.*

Prix comparés entre la France et les États-Unis*

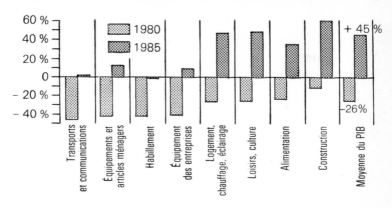

Prix comparés entre la France et le Japon

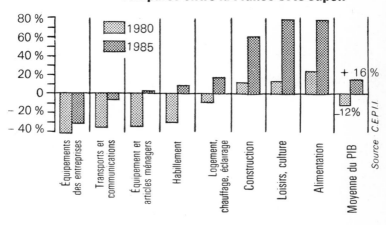

Source C E P I I

* Le prix de la construction aux Etats-Unis est 60 % plus élevé qu'en France en 1985

Incertitude liée aux mutations technologiques

Prenons l'industrie des composants électroniques. Cette branche est particulièrement portée par la demande puisqu'il s'agit des composants de base des ordinateurs, de la Hi-fi, de la télévision et du téléphone... et pourtant des situations de surproduction apparaissent par suite de continuelles mutations technologiques. Ainsi les premiers circuits intégrés développés au début des années 1970 comportaient chacun une centaine de transistors ; aujourd'hui 64 000 éléments mémoires par composant est une capacité courante ; I.B.M. utilise pour certains ordinateurs des composants à 280 000 positions mémoire, l'Allemand Siemens, uni au Hollandais Philips, peut atteindre le million de positions. Dans un monde en telle mutation les situations sont fragiles.

Chaque nouvelle vague de composants plus performants risque de réduire à néant les efforts de production des concurrents. Le marché passe continuellement d'une situation de surproduction du produit actuel à une pénurie du produit de la génération montante.

Cette incertitude face à la technologie ne concerne pas que les secteurs de pointe. Dans la sidérurgie, par exemple, des investissements considérables ont été faits en pure perte, simplement parce que le type de matériel supposé être le plus performant s'est avéré dans certains cas tout à fait inadapté, compte tenu de l'évolution technologique.

Incertitude sur les taux de croissance

Pendant les 30 glorieuses, la croissance de la demande semblait relativement linéaire. Sans doute d'un mois à l'autre, d'une année à l'autre, on notait des variations de demande mais le sens des évolutions paraissait relativement clair : certains secteurs déclinaient, d'autres étaient poussés par une forte demande. Chaque année un peu plus de Français s'équipaient en frigidaire, en automobile... et les entreprises pouvaient évaluer avec une relative précision l'évolution de la demande. Après 1974, les prévisions paraissent beaucoup plus incertaines. Ainsi, telle année, la croissance des États-Unis est très forte puis se ralentit si brutalement que l'on craint une nouvelle récession...

Quand près d'un quart de la production nationale est exportée, quand certaines entreprises destinent à l'étranger la moitié de leur production, le niveau des ventes dépend de plus en plus de la conjoncture dans les autres pays du monde ; quand celle-ci est particulièrement fluctuante, comme c'est le cas depuis 1973, comment peut-on évaluer avec précision l'évolution de la demande ?

L'adaptation de l'économie française passe-t-elle par une mutation de la gestion des entreprises ?

Les difficultés de l'économie française ne se réduisent malheureusement pas à des problèmes conjoncturels. Le monde actuel est un monde en changement rapide dans lequel la capacité à discerner les tendances fortes de l'évolution et à y adapter l'entreprise constituent des qualités majeures.

L'économiste Schumpeter estimait que les entrepreneurs efficaces dans les périodes de mutations n'étaient pas ceux qui réussissaient dans les périodes de relative stabilité technique (au sens large du terme). Dans le premier cas, seuls de véritables entrepreneurs capables d'innover peuvent réussir, dans le second des capitalistes « imitateurs », qui ne font que prolonger ce que d'autres ont fait, suffisent.

Sans doute, ne faut-il pas réduire les comportements des capitalistes et des gestionnaires français pendant les « 30 glorieuses » à la seule imitation des procédés mis en place ailleurs. Si les techniques fordistes sont essentiellement d'origine américaine, certaines améliorations des procédés sont français (machine-transfert dans l'automobile par exemple). Il reste que l'ampleur des mutations actuelles pose des problèmes d'adaptation tout à fait nouveaux. La capacité à détecter les technologies porteuses d'avenir, à adapter la production au marché, deviennent vitales. Rien n'assure que les qualités et les comportements nécessaires pour faire face à ce nouvel impératif soient les mêmes que ceux qui s'étaient révélés efficaces pendant les « 30 glorieuses ». Le foisonnement des réflexions sur la « nouvelle gestion des entreprises » reflète l'importance du problème.

On peut percevoir les faiblesses de l'économie française mais aussi ses atouts, dans l'analyse du système productif. Les Français ont la réputation de ne pas aimer leur industrie, pourtant c'est dans ce domaine que se joue pour l'essentiel le niveau de vie de demain. L'analyse des différentes branches de l'industrie, des performances, mais aussi des stratégies des firmes qui constituent le tissu industriel français, présente l'immense intérêt d'inviter à prendre en compte la complexité des mécanismes économiques réels et à rejeter, ce faisant, les simplifications abusives qui faussent le débat sur les potentialités de l'économie française et les moyens de sortir de la crise.

Le choix de l'Europe

L'entrée en vigueur de l'acte unique européen qui prévoit la réalisation d'un marché unique entre les pays membres de la C.E.E. pour le 1er janvier 1993 suscite à la fois espoirs et inquiétudes. Espoirs, car s'il se réalise vraiment l'Europe devient un véritable espace commercial homogène ; inquiétudes aussi, car les modalités d'application sur un certain nombre de points comportent des risques pour l'économie française.

Ce qui va changer

Au premier janvier 1993 le marché européen devrait être unifié, ce qui implique en particulier qu'avant cette date :

1. Les douanes entre pays de la C.E.E. doivent être supprimées.

2. Les marchés publics de chaque pays membre de la C.E.E. doivent être ouverts aux entreprises nationales de tous pays membres de la C.E.E.

3. Les normes techniques doivent être suffisamment unifiées pour éviter qu'elles constituent une possible limitation aux échanges.

4. Les prélèvements fiscaux, en particulier la T.V.A., doivent être organisés de façon à ne pas entraver la libre circulation des produits et la concurrence. En particulier les écarts de T.V.A. entre pays doivent être réduits.

5. Les entraves qui limitent encore la libre circulation des capitaux, l'implantation des entreprises et des hommes

devront être supprimées. Ainsi, les entreprises financières ou les entreprises de transport pourront librement s'installer sur tout le territoire de la C.E.E. et exercer leur activité dans des conditions comparables à celles des entreprises nationales...

Des problèmes nouveaux...

Ce marché unique induit un certain nombre de problèmes pour l'économie française.

Ainsi l'homogenéisation des taux de T.V.A. doit se faire à un niveau faible, ce qui se traduira par de fortes baisses de taux pour l'économie française, alors que, nous l'avons vu, réduire le poids de la T.V.A., c'est aussi réduire la protection face aux concurrents étrangers hors C.E.E.

Un autre obstacle à l'intégration réussie de la France à ce marché unique est la structure de plus en plus financière du capitalisme français, structure financière qui risque de privilégier les résultats financiers de court terme aux dépens des adaptations nécessaires (investissements matériels et immatériels...).

Le risque existe que le grand marché fonctionne au profit du pôle actuel dominant qu'est l'Allemagne, en même temps que l'existence de pôles de main-d'œuvre bon marché dans les pays du Sud risque de compromettre la rentabilité des industries françaises qui utilisent beaucoup de main-d'œuvre peu qualifiée.

... qui ne peuvent être résolus que dans un contexte de croissance

Si la croissance économique est effectivement dopée par l'avénement du marché unique, ces problèmes apparaîtront comme mineurs dans la mesure où une forte croissance profiterait à tous les pays.

Par ailleurs, les conséquences de ce grand marché pour l'économie française sont très liées à la façon dont les firmes françaises s'intégreront au tissu productif européen, ce qui accroît l'importance des restructurations et des décisions d'investissements actuels.

L'amélioration de la conjoncture ne doit pas masquer les problèmes structurels

La France a renoué en 1988 et 1989 avec une croissance supérieure à 3 % par an, l'INSEE évoque « la croissance retrouvée ». La conjoncture mondiale favorable, la perspective du grand marché européen « dope » l'économie française.

La baisse du cours du pétrole qui s'est accélérée au début de l'année 1986, amplifiée par l'affaiblissement des cours du dollar, réduit au moins temporairement les pressions d'origine externe qui s'exercent sur l'économie française. Il serait dangereux de confondre les effets bénéfiques qui peuvent en résulter à court terme (en particulier l'amélioration de la balance des paiements, la réduction du rythme d'inflation) avec une adaptation véritable de l'économie française. Le cas du Royaume-Uni qui n'a pas su utiliser la manne que constituait la découverte des vastes gisements de la mer du Nord pour moderniser son industrie doit, s'il en est besoin, nous alerter.

Parce que le problème véritable de l'économie française est lié à la mutation des conditions de fonctionnement de l'économie mondiale, le plein emploi et le maintien du niveau de vie passent par une adaptation aux nouvelles données et par une amélioration du rapport de force de l'économie française face au reste du monde.

Deuxième partie

UNE CRISE INDUSTRIELLE

Changement dans la demande, changement dans les techniques de production... ces mutations rapides favorisent l'arrivée de nouveaux concurrents et la montée parmi les anciens de ceux qui savent s'adapter rapidement. Quand la demande et les technologies changent, la firme qui détecte à temps les changements, qui s'assure une maîtrise technologique sérieuse et qui trouve les moyens d'assurer son financement, a de bonnes chances de réussir.

Apple, Nixdorf, Sony, ces inconnus d'hier ont su atteindre des chiffres d'affaires qui dépassent le milliard de dollars. Le Japon en développant rapidement la filière électronique a considérablement accru son rapport de force sur l'échiquier mondial. Un faux pas, des conditions nationales défavorables et des pans entiers de l'industrie peuvent se trouver en difficulté. Dans une économie mondiale en faible croissance, la seule façon pour une firme de se développer consiste à accroître sa part de marché. Alliances, stratégies agressives, l'industrie est devenue le lieu d'une compétition décisive pour l'emploi et le niveau de vie national. Dans la compétition mondiale des industries, les entreprises françaises ont des difficultés, prises en quelque sorte entre les pays à faible coût de main-d'œuvre qui s'industrialisent et les pays à très haute technologie vis-à-vis desquels la dépendance reste importante.

Si la crise actuelle de l'économie française est d'abord une crise industrielle, c'est que l'industrie est au cœur de l'équilibre extérieur. La croissance économique et l'emploi passent par la compétitivité des productions industrielles nationales sur le marché mondial.

Si l'analyse des différents secteurs industriels est si importante, c'est que la spécialisation industrielle tient une place centrale dans les rapports de force économiques mondiaux.

5. L'industrie dans l'économie française

L'importance de l'industrie...

Une puissance industrielle de premier plan

La France, en dépit de ses difficultés industrielles, se situe parmi les puissances industrielles : 3e producteur mondial dans le domaine de l'aéronautique, 4e constructeur d'automobiles, 3e producteur de caoutchouc synthétique, 9e producteur d'acier, 10e producteur de pâte à papier, 11e producteur d'aluminium...

Un retard de croissance

L'industrie française a subi un véritable séisme dans les années qui ont suivi le deuxième choc pétrolier. Le niveau de production industrielle de 1970 n'a été atteint qu'en 1986, la reprise des années 1988-1989 ne doit pas masquer le retard accumulé par rapport aux autres puissances industrielles.

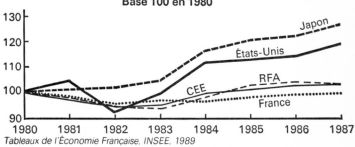

INDICE GÉNÉRAL DE LA PRODUCTION INDUSTRIELLE
Base 100 en 1980

Tableaux de l'Économie Française, INSEE, 1989

119

Les 4/5 de nos échanges commerciaux

L'importance de l'industrie tient à plusieurs facteurs : tout d'abord, les échanges industriels, malgré la croissance des services, représentent l'essentiel des échanges commerciaux de la France. D'autre part, sur le marché national lui-même, les produits industriels font l'objet d'une concurrence bien plus forte que celle subie par le secteur des services et celui des produits agricoles. Ces derniers sont protégés par la politique agricole de la C.E.E. et les premiers bénéficient d'une protection liée à la fréquente nécessité de l'implantation locale. Un développement uniquement fondé sur les services serait largement illusoire dans la mesure où le tertiaire est souvent le simple prolongement de l'activité industrielle (banques, services aux industries, leasing...).
Enfin, les seuls services ne peuvent assurer ni l'autonomie nationale ni un niveau de consommation très élevé. Quelle serait en effet l'indépendance d'un pays qui importerait tous les biens matériels qu'il consomme !

Un poids décroissant dans le P.I.B.

Le poids de l'industrie au sens étroit (hors industries agro-alimentaires et bâtiment) en termes de valeur ajoutée était de 22 % du P.I.B. marchand en 1970, 21 % en 1987. Au sens large y compris les industries agro-alimentaires et le bâtiment, l'industrie représente 32 % du P.I.B. marchand.

Fléchissement et reprise des investissements productifs

L'industrie au sens étroit effectue des investissements (formation brute de capital fixe) de l'ordre de 100 milliards de francs par an. Si l'on inclut l'énergie, le bâtiment et les industries agro-alimentaires, on atteint environ 200 milliards de francs. Ce qui représente la moitié de l'investissement total des entreprises et le quart de l'investissement français (le reste correspond à l'investissement en logement des particuliers, et à la formation brute de capital fixe des administrations, des organisations de crédit et assurances).

Après le premier et le deuxième choc pétrolier, la chute des investissements industriels est marquée en France. Une étude de l'O.F.C.E. montre que, si en 1974, la France et la R.F.A. investissaient à peu près les mêmes sommes dans l'industrie, le niveau des investissements dans l'automobile, dans le textile, dans la chimie, est encore deux fois plus élevé en R.F.A. par rapport à la France. Par contre, les efforts sont à peu près comparables pour les biens d'équipement, la construction électrique et électronique... sans toujours donner des résultats comparables, ce qui pose le problème de l'efficacité des investissements.

Le contrechoc pétrolier coïncide avec une certaine remontée des investissements productifs liée à la fois à l'amélioration de la demande mondiale, à l'accroissement des taux de profits et aux perspectives ouvertes par le grand marché européen de 1993.

Investissement et capacité de production dans l'industrie

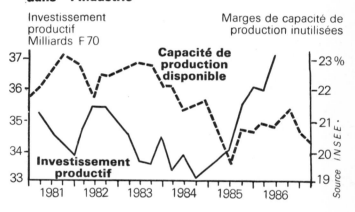

Une croissance de la productivité soutenue...

En terme de croissance de la productivité, les résultats obtenus depuis 1973 sont relativement bons.

(en % par an)	1965-1973	1977-1979	1982-1984	1985
Productivité horaire :				
Industrie	6	5,1	5,3	5,3
Ensemble	4,8	3,8	3,6	3,1
Production industrielle	6,9	2,9	1,2	

I.N.S.E.E. et Ministère de l'industrie.

Évolution de la productivité dans l'industrie manufacturière

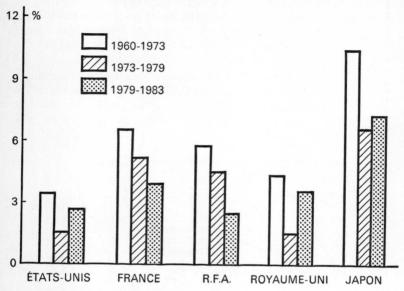

Source : US Bureau of Labor Statistics Cité par le C.E.P.I.I.

... mais qui reste trop faible
compte tenu des normes mondiales

En terme de productivité par tête (production moyenne par travailleur), si les écarts moyens sont globalement faibles entre la France et l'Allemagne, les écarts avec les États-Unis et le Japon sont beaucoup plus importants.

Sectoriellement, les écarts sont souvent considérables. Un travailleur japonais produit en moyenne près de deux fois plus dans la sidérurgie, la construction mécanique, le matériel électrique et électronique qu'un travailleur français !...

**Niveaux de productivité annuelle par tête
dans les branches manufacturières**

	France	R.F.A.	Royaume-Uni	Japon
			Base 100 : États-Unis	
Branches métalliques	62	64	28	122
dont :				
Sidérurgie-métallurgie	70	91	38	137
Construction mécanique	71	65	27	117
Matériel électrique et électronique	50	40	26	135
Matériel de transport	55	55	21	94
Branches non métalliques	73	70	47	59
dont :				
Matériaux de construction	71	76	38	47
Textile	64	69	46	48
Bois-Papier et divers	63	67	42	66
Chimie	78	79	46	101
Agro-alimentaire	76	48	54	43
Total industrie manufacturière	**69**	**67**	**38**	**90**
Productivité horaire[1]	76	75	41	81

1. Les différences avec la productivité annuelle par tête résulte de différences dans la durée annuelle du travail.

Économie et statistique, I.N.S.E.E. Données 1980.

La chute de l'emploi industriel

Un million d'emplois ont disparu

Actuellement, l'industrie occupe 30 % de la population salariée. Depuis 1976, plus d'un million d'emplois industriels ont disparu[1]. Dans de nombreux secteurs les pertes d'emplois sont considérables : entre 1976 et 1983 les réductions d'emplois atteignent 61,7 % dans l'extraction du fer, 61,4 % dans les fils artificiels, 36,4 % dans la sidérurgie, 28,3 % dans le textile, 27,5 % dans les machines-outils...

1. Bâtiment inclus.

Certaines régions sont particulièrement marquées par cette chute des effectifs : le Nord et l'Est de la France (la Lorraine) ont particulièrement souffert de ces suppressions par suite de leur forte spécialisation dans des industries aujourd'hui en régression (textile, sidérurgie).

Certains emplois (ingénierie, mise au point des produits, entretien) se sont tertiairisés, ce qui sans doute surévalue quelque peu l'importance des pertes réelles de l'activité industrielle. Il reste que la diminution de l'emploi est considérable puisqu'elle représente près de 20 % de l'emploi industriel.

Modernisation et pertes de marchés

Plusieurs facteurs peuvent rendre compte de cette chute extrêmement rapide des emplois industriels : les restructurations des activités, les gains de productivité, la dégradation de la compétitivité, la faiblesse de la demande... La signification des réductions d'emplois n'est pas la même dans les différents cas. Dans les deux premiers cas, les gains de compétitivité obtenus peuvent laisser espérer une inversion de la situation au moins à moyen terme ; dans les autres cas rien ne laisse présager que la situation va se redresser.

Si la modernisation a induit une part de ces réductions d'effectifs, il semble qu'en France les pertes d'emplois liés à des restructurations sont pour l'essentiel terminées, comme le montre la stabilisation des emplois industriels en 1989.

La croissance des emplois tertiaires

La croissance des emplois dans le secteur tertiaire a longtemps compensé les réductions d'effectifs des secteurs primaire et secondaire. L'emploi tertiaire augmente de plus de 20 % entre 1974 et 1982.

Les grandes et les petites entreprises

Une concentration industrielle très différente selon les secteurs

Globalement, les entreprises de plus de 500 salariés ne représentent que 2,9 % du nombre de firmes, mais 51,2 % des emplois, 59,3 % du chiffre d'affaires, de l'ordre de 64 % des investissements industriels réalisés en France[1].

La concentration des entreprises est extrêmement variable selon les secteurs industriels.

Cette concentration qui peut paraître importante n'induit qu'une place modeste au niveau international[2] ; dans les 40 premières firmes mondiales (7 fois), la France n'apparaît que 4 fois, moins que la R.F.A. (8 fois), le Japon (11 fois) et les États-Unis (11 fois).

Concentration des entreprises

	Part des 4 premières entreprises	
	% effectifs	% ventes H.T.
Prod. combustibles min. solides, cokéfaction	99,7	99,4
Production de pétrole et de gaz naturel	64,2	69
Production et distribution d'électricité	99	97,8
Sidérurgie	51,3	55,5
Industrie du verre	32,9	36,4
Industrie chimique de base	28,3	27,5
Industrie pharmaceutique	9,2	10,9
Fabrication de machines agricoles	23	34,6
Fabrication de machines-outils.....................	11,4	16,1
Mach. de bureau, mat. traitem. information ..	82,7	86,1
Fabrication de matériel électrique.................	31	33
Fils et fibres artificiels et synthétiques	91,2	93,9
Industrie textile	12,8	10,9

T.E.F., 1989, I.N.S.E.E., données 1986.

1. Données 1985.

2. Données 1988.

Les premières entreprises françaises

	Chiffres d'affaires Milliards de F	Effectifs en Milliers
Agro-alimentaire :		
1. BSN	42,2	42,2
2. Beghin-Say	33,8	16,4
3. Nestlé-France	21,5	18,4
4. Perrier	15,1	17,5
5. Sodiaal	12,5	7,5
6. Union laitière normande	10,9	5,7
7. Besnier	9,7	5,7
Chimie :		
1. Rhone-Poulenc	65,3	79,7
2. Saint-Gobain	58,9	84,7
3. Atochem (Elf-Aquitaine)	28,1	15,0
4. Orkem (ex. CDF Chimie)	21,5	13,5
5. EMC	16,0	13,1
6. Shell chimie	7,8	2,2
7. ICI France	7,2	3,4
8. Hoechst-France	6,5	2,2
9. Exxon Cheminal France	6,0	1,3
Équipement électrique :		
1. CGE	128,0	204,1
2. Thomson	74,8	104,0
- CGE-Alsthom	45,0	80,0
3. IBM-France	38,2	21,0
- Thomson Consumer	33,9	52,0
- Thomson CSF	33,5	42,0
4. Bull	31,5	45,6
Mécanique :		
1. Schneider	40,5	75,0
2. Lille Bonnières et Colombes	5,7	4,0
Métaux :		
1. Usinor-Sacilor	78,9	80,7
- Sollac (usinor-sacilor)	32,9	23,2

	Chiffres d'affaires Milliards de F	Effectifs en Milliers
Matériel de transport :		
1. Renault	161,4	181,7
2. Peugeot SA	138,4	158,1
- Automobiles Peugeot	87,6	82,8
- Citroën	56,8	57,7
3. Aérospatiale	38,2	39,9
- RVI	33,9	34,1
4. Fiat-France	25,2	13,5
5. Dassault-Breguet	18,8	16,5
Bois, papier :		
1. Cellulose du Pin (Saint-Gobain)	8,4	9,7
2. Arjomari-Prioux	8,2	5,9
Produits d'extraction :		
1. Elf-Aquitaine	126,1	72,2
2. Total - Cie Franc. des Pétroles	83,3	41,8
3. Shell-France	35,0	6,7
4. CEA - Industrie	29,2	30,1
5. Esso - SAF	26,6	3,5
6. BP-France	25,9	6,5
7. Cogèma	22,2	18,0
8. Mobil oil Française	12,5	1,6
Textile, habillement :		
1. Financière Agache	9,0	8,6
2. DMC	8,3	14,6
3. Prouvost	5,8	14,0
Communication, loisirs :		
1. Hachette	8,4	7,2
Construction :		
1. Bouygues	50,0	59,2
2. SGE (Saint-Gobain)	34,8	64,5
3. SAE	23,7	26,6
4. SPIE - Batignolles	18,5	33,7

L'Expansion, déc. 1989 (données 1988).

Le rôle essentiel des P.M.E.

Les P.M.E. et l'emploi

Il serait néanmoins erroné de négliger le rôle des P.M.E
Face à de grandes entreprises qui se sont modernisées et
réduisent souvent leurs effectifs, les P.M.E. ont soutenu
l'emploi. Ainsi, le nombre de personnes travaillant dans des

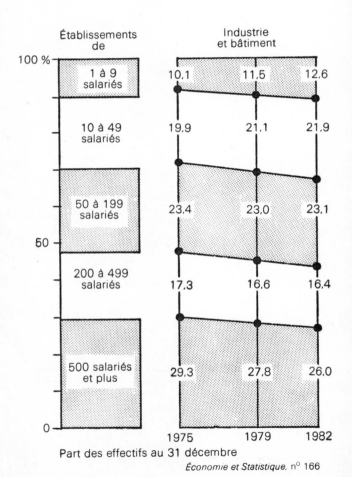

Part des effectifs au 31 décembre

Économie et Statistique. n° 166

entreprises de moins de 50 salariés s'est sensiblement accru depuis 1976, au point qu'aujourd'hui près d'un salarié sur deux travaille dans une entreprise de moins de 50 personnes.

Cette tendance est particulièrement marquée dans l'industrie. La part des salariés dans les grands établissements industriels se réduit.

Les PME, l'innovation et la flexibilité

Au-delà de l'emploi, les P.M.E. jouent un rôle essentiel du point de vue de l'innovation et de la flexibilité, et par suite ont une influence essentielle sur le renouvellement du tissu industriel.

Seules les entreprises les plus dynamiques, les mieux adaptées au marché survivent... Les autres disparaissent. Les grandes firmes trouvent souvent dans la sous-traitance l'instrument d'une plus grande « flexibilité ». Ainsi les effectifs peuvent rester relativement stables dans la grande firme, ils fluctuent beaucoup plus en fonction du niveau des commandes chez les sous-traitants.

La capacité d'innovation des P.M.E. est souvent illustrée par les succès de petites entreprises de la Silicon Valley en Californie créées par un seul homme ou un groupe d'hommes restreint, sans capitaux personnels importants (Hewlett Packard, Amdahl...). Cette réussite s'appuie sur un environnement extrêmement favorable : présence de centres intellectuels uniques, qualification élevée d'une partie importante de la population active locale, savoir-faire élevé dans les technologies de pointe, financement efficace... C'est ce type d'environnement dynamique que l'on tente de créer en France autour de Paris et de certaines métropoles régionales (Grenoble, Toulouse...).

Les nationalisations de 1982

Les banques et les grandes entreprises du secteur commercial

Les nationalisations de 1936 à 1945 portaient sur des entreprises qui, pour l'essentiel, ne se trouvaient pas confrontées à la compétition internationale, à l'exception de la construction aéronautique et de Renault dans l'industrie automobile. Celles de 1982 vont donner un poids important au secteur public dans les entreprises industrielles du secteur concurrentiel. Elles portent d'une part sur le secteur bancaire (seules les banques de petites dimensions et les banques étrangères ne sont pas touchées par la nationalisation) et d'autre part sur de grandes firmes du secteur industriel.

Le nouveau secteur public industriel

Sur le plan industriel la loi de nationalisation de 1982 porte sur cinq groupes :

- Compagnie Générale   - Péchiney
  d'Électricité (CGE)   - Rhône-Poulenc
- Saint-Gobain[1]   - Thomson-Brandt

Il faut aussi prendre en compte les nombreuses prises de contrôle plus ou moins complètes qui ont eu lieu en 1981 et 1982 : Usinor, Sacilor, CII-Honeywell-Bull, CGCT (rachetée à ITT), Matra, Dassault...

Si on ajoute les entreprises précédemment nationalisées, le secteur public élargi tient une place particulièrement importante dans l'économie française : « Le poids du secteur public élargi fluctue fortement avec la variable retenue pour le mesurer : 21 % pour le chiffre d'affaires, 23 % pour les effectifs salariés, 28 % pour la valeur ajoutée, 30 % pour les

---

1. Un des premiers groupes industriels français avec un chiffre d'affaires de 57,9 milliards de francs en 1983. Il a fondé son développement sur le verre, puis s'est largement diversifié.

exportations, 49 % pour les investissements et 53 % pour les immobilisations. De tels écarts mettent en lumière deux caractéristiques principales du secteur public élargi : sa forte intensité capitalistique (immobilisations par salarié) et sa grande ouverture vers l'extérieur. La première caractéristique valait déjà pour l'ancien secteur public : la puissance publique draîne traditionnellement de grandes masses de capitaux vers les secteurs jugés prioritaires et à fortes immobilisations. La seconde caractéristique est au contraire beaucoup plus nouvelle. Elle tient à l'implantation dans le secteur public d'entreprises fortement exportatrices alors que les entreprises de l'ancien secteur public étaient presque toutes placées sur des marchés protégés.

Parmi les vingt branches où le nouveau secteur public est surtout implanté, dans la mesure où il emploie plus de 10 % des effectifs, on trouve une majorité de branches en forte expansion : douze branches ont bénéficié de 1973 à 1979 d'un taux de croissance supérieur à celui de l'ensemble des branches. Ce sont au premier chef les branches de biens d'équipement à haute technologie : la construction aéronautique, la fabrication de machines de bureau et de matériel de traitement de l'information, le matériel électronique professionnel et ménager, la construction navale. A un degré moindre, on trouve l'industrie pharmaceutique, la fabrication de fibres artificielles et synthétiques.

Parmi ces vingt branches, on trouve par contre aussi les branches plus traditionnelles des biens intermédiaires où la crise est la plus marquée : la production de minerai de fer, la sidérurgie, la fonderie, l'industrie du verre, la chimie minérale[1]. »

Une gestion en fonction du marché

En pratique, l'ensemble des firmes nationalisées a été géré en fonction d'une logique de marché. Si ponctuellement l'État a pu intervenir, pour l'essentiel les dirigeants d'Elf Aquitaine, de Rhône-Poulenc, ou de toute autre entreprise du secteur nationalisé, ont eu pour consigne d'assurer la rentabilité de leur firme... tout en participant à la restructuration de l'industrie française.

---

1. Vassille, *Économie et statistique*, décembre 1983.

Les nationalisations
et les restructurations industrielles

Les nationalisations industrielles devaient constituer un élément actif de politique industrielle. Les restructurations ont été massives et rapides.

Ainsi, c'est le retour aux sources pour Péchiney-Ugine-Kuhlmann (PUK) qui se recentre sur l'aluminium et retrouve son nom d'origine « Péchiney ». Thomson et C.G.E. se partagent l'électronique et les télécommunications (le premier garde l'électronique militaire, les composants, et la C.G.E. reçoit les télécommunications), Saint-Gobain revient au verre et abandonne (erreur stratégique ?) sa participation dans l'entreprise italienne Olivetti, qui constituait le seul pilier de bureautique français.

Rhône-Poulenc se débarrasse des engrais, Bull soutenu par l'État reçoit tout ce qui tourne autour de l'informatique (Transac, Sems...). Dans la sidérurgie, le contrôle de l'État (antérieur à 1981) facilite l'intégration de la sidérurgie « de base » à celle des aciers spéciaux, la mise en place de plans de modernisation et de reconversion des régions sinistrées...

L'efficacité réelle de ces restructurations n'apparaîtra qu'à long terme. La stratégie suivie est presque toujours caractérisée par le recentrage sur l'activité pour laquelle la firme détient un avantage relatif important et par une tentative de reconquête de l'ensemble de la filière considérée.

Les résultats financiers
des nationalisations industrielles

Les résultats financiers de la quasi totalité des entreprises nationalisées se sont améliorés de façon très sensible entre 1982 et la fin de 1986, facilitant ce faisant les privatisations, seules les entreprises saines et rentables étant susceptibles d'intéresser les actionnaires potentiels.

Faut-il imputer ces bons résultats de ces dernières à l'efficacité de la gestion suivie ou à la conjoncture internationale favorable ? « Moitié, moitié », répondent généralement les intéressés.

Résultats financiers des nationalisées industrielles
(en milliards de francs)

	Résultats 1982	Résultats 1986	Résultats 1988
Renault	−1,3	−5,5	8,8
C.G.E.	0,6	2,8	2,2
Saint-Gobain	0,1	1,4	5
Péchiney	−4,6	−0,4	2
Rhône-Poulenc	−0,8	2	3,5
CdF Chimie (ORKEM)	−0,8	2,5	2,5
Thomson	−2,2	0,9	1,2
Bull	−1,4	0,3	0,3
Elf Aquitaine	4,3	4,3	7,2
Sacilor	−4,6	−2,3	4,4
Usinor	−3,7	−1,3	

L'Expansion, décembre 1989.

Le secteur nationalisé, une logique de gestion libérale ?

Les différents gouvernements socialistes qui se succèdent après 1982 donneront aux entreprises nouvellement nationalisées une autonomie de gestion de plus en plus grande.

Sans doute, certaines contraintes relevant d'une logique de rationalité collective leur sont imposées. Ainsi, dans de nombreux cas, il leur est demandé de privilégier l'achat de matériel français ou d'implanter leurs nouvelles filiales dans des régions en difficultés... mais une large autonomie de décision dans la stratégie adoptée leur est octroyée. Ces firmes doivent être jugées a posteriori, en fonction de critères financiers (rétablissement de l'équilibre).

Les nationalisées peuvent avoir recours à l'épargne privée pour financer leurs investissements par les titres participatifs et les certificats d'investissement ; les premiers sont proches des obligations puisque leur rémunération est généralement liée aux taux moyens du marché des obligations ; le certificat d'investissement, au contraire, s'apparente aux actions dans la mesure où la rémunération est fonction des résultats financiers de la firme, ce serait en quelque sorte des actions sans pouvoir de décision dans les assemblées générales. En 1985, le drainage de l'épargne réalisé par les entreprises nationalisées devait être de l'ordre de 10 milliards de francs (ce qui représente près du quart du montant total de l'indemnisation des anciens actionnaires des entreprises nationalisées : 43 milliards de francs).

La nationalisation des banques et le soutien de l'industrie

La première vague de nationalisation du crédit eut lieu immédiatement après la Deuxième Guerre mondiale. C'est ainsi que la Banque Nationale de Paris, la Société Générale et le Crédit Lyonnais sont nationalisés depuis bientôt 40 ans. Pour le client moyen, cette première vague de nationalisations n'a pas changé grand chose, les mêmes types de services se sont maintenus et les conditions de crédits ont été comparables à celles du secteur privé.

La deuxième vague va être beaucoup plus importante puisqu'elle va conduire au contrôle par l'État de 87,6 % des dépôts en banque et 77,6 % des crédits. Seules les très petites banques et les banques étrangères ne sont pas nationalisées.

Une des fonctions de ces nationalisations était de mettre le crédit au service de la production nationale et en particulier de prendre en compte tous les effets externes négligés dans une logique de seule rentabilité. Il s'agissait ainsi de soutenir les entreprises en difficultés temporaires, de faciliter les investissements « à risques » mais nécessaires au développement industriel...

Si les banques ont souvent été sollicitées par l'État pour assurer cette fonction, en particulier au cours des premières années du septennat de François Mitterrand, globalement elles ont réussi à maintenir un taux de rentabilité et un niveau de risque qui font que les établissements financiers français sont parmi les plus appréciés au niveau mondial.

Ceci n'a pu se réaliser qu'au prix d'une limitation du rôle de « samaritain » envers les entreprises en difficultés.

A partir de 1984, une vaste réforme des marchés financiers est entreprise. Elle tend à accroître la concurrence entre les établissements bancaires et à réduire les crédits à taux « bonifiés », c'est-à-dire aidés par l'État.

Accélérée après 1986, la dérégulation des marchés financiers et monétaires, réduit de façon sensible les moyens d'intervention de l'État dans ces domaines.

Les privatisations

300 milliards de francs

La loi de privatisation du 6 août 1986 prévoit le retour au secteur privé de 65 entreprises publiques dont la valeur totale a été estimée à la somme colossale de 200 à 300 milliards de francs.

Un tiers des privatisations prévues ont été réalisées ; elles ont fait passer le nombre d'actionnaires en bourse de 1,5 million à 6 millions :

ELF AQUITAINE	1986	CGE	1987
SAINT-GOBAIN	1986	HAVAS	1987
PARIBAS	1987	CGCT	1987
SOGENAL	1987	SOCIÉTÉ GÉNÉRALE	1987
BTP	1987	TF1	1987
BIMP	1987	IDI	1987
CCF	1987	SUEZ	1987

Les noyaux durs

Les modalités des privatisations ont varié selon les entreprises. 55 à 60 % des actions des différentes entreprises ont été vendues au public français et aux salariés, les achats étrangers étant limités à 20 % du capital total. Dans un certain nombre de cas (Paribas, Havas, Société Générale, TF1...) le gouvernement a choisi de constituer un « noyau dur », c'est-à-dire de confier à quelques entreprises une quantité d'actions leur permettant de contrôler l'entreprise et d'éviter les prises de contrôle sauvages ou les batailles boursières.

Logique financière ou industrielle ?

Ces privatisations modifient de façon importante la structure financière des entreprises françaises. Le contrôle des firmes obéit plus à une logique financière qu'industrielle ou commerciale comme le montre F. Morin dans un article du *Monde.*

« Les sociétés privatisées sont à une exception près, des holdings financières détenant des portefeuilles de titres plus ou moins importants et donnant accès au contrôle d'autres sociétés. Paribas et C.G.E. sont ainsi des sociétés dont le pouvoir s'étend, pour chacune d'elles, sur plusieurs centaines de sociétés.

Mais qui, dorénavant, détient le contrôle en amont des sociétés privatisées ? L'examen des « noyaux durs », c'est-à-dire de ceux des actionnaires qui entendent se partager une influence réelle grâce aux participations circulaires, aux pouvoirs en blanc mais aussi à leur quote-part en capital apporte des informations éclairantes.

● *Le pôle C.G.E.-Société générale.* Il est structuré par un double autocontrôle (C.G.E.-Société générale, et C.G.E.-C.C.F.). Ce pôle est d'un poids considérable : 43 milliards de francs ; on peut aujourd'hui dire qu'il est le plus puissant regroupement financier privé français ;

● *Le pôle Paribas.* Avec ses 18,8 milliards de francs, il ne vient qu'au second rang. Notons qu'il partage avec le précédent regroupement une influence conjointe sur l'agence Havas ;

● *Le pôle Saint-Gobain.* Il est à vocation principalement industrielle et son poids (13,5 milliards de francs) est en réalité, sensiblement plus important[1]. »

Ni privatisations, ni nationalisations

La réélection de F. Mitterrand arrête le processus de privatisation mais les privatisations effectuées ne sont pas remises en cause.

---

1. F. Morin, *Le Monde,* 17 septembre 1987.

Le problème du contrôle national

Nationalisations, puis privatisations des entreprises ne reviennent pas à se retrouver dans la situation initiale. En particulier l'actionnariat traditionnellement stable de ces entreprises risque d'être beaucoup plus volatile, tant en ce qui concerne les petits actionnaires qui peuvent avoir été attirés par l'espoir de gain à relativement court terme (plus-values ou avantages fiscaux) qu'en ce qui concerne les « noyaux durs ». Rien n'empêche une firme étrangère d'accroître sa participation. Dans le contexte actuel de restructuration et de « coups boursiers » pour conquérir le contrôle d'entreprises, le problème du contrôle national des grandes firmes aujourd'hui françaises risque de se poser

Les risques de la gestion financière

La multiplication des participations croisées (telle entreprise détient x % du capital de telle autre qui elle-même possède y % du capital de la précédente), l'émiettement du capital entre des firmes ayant des activités très différentes risquent de conduire à une gestion qui privilégie les données financières aux dépens de la croissance industrielle de long terme...

Les entreprises publiques et le marché unique de 1993

Dans le contexte de multiplication des OPA, les entreprises publiques peuvent apparaître comme des pôles de résistance à l'absorption des entreprises nationales par le capital étranger.

En même temps, leur structure juridique risque de limiter leurs possibilités d'acquisition d'entreprises. Sur un autre plan, les entreprises publiques sont particulièrement concernées par la suppression du quasi monopole d'accès des firmes françaises aux marchés publics nationaux prévu par l'acte unique européen.

Certaines firmes (par exemple Bull, dans le domaine de l'informatique) doivent faire face à une concurrence considérablement accrue.

La spécialisation régionale

Forte polarisation régionale des activités

L'industrie reste principalement concentrée au Nord de la Loire, tandis que le tertiaire domine à Paris, dans la région Provence Côte-d'Azur et dans le Sud-Est.

« Cinq régions connaissent une relative concentration de leurs effectifs industriels dans quelques secteurs :

● *La Franche-Comté* compte le tiers de ses effectifs de l'industrie dans la construction automobile (présence de Peugeot), et plus de la moitié si on y ajoute les industries amont de la construction mécanique et du travail des métaux.

● *L'Auvergne* regroupe plus de 36 % des emplois industriels dans le caoutchouc et les matières plastiques (pneumatiques, Michelin notamment).

● *La Lorraine* demeure très fortement spécialisée dans les industries des métaux (35 % des effectifs de l'industrie).

● *Le Nord - Pas-de-Calais* a également conservé au début des années 1980 une part importante de ses effectifs dans ses activités traditionnelles : textile - habillement (25 %) et industries des métaux (17 %).

● *La Bretagne,* quant à elle, dispose d'une forte spécialisation dans les industries agro-alimentaires (25 % des effectifs industriels).

On observera enfin que *l'Aquitaine* est la seule des régions françaises où les secteurs du bois-meubles et des cuirs-chaussures comptent parmi les 5 premières activités (regroupant chacun environ 10 % des salariés de l'industrie régionale). » (*Conjoncture*, n° 218).

6. Contrainte extérieure et réalités industrielles

Le choc de la dépendance extérieure

La relance autonome ne fonctionne plus

La relance de la demande du deuxième semestre 1982 et du début de 1983 a rapidement abouti à un déficit extérieur massif (-90 milliards de francs en 1982) entraînant un endettement extérieur élevé ; le franc est dévalué en mars 1983 et la politique de rigueur succède à la relance.

Sans doute l'évolution de la conjoncture chez nos principaux partenaires commerciaux en 1982 était-elle particulièrement défavorable, il reste que la démonstration est faite : la relance autonome de la croissance se heurte en France à la « contrainte extérieure ».

La situation est tout à fait nouvelle. En 1982 chacun a à l'esprit la relance réussie de 1968. Après juin 1968, les salaires français avaient été massivement augmentés, dans un contexte mondial il est vrai plus favorable, et si un ajustement des changes avait été nécessaire, le rétablissement d'un quasi équilibre de la balance des paiements avait été rapide.

L'ampleur des effets de la relance de 1982 sur l'équilibre extérieur a eu pour effet salutaire d'attirer l'attention sur la structure de nos échanges commerciaux et leur place dans l'économie nationale.

Une économie contrainte

Les « trous » de l'appareil productif et l'augmentation des importations

Aujourd'hui, lorsque la demande sur le marché national s'accroît de 1 %, les importations augmentent de 2 %... ou plus, suivant le type de production vers lequel s'oriente la demande intérieure, provoquant rapidement des difficultés d'équilibre de la balance commerciale.

Cette situation ne résulte pas seulement du poids des dépenses énergétiques, mais d'abord de la porosité de l'appareil productif français. « Il y a trop de produits que l'on a renoncé à produire, que l'on produit mal ou trop cher, que l'on ne sait pas produire ou que l'on distribue mal. »

Les entreprises s'équipent trop souvent de matériel étranger et les consommateurs en cas de relance de la demande choisissent massivement des produits d'origine étrangère.

L'impact de la conjoncture extérieure sur l'activité nationale s'est accru .

La montée des exportations est a priori une preuve de compétitivité mais elle contribue aussi à accroître la dépendance vis-à-vis de l'évolution de l'activité économique hors du territoire national. Quand un tiers de la production industrielle est orienté vers l'exportation, le niveau de l'activité (production, emploi) est nécessairement marqué par la conjoncture des pays clients.

Outre l'incertitude qui en résulte, la forte ouverture sur l'extérieur contraint à prendre en compte les normes de spécialisation et de productivité de l'économie mondiale. Dans le cas contraire les produits nationaux voient leurs débouchés se réduire.

**De l'accroissement de la demande nationale
à la dégradation de la balance commerciale**

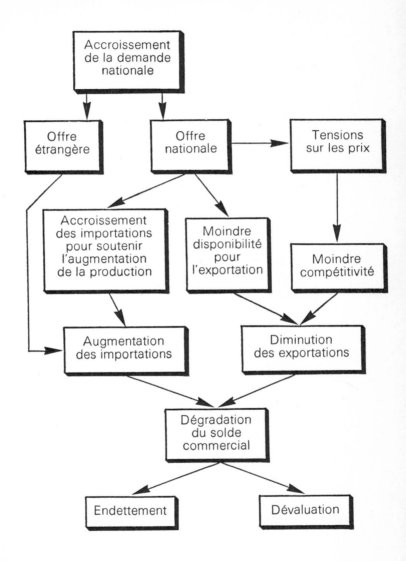

Les échanges commerciaux de la France

Un des premiers exportateurs mondiaux...

La France se situe parmi les premiers exportateurs mondiaux (4e ou 5e suivant les années). Plus de 22 % de la production nationale, près du tiers de la production industrielle sont exportés, ce qui montre s'il en est besoin que la compétitivité des produits français n'est pas aussi mauvaise qu'on l'entend parfois affirmer.

Effort à l'exportation*

SECTEURS	1974	1987
Biens intermédiaires	21,9 %	28,7 %
Minerais et métaux ferreux	27,8	38,7
Verre	27,7	39,7
Chimie de base, fibres synth.	35,7	54,6
Caoutchouc, matières plastiques	21,8	28,5
Biens d'équipement professionnel	28,8	41,8
Construction mécanique	31,6	38,1
Matériels électriques et électroniques professionnels	25,7	40,3
Construction navale et aéronautique, armement	26,8	51,6
Biens d'équipement ménager	18,6	38,5
Automobiles et transport terrestre	37,1	42,9
Biens de consommation	17,0	21,3
Parachimie, pharmacie	17,4	28,1
Textile, habillement	22,4	26,7
Industrie manufacturière	23,4	31,8
I.A.A.	12,1	14,8
Total industrie	21,2	28,6

* Exportations hors marge commerciale/marché intérieur en francs courants.

Source : Comptes de la Nation, I.N.S.E.E.

142

Cette performance étonnante pour un pays longtemps replié sur son Empire ne doit pas non plus masquer les faiblesses importantes des échanges extérieurs français.

... mais aussi un des premiers importateurs

La France se situe aussi parmi les premiers importateurs mondiaux (4e ou 5e rang selon les années). Globalement un tiers des biens industriels achetés en France sont importés

Taux de pénétration*

PRODUITS	1974	1987
Biens intermédiaires	23,6 %	30,3 %
Minerais et métaux ferreux	23,4	34,2
Verre	18,6	31,8
Chimie de base, fibres synth.	35,2	53,5
Papier, carton	20,9	29,7
Caoutchouc, matières plastiques	18,0	29,6
Biens d'équipement professionnel	27,9	39,2
Construction mécanique	30,8	41,0
Matériels électriques et électroniques professionnels	25,0	41,5
Construction navale et aéronautique, armement	25,5	27,5
Biens d'équipement ménager	31,6	58,2
Automobiles et transport terrestre	21,1	37,6
Biens de consommation	14,6	24,4
Parachimie, pharmacie	10,4	19,5
Textile, habillement	17,9	33,2
Bois, meubles, industries diverses	16,9	27,1
Industrie manufacturière	22,2	32,1
I.A.A.	12,2	14,1
Total industrie	19,9	28,8

* Taux de pénétration : importations+droits et taxes à l'importation/marché intérieur en francs courants.
Source : Comptes de la Nation, I.N.S.E.E.

Les secteurs dominés par l'offre étrangère sont souvent dynamiques et marqués par une forte croissance de la demande. Depuis les années 70, la pénétration étrangère s'est accélérée. Ainsi dans le secteur des machines-outils, le taux de pénétration était de 52,6 % en 1983 contre 37,8 % en 1970, et pour les machines de bureaux et informatiques ce taux atteignait 83,3 % en 1983 contre 55,9 % en 1970.

Les déséquilibres du commerce extérieur

La balance commerciale

A l'exception des années 1975 et 1978, le solde de la balance commerciale française a régulièrement été déficitaire depuis 1974. Pendant les « 30 glorieuses » aussi, le maintien de l'équilibre des échanges était souvent difficile.

Solde commercial et taux de couverture

(données FAB-FAB y compris matériel militaire)

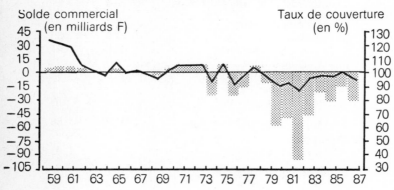

L'ampleur de ce déséquilibre (variable selon les années) n'est pas indifférente, un déficit modeste n'inquiétera pas les détenteurs de ressources financières libellées en francs, d'autant qu'il peut être compensé par un excédent en matière de services (tourisme...), alors qu'un déficit massif risque de se traduire par une spéculation importante contre le franc.

Globalement, une amélioration des échanges extérieurs se produit en 1984 et 1985 et se poursuit en 1986, mais ce bilan apparemment positif résulte en ce qui concerne 1986 du contre-choc pétrolier. En effet, si les échanges de biens et services dégagent un solde positif, ce solde ne doit masquer ni la diminution de l'excédent industriel de 50 milliards de francs, ni la réduction de 12 milliards de francs du solde sur les services. Ces deux éléments sont des symptômes de dégradation de la compétitivité des produits industriels et des services français... et ce d'autant que le niveau limité des investissements ne permet pas d'expliquer ces difficultés par une accélération importante des équipements susceptibles à terme de contribuer à la compétitivité de ces entreprises.

Excédents et déficits par produits

Les 10 plus gros excédents (en milliards de francs)	
1. Céréales	+28,9
2. Vins et spiritueux	+26,2
3. Automobiles, cyles et pièces détachées	+23,8
4. Parfumerie	+12,0
5. Lait et produits laitiers	+10,5
6. Boissons, alcools et tabacs	+ 9,8
7. Aéronautique	+ 8,2
8. Oléagineux non tropicaux	+ 7,7
9. Produits sidérurgiques	+ 7,2
10. Pharmacie	+ 6,5
Les 10 plus gros déficits (en milliards de francs)	
1. Énergie	−66,7
2. Électronique professionnelle	−23,1
3. Textile, habillement	−17,3
4. Papier, carton	−14,3
5. Métaux non ferreux	−14,3
6. Électronique grand public	−12,3
7. Produits chimiques	−11,6
8. Café, cacao, fruits tropicaux	− 8,5
9. Conserves	− 8,0
10. Cuirs et chaussures	− 7,2

Source : CFCE (d'après Douanes). (Données 1988).

Évolution du solde des transactions courantes

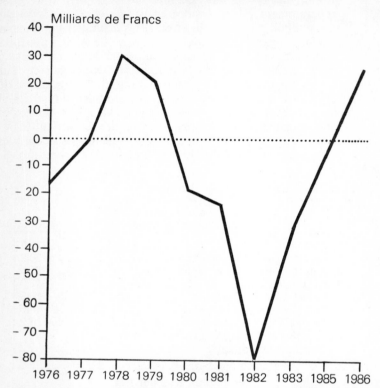

1988 : solde de la balance des transactions courantes : − 25 milliards de francs

La facture énergétique n'explique pas tout

Les deux chocs pétroliers ont bien évidemment accru le poids des dépenses énergétiques dans les importations.

Cette évolution est le résultat de la conjonction d'une diminution des quantités importées et d'une hausse du prix du pétrole exprimé en francs (celle-ci résulte de l'évolution du cours du dollar qui a annulé pour la France jusqu'au début de 1985 la baisse des cours du pétrole exprimés en dollars).

Importations de pétrole brut

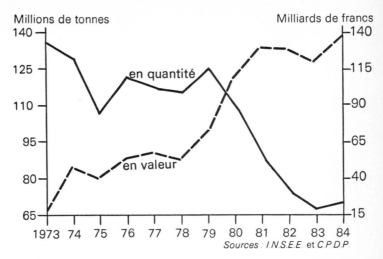

Sources : I.N.S.E.E. et C.P.D.P.

Fin 1985-début 1986, le poids de la facture pétrolière chute fortement sous l'effet conjugué de la baisse du dollar et de celle du pétrole ce qui réduit le déficit extérieur mais risque aussi de masquer les difficultés réelles de l'économie. La facture énergétique passe de 180 milliards de francs en 1985 à 90 milliards en 1986 et 82 milliards en 1987.

Évolution des échanges commerciaux industriels

La chute du solde des échanges industriels (en milliards de francs)	
1979 : + 45,8	1984 : + 94,3
1980 : + 33,1	1985 : + 82,9
1981 : + 53,3	1986 : + 32,6
1982 : + 28,2	1987 : − 10,4
1983 : + 57,9	1988 : − 42,2

1. Y compris matériel militaire ; hors ravitaillement.
Source : Douanes. Comptes de la Nation.

Il reste que plus de 60 % de nos importations ne concernent ni les matières premières ni les produits énergétiques et que l'évolution du solde sur produits manufacturés est pour le moins préoccupante !

Le Japon dont la dépendance en énergie et en matières premières est au moins aussi forte que celle de la France, a pourtant su limiter le niveau de ses importations.

Attribuer les difficultés d'équilibre des échanges extérieurs aux seuls chocs pétroliers est donc tout à fait insuffisant.

Le poids des structures productives

Nombre de biens pourraient être produits sur le territoire à des conditions de compétitivité normales, mais ne le sont pas par suite d'une série de choix historiques qui ont conduit à abandonner certains créneaux.

Ainsi le déficit de la filière bois représente près de 13 % du total du déficit de notre balance commerciale. Or, la forêt française est la première d'Europe ; l'Europe a été au XIXe siècle à la pointe des technologies de fabrication de pâte à papier, les artisans français ont montré au cours des siècles une maîtrise technique exceptionnelle en matière de meuble... Ni l'insuffisance de ressources naturelles ni le retard au niveau de la maîtrise des connaissances ne peuvent être retenus pour expliquer l'importance des importations actuelles.

Le déficit dans ce secteur ne peut pas non plus s'expliquer par des différences dans le coût de la main-d'œuvre puisque les pays fournisseurs sont tous des pays industrialisés à haut niveau de salaire. On pourrait produire, mais on ne produit pas, et cela coûte cher. Force est donc de mettre en cause la structure productive héritée du passé.

En 1984, on retrouve un classement sensiblement équivalent à celui du C.E.P.I.I. Les secteurs ayant dégagé le solde positif le plus élevé sont :
- L'armement   - Les industries aéronautiques
- L'agro-alimentaire - Le tourisme
- L'automobile

Les produits qui pèsent le plus négativement sur le solde commercial ne relèvent pour l'essentiel d'aucune contrainte « naturelle » : le papier, la viande, l'informatique, pour citer les cas les plus flagrants, peuvent être produits en France dans de bonnes conditions de rentabilité.

Les secteurs forts de la France à l'exportation

Le C.E.P.I.I. a calculé pour 1980 quels étaient les produits[1] qui pesaient le plus favorablement et le plus négativement sur le solde de la balance commerciale des principaux pays industrialisés :

Les cinq produits les plus excédentaires (sauf énergie), en %		Les cinq produits les plus déficitaires (sauf énergie), en %	
USA			
Céréales	9,6	Voitures particulières	−8,4
Aéronautique	4,9	Cuirs, chaussures	−2,2
Moteurs	3,7	Articles divers	−2,0
Matériel BTP	3,4	Produits sidérurgiques	−1,9
Matériel informatique	2,9	Confection	−1,8
Japon			
Voitures particulières	20,8	Produits agricoles pour industrie	−9,7
Produits sidérurgiques	10,4	Minerais non ferreux	−4,4
Électronique grand public	8,6	Autres produits agricoles	−4,1
Véhicules utilitaires	6,9	Viandes et poissons	−3,7
Tubes	5,3	Céréales	−3,4
RFA			
Voitures particulières	5,9	Autres produits agricoles	−5,0
Machines spécialisées	5,3	Produits agricoles pour industrie	−2,4
Moteurs	3,8	Cuirs, chaussures	−1,9
Éléments véhicules	3,5	Confection	−1,3
Véhicules utilitaires	3,4	Bonneterie	−1,2
France			
Céréales	3,5	Autres produits agricoles	−1,8
Voitures particulières	3,0	Produits agricoles pour industrie	−1,7
Boissons	2,3	Métaux non ferreux	−1,5
Éléments véhicules	1,4	Viandes et poissons	−1,3
Aéronautique	1,3	Papier	−1,1
Iles Britanniques			
Moteurs	2,9	Autres produits agricoles	−3,1
Éléments véhicules	2,1	Voitures particulières	−2,9
Chimie organique	1,8	Papier	−2,7
Pharmacie	1,2	Produits agricoles pour industrie	−2,2
Matériel BTP	1,2	Métaux non ferreux	−1,8

Source : C.E.P.I.I., Économie mondiale : la montée des tensions, Paris, 1983.

1. On calcule, pour chaque catégorie de produits, le solde commercial que l'on rapporte à la moyenne des échanges du pays considéré (hors énergie).

Faiblesses technologiques de nos échanges extérieurs

Si la France exporte un certain nombre de produits de très haute technologie (armement, aéronautique...), globalement le pourcentage de valeur ajoutée inclus dans nos exportations est assez faible pour un pays industrialisé. Dans leur ensemble, nos exportations comportent en moyenne moins de travail très qualifié que nos importations. Cette situation est particulièrement marquée dans des échanges avec les pays industrialisés.

Une étude effectuée par la banque Paribas et s'appuyant sur la classification du Département du commerce et de la Fondation nationale des sciences aux États-Unis met en évidence la faiblesse du contenu technologique des exportations françaises et le fort contenu en technologie de nos importations.

Part des produits à forte densité technologique (F.D.T.) dans les échanges de produits industriels

(en %)	Exportations			Importations		
	1975	**1980**	**1983**	**1975**	**1980**	**1983**
États-Unis	36,-	31,6	46,3	21,4	20,3	24,6
Japon	21,2	23,-	28,5	31,-	31,-	37,7
R.F.A.	20,3	17,6	23,3	22,8	21,5	30,6
Royaume-Uni	25,8	22,8	33,-	24,-	21,5	32,8
France	18,2	17,-	25,8	24,6	22,-	31,-

Source : Paribas.

1. Les deux grandes compagnies financières Suez et Paribas ont été nationalisées en même temps que 37 banques de dépôt.

Part du marché OCDE des produits à FDT détenue par pays

(en %)	**1975**	**1980**	**1981**	**1982**
États-Unis	25,6	23,8	26,4	26,3
Japon	11,3	14,8	13,7	15,-
R.F.A.	16,-	15,3	14,9	14,7
France	7,3	7,4	7,7	7,1
Royaume-Uni	9,3	10,2	8,2	8,4

Source : Paribas.

Balance commerciale de produits à F.D.T.[1]

(en mds $ EU)	1980	1981	1982	1983
États-Unis	+18,78	+26,34	+24,6	+19,3
Japon	+19,4	+20,67	+22,4	+28,8
R.F.A.	+ 6,99	+ 7,6	+11,3	+ 7,26
Royaume-Uni	+ 3,-	+ 0,99	+ 4,32	− 0,03
France	− 2,62	− 0,42	− 1,36	+ 0,75

Source : Paribas.

1. Liste des produits à forte densité technologique (FDT) : Produits chimiques organiques ; Produits chimiques inorganiques ; Produits médicinaux et pharmaceutiques ; Matières plastiques artificielles ; Désinfectants, insecticides, fongicides sous forme de préparation ; Engrais manufacturés ; Générateurs, moteurs et turbines (y compris réacteurs nucléaires) ; Machines et appareils de bureau ou pour le traitement automatique de l'information ; Appareils d'électricité médicale et appareils de radiologie ; Lampes, tubes et valves électroniques ; Appareils de navigation aérienne et matériel connexe (aérospatial) ; Appareil et équipements de télécommunications et pour la production du son et de l'enregistrement ; Instruments et appareils professionnels scientifiques et de contrôle ; Appareils et fournitures de photographie et optique ; Armement. (Classification O.C.D.E.).

L'absence de filières dominantes

L'informatique pour les États-Unis, la chimie et les biens d'équipement pour la R.F.A., l'électronique pour le Japon.. sont, pour ces grands pays industrialisés des points forts dans le commerce mondial. La France, au contraire, est très peu spécialisée au niveau de ses exportations. Bien sûr, les vins de Bordeaux ou de Bourgogne, la haute couture... lui donnent une place privilégiée, mais si on se situe à un niveau plus global, pour tous les types de biens représentant un poids important dans l'ensemble des échanges mondiaux, la France ne détient qu'un pourcentage du marché mondial inférieur à 10 %. Pour les équipements industriels dont l'importance est stratégique, le poids des exportations françaises dans le commerce mondial est trois fois plus faible que celui du Japon ou des États-Unis. L'automobile et les autres matériels de transport terrestre qui pourtant fournissent un excédent important, ne représentent que 7,5 % des échanges mondiaux. Les secteurs où les positions françaises sont bonnes sur le marché mondial (aéronautique, industrie du verre) ne représentent en valeur qu'un très faible pourcentage des échanges mondiaux (moins de 5 %).

L'absence de forte spécialisation sectorielle fait perdre les effets entraînants dont bénéficient les concurrents des grands pays industrialisés. Ainsi au Japon ou aux États-

Unis la puissance dans le secteur de l'électronique ou celui de la chimie et des biens d'équipement en R.F.A. soutient la croissance des autres secteurs et réduit la contrainte extérieure.

Les parts de marché à l'exportation de la France*

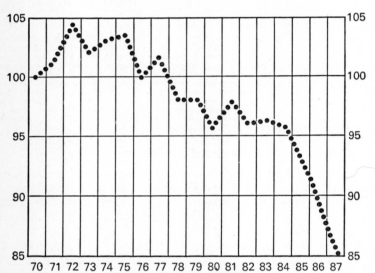

* Les parts de marché à l'exportation (produits manufacturés) sont mesurées par le rapport entre le volume d'exportation et la demande mondiale adressée à la France. La demande mondiale est la somme des importations des clients de la France pondérées par la part de chacun dans les exportations de la France (base 100 : 1976).

Économie et Statistiques, n° 217

Cette caractéristique de l'économie française a été confirmée par une étude récente de l'I.N.S.E.E. qui montre d'une part que les points forts de notre industrie sont disséminés à travers l'ensemble des branches et que d'autre part la France semble mal « utiliser » ses atouts dans la mesure où ses ventes sont peu concentrées sur ses produits les plus compétitifs.

Le déficit vis-à-vis
des pays industrialisés

Les 4/5 des importations et des exportations sont réalisés avec les pays de l'O.C.D.E. (80 % en 1987). La C.E.E. absorbe plus de 60 % de nos exportations (et l'Europe, y compris les pays non membres de la C.E.E., 60 %).

Vis-à-vis de ces pays, nos échanges sont régulièrement déficitaires. Ce déficit est inquiétant car il traduit par son ampleur une faiblesse, sans doute ancienne, mais néanmoins importante dans certains secteurs technologiquement sensibles.

Les clients de la France

Pays	1973 %	1987 %	Pays	1973 %	1987 %
Europe des Douze		**60,4**			
R.F.A.	*19,4*	*16,6*	**Pays**		
Italie	*11,8*	*12,1*	**pétroliers**	**4,8**	**4,3**
U.E. belgo-lux.	*11,5*	*9,3*			
Pays-Bas	*5,5*	*5,1*	**Pays**		
Grande-Bretagne	*6,4*	*8,8*	**socialistes**	**4,1**	**2,8**
Irlande	*0,3*	*0,4*			
Danemark	*0,8*	*0,9*			
Grèce	*0,9*	*0,8*			
Espagne	2,9	5,3	**Autres Pays**	**14,2**	**11,4**
Autres pays OCDE		**18,8**			
Suisse	5,2	4,3	**Total**	**100,0**	**100,0**
États-Unis	4,7	7,3			
Japon	1,2	1,5			
D.O.M.-T.O.M.	1,8	2,4			

Exportations F.A.B. (Franco à bord). TEF. 1987 et 1988.

Les fournisseurs de la France

Pays	1973 %	1987 %	Pays	1973 %	1987 %
Europe des Douze		**61,1**			
R.F.A.	*22,5*	*19,8*	**Pays**		
Italie	*9,0*	*11,7*	**pétroliers**	**9,7**	**4,4**
U.E. belgo-lux.	*11,5*	*9,4*			
Pays-Bas	*6,0*	*5,6*	**Pays**		
Grande-Bretagne	*4,7*	*7,1*	**socialistes**	**3,1**	**3,5**
Irlande	*0,3*	*0,8*			
Danemark	*0,6*	*0,9*			
Grèce	*0,3*	*0,4*			
Espagne	2,1	4,4	**Autres Pays**	**12,6**	**10,8**
Autres pays OCDE		**19,9**			
Suisse	2,6	2,5	**Total**	**100,0**	**100,0**
États-Unis	8,2	7,2			
Japon	1,4	3,8			
D.O.M.-T.O.M.	0,8	0,3			

Importations C.A.F. (Coût, assurance et frets compris).
Tableau de l'économie française, 1987 et 1988, *I.N.S.E.E.*

Une telle situation est extrêmement inquiétante pour un pays qui aspire à se situer parmi les pays les plus industrialisés du monde et rend la France particulièrement vulnérable face à la montée des nouveaux pays industrialisés d'une part, et face à la modernisation qui s'accélère dans les pays les plus industrialisés d'autre part.

Les échanges de la France avec les États-Unis.. la dépendance technologique

Les exportations françaises vers les États-Unis sont sensibles à la conjoncture américaine et aux variations des cours du dollar. Ainsi en 1984, les exportations françaises progressent de 51 % alors que nos importations en provenance de ce pays n'augmentent que de 13,5 % par suite de la conjonction de la hausse du cours du dollar et du taux de croissance élevé de l'économie américaine.

Échanges de la France avec les États-Unis
% Taux de couverture (Exportations/Importations)

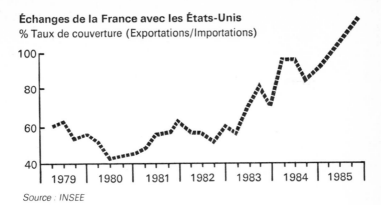

Source : INSEE

Le quasi équilibre obtenu en 1984 est pour l'essentiel dû à la surévaluation du dollar de l'ordre de 30 %. Il ne doit pas masquer la faiblesse tendancielle du taux de couverture des échanges avec les États-Unis.

Cette forte tendance au déficit s'explique d'abord par l'importance des achats à fort contenu technologique. En 1984, près de 30 % des importations en provenance des États-Unis (19 milliards de F sur 70 milliards de F) sont constituées par des produits du secteur électronique. Les importations dans ce domaine sont caractérisées par un taux de croissance exceptionnellement élevé. Ainsi, le poste le plus important : traitement et transmission de l'information (ordinateurs et périphériques...) s'est accru de 38 % entre 1983 et 1984 en dépit de la hausse du cours du dollar.

Le poids des produits à haute technologie importés des États-Unis explique la forte rigidité des importations face aux variations des cours du dollar. En effet, ces produits sont souvent peu sensibles aux variations de coût car la production française est défaillante et ne peut donc pas se substituer aux importations.

Les échanges franco-allemands

De par leur volume, les échanges commerciaux franco-allemands sont exceptionnellement importants pour la France. La R.F.A. absorbe 15 % des exportations françaises.

155

Si au cours des années 60, le déficit français restait modeste, son évolution depuis 1973 est extrêmement défavorable. Les excédents obtenus par la France en matière agricole ne compensent pas le déficit lié aux produits industriels. En 1987 notre déficit a été de 44 milliards de francs.

Parmi les postes déficitaires, l'automobile et les biens d'équipement tiennent une place particulière. En 1970 le taux de couverture des automobiles était de 175 %, depuis 1981 il est de l'ordre de 50 %, ce qui signifie que nous importons près de deux fois plus d'automobiles d'Allemagne fédérale que nous en exportons.

Plusieurs études (B.N.P., I.N.S.E.E.) montrent que le rôle du niveau des prix dans cette évolution défavorable n'a joué que de façon mineure au cours de la période 1970-1986 ce qui met indirectement en évidence les autres aspects du handicap français : problème d'adaptation des produits à la demande, qualité des marchandises, délais de livraison, dynamisme commercial.

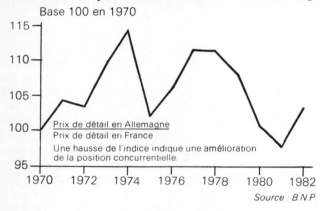

Indice de compétitivité bilatérale France-Allemagne

Base 100 en 1970

Prix de détail en Allemagne
Prix de détail en France
Une hausse de l'indice indique une amélioration de la position concurrentielle.

Source : B.N.P.

Les échanges avec le Japon

Si le Japon ne vient qu'au 11ᵉ rang des fournisseurs de la France et au 14ᵉ rang parmi ses clients, les exportations sont très concentrées en particulier sur la filière électronique : « de 1979 à 1982, le déficit de la balance commerciale des matériels électroniques à l'égard du Japon est passé de 2 à 6 milliards de francs, et le taux de couverture est tombé de 11 % à 3,4 %. Dans le domaine des télécommunications, de l'informatique, la position française s'est plus encore dégradée[1]. » Globalement les échanges sont très déséquilibrés. En valeur, nous importons deux fois et demie plus que nous n'importons.

La concurrence des Nouveaux Pays Industrialisés

Des effets sectoriels importants

La montée des productions industrielles du Tiers Monde, appuyée sur une main-d'œuvre à bas salaire, est-elle à l'origine des difficultés de notre balance commerciale ?

Si pour quelques produits cette concurrence est forte : chaussures, textile, ce qui ne va pas sans poser des problèmes sectoriels réels, ces produits ne représentent qu'une très faible part des importations françaises par suite en particulier de la mise en place de mesures de protection. Ainsi l'Accord Multifibres limite, malgré ses imperfections et ses effets pervers, les importations textiles du Tiers Monde.

Par ailleurs le Tiers Monde constitue pour la France un débouché important aussi bien en matière de « grands travaux » que d'exportations d'équipements. Il en résulte que si à long terme la concurrence de ces pays peut constituer un problème sérieux qui doit être pris en compte, jusqu'à aujourd'hui, ce ne sont pas les relations avec le Tiers Monde qui peuvent expliquer le déficit de la balance commerciale française.

Une concurrence qui contraint à la modernisation

Sur le long terme, le développement des nouveaux pays industrialisés qui paraît inéluctable accroît la contrainte de modernisation et d'efficacité. En effet face à cette concurrence, la modernisation est la seule façon de maintenir des prix compétitifs comme le montre le cas du textile.

1. *Le Monde,* 24 octobre 1984.

Les invisibles

Le tourisme et les grands travaux, bénéficiaires nets

Traditionnellement déficitaire, le solde des services (au sens large) ou invisibles va tendre à devenir excédentaire dans les années 1970.

Les « services » regroupent un ensemble hétérogène d'activités caractérisées par le fait qu'elles n'induisent pas le passage de biens matériels aux frontières : les transports, les activités des assurances et des banques, les activités de conseils, de courtage, le tourisme, la vente de brevets, les « grands travaux », en constituent les postes les plus importants.

Si le tourisme dégage un solde positif important, les redevances sur brevets sont très déficitaires.

Les « grands travaux », malgré une baisse sensible au cours des dernières années, continuent à exercer un effet positif sur la balance des services.

Balance des paiements courants

Soldes	1981	1982	1983	1984	1985	1986	1987
Marchandises	−55,0	−102,1	−62,6	−36,0	−48,2	−12,1	−53,2
Services	+32,4	+ 31,4	+32,1	+24,7	+38,8	+37,9	+25,5
Transactions courantes	−25,8	− 79,3	−33,8	− 6,6	− 1,5	+25,8	−26,7

I.N.S.E.E. (milliards de Francs)
1988 - Solde des transactions courantes − 25 milliards de francs.

Les « grands travaux » concernent des contrats dont la valeur approche ou dépasse le milliard de francs : construction de métro, de raffinerie, de lignes de chemin de fer, rénovation de villes.

Du point de vue de la balance des paiements, une partie de ces contrats apparait dans la balance commerciale, une autre au niveau des services (ingénierie...). L'activité du secteur de la construction de matériel ferroviaire et du bâtiment... s'est trouvée soutenue par ces marchés extérieurs.

L'essentiel de ces contrats provient du Tiers Monde (85 % en 1983). Malheureusement le niveau d'endettement atteint par ces pays, l'accroissement des risques qui en résultent, ont induit une forte réduction des grands contrats. Pour certaines entreprises le maintien de ces marchés est un problème de survie, tel est le cas par exemple pour Technip, la première entreprise d'ingénierie française.

Le déficit des redevances sur brevets, reflet d'une domination technologique ?

Les services liés aux échanges technologiques ont dégagé un excédent de 20 milliards de francs en 1988, mais ce poste est surtout excédentaire avec des pays peu industrialisés. Par contre, le solde des brevets et redevances qui est le plus significatif des relations technologiques avec les pays industrialisés est négatif (plus de 6,5 milliards de francs de déficit en 1988).

Le taux de couverture est durablement inférieur à 50 %. Le déficit le plus important concerne les États-Unis.

Brevets déposés en France d'origine nationale

Source : I.N.P.I.

La confrontation de ces données à l'évolution du nombre de brevets déposés en France met en évidence la tendance au recours à des technologies importées.

Les leaders à l'exportation

Des grandes entreprises...

La moitié des exportations françaises sont réalisées par moins de 200 firmes et la plupart des groupes français leaders à l'exportation ont des implantations de production à l'étranger importantes.

Le classement ci-contre porte sur les groupes nationaux à l'exclusion des entreprises qui produisent sur le territoire français mais dont le capital est détenu en majorité par des entreprises étrangères. Ainsi, I.B.M. France qui a exporté pour plus de 14 milliards en francs en 1984 et se situe au 13e rang des exportateurs n'apparaît pas dans ce classement. Un des intérêts de ce tableau est de faire apparaître le poids des implantations étrangères des principales multinationales françaises puisqu'il introduit une distinction entre le chiffre d'affaires à l'exportation et la part de l'étranger dans le chiffre d'affaires total. C'est ainsi que Renault dont la moitié du chiffre d'affaires est réalisée à l'étranger exporte pour 37 milliards de marchandises (voir tableau ci-contre). L'écart entre le chiffre d'affaires total réalisé à l'étranger et le montant des exportations correspond à des productions réalisées hors de France mais qui contribuent aux résultats globaux des groupes français.

... mais aussi des P.M.E.

Bien que leur poids relatif dans les exportations soit moins important que celui des très grandes entreprises, les P.M.E. jouent un rôle non négligeable dans les exportations. Fréquemment, les petites et moyennes entreprises qui accèdent massivement à l'exportation le font sur un petit segment du marché.

Nombre de P.M.E. ont brillamment réussi à l'exportation. Le plus souvent dans un créneau étroit mais sur lequel elles détiennent une maîtrise technologique industrielle de niveau international.

Les premiers groupes nationaux à l'exportation

Rang	Raison sociale	Secteur	C.A. total réalisé à l'étranger (millions de francs)	Part du C.A. étranger dans C.A. total %	Chiffre d'affaires export (millions de francs)
1	Elf Aquitaine	PET	104 500	58,9	20 300
2	Total : Cie Frse des pétroles	PET	102 791	64,7	
3	Renault	AUT	58 500	50,0	37 000
4	Peugeot SA	AUT	48 818	53,3	36 775
5	Rhône Poulenc	CHI	35 474	69,3	16 383
6	Thomson	ELE	34 600	60,5	20 760
7	Compagnie de Saint-Gobain	DIV	31 600	52,3	8 500
8	CGE	ELE	28 604	38,6	17 626
9	Péchiney	MNF	23 495	66,1	13 853
10	Sacilor	SID	19 322	51,4	19 322
11	Usinor	SID	19 173	49,5	16 309
12	Air France	TRA	15 500	56,1	15 500
13	Aérospatiale	AVI	15 450	61,5	15 450
14	Lafarge Coppée	MAT	12 510	66,3	2 026
15	CDF Chimie	CHI	10 915	43,4	8 817
16	Avions M. Dassault Bréguet	AVI	10 852	69,2	10 852
17	SCREG	TPU	10 300	51,0	10 300
18	Bouygues	BAT	9 800	40,0	9 800
19	L'Oréal	PAR	9 423	59,6	3 510
20	SAE	BAT	9 200	60,3	9 200
21	Michelin	CAO	8 400	52,8	8 400
22	CFAO	IMP	8 287	69,3	8 287
23	Spie-Batignolles	TPU	8 245	58,5	8 245
24	Carrefour	DIS	8 044	20,5	8 044
25	Dumez	TPU	8 025	88,8	8 025
26	SNCF	TRA	7 991	17,9	7 991
27	Roussel Uclaf	PAR	7 659	70,5	3 703
28	BSN	ALI	7 282	26,7	1 970
29	EMC-Minière et chimique	CHI	7 100	53	2 500
30	SCOA	IMP	7 100	85,0	7 100

Le Nouvel Économiste, spécial exportation, juin 1985. Données 1984.

En 1985, les premiers exportateurs français étaient : Peugeot SA, Renault, Sacilor, C.G.E., Aérospatiale, Thomson.

Quand les grandes entreprises soutiennent les exportations des P.M.E.

Le premier handicap des P.M.E. face à l'exportation réside dans leurs difficultés d'une part à prospecter les marchés étrangers, d'autre part à se faire accepter des clients potentiels alors que leur dimension ne leur a pas encore permis d'avoir une réputation solide. Au Japon les « sociétés de commerce » des grandes firmes assurent de fait la distribution hors du territoire nippon des produits des P.M.E. ; cette intégration des petites entreprises au marché mondial via les « sociétés de commerce » a toujours été un facteur de dynamisme à l'exportation de ce pays. Les sociétés de commerce sont peu développées en France, mais une nouvelle forme de relation grande entreprise et P.M.E. tend à se développer, le portage ou exportation conjointe, le « piggy back » anglo-saxon. Un groupe de taille internationale met à la disposition d'une P.M.E. son réseau commercial à l'étranger et assure la distribution de ses produits moyennant une commission de l'ordre de 3 à 10 %.

Le « portage » a commencé à se pratiquer, il y a une dizaine d'années et s'est fortement développé depuis 1982, l'État demandant aux grandes firmes nationalisées d'apporter leur soutien à la diffusion mondiale des productions des P.M.E. Sacilor, Elf Aquitaine, Péchiney, Rhône-Poulenc, Saint-Gobain, Renault ont largement développé ce type de partenariat.

Peut-on réduire la contrainte extérieure ?

Le protectionnisme, une solution efficace ?

Le libre échange en pratique

Tous les pays industrialisés s'affirment libre échangistes mais pratiquent à des degrés divers une politique protectionniste dans tous les cas où ils estiment y avoir intérêt ! Parmi les pays industrialisés, le plus protectionniste est le Japon. Celui-ci est favorisé par la nature des relations interindustrielles japonaises et n'a guère besoin de tarifs douaniers : la distribution est très largement « contrôlée » par des « sociétés de commerce » appartenant aux conglomérats industriels. Ces « Sogho Sosha » assistent souvent les petites entreprises clientes à la fois quand elles rencontrent des problèmes financiers et dans leur recherche de débouchés ; une certaine dépendance s'instaure qui exclut le recours de la P.M.E. à d'autres fournisseurs. Parallèlement, le nationalisme des Japonais contribue à réduire un peu plus la propension à importer.

En France, l'intégration verticale est faible. La maîtrise des circuits de distribution par les firmes nationales, sans être négligeable, est limitée, et ce d'autant plus que nombre de sociétés étrangères ont profité de la crise pour racheter certaines entreprises françaises et acquérir, ce faisant, leur réseau de distribution. Par ailleurs, un certain snobisme du produit étranger peut handicaper, en France, les firmes nationales.

Un protectionnisme aussi important que celui que pratique le Japon quand il veut défendre une industrie naissante, est difficile à instaurer dans le cas de la France.

L'impossible autarcie

Quand un tiers de la production industrielle est exportée, quand près de la moitié de la consommation de produits industriels est satisfaite par des marchandises importées ou réalisées par des firmes étrangères, installées sur le territoire national, quand le déficit sur les brevets et les produits à haute technologie est aussi élevé que dans le cas de la

France, le problème de la protection douanière prend un aspect particulier.

Le choix de l'autarcie ne peut pas être envisagé car il se traduirait à court terme par un blocage complet de l'activité de production qui provoquerait une chute d'une ampleur inimaginable du niveau de vie.

Si protectionnisme il y a, il ne peut être que très limité car la hausse des tarifs douaniers risque de provoquer des mesures de rétorsion d'autant plus fortes que le pays qui pratique une politique protectionniste est faible ! Ici comme dans bien des domaines les rapports de force important !

Les inconvénients du protectionnisme...

Les inconvénients du protectionnisme sont d'ailleurs importants ; d'une part, il ne permet pas au consommateur de bénéficier des prix mondiaux souvent plus faibles que ceux qui résultent de la seule production pour le marché national, d'autre part le protectionnisme risque de provoquer des comportements de « rentier », l'entreprise profitant de la protection douanière pour conserver des technologies et des modes de gestion archaïques. L'histoire de la France au XIXe siècle et au début du XXe siècle a montré que ces risques étaient réels... ce que l'on sait des corporatismes actuels laisse penser qu'aujourd'hui encore de tels comportements existent.

... et ses avantages

Si le protectionnisme peut être le support de corporatismes, il peut aussi être le moyen d'améliorer le rapport de force des industriels nationaux face à des concurrents dominants. Que serait devenue l'industrie textile sans la protection, partielle sans doute, mais néanmoins réelle, qu'ont constituée les différents accords multifibres. Que deviendrait l'agriculture française sans aucune protection ?... Il permet aux industries naissantes ou en restructuration de s'appuyer d'abord sur un vaste marché national qui supporte les frais toujours lourds de la première étape de l'industrialisation des productions puis, ce stade atteint, la protection douanière devenue inutile peut être massivement réduite tandis que l'offensive du secteur devient puissante sur le marché mondial.

Cette stratégie suppose que les entreprises adoptent des comportements qui sont à l'opposé des corporatismes, que l'État soit capable de sanctionner vigoureusement l'entreprise ou le secteur qui ayant bénéficié de la protection douanière n'a pas rempli son contrat de modernisation et d'amélioration de la compétitivité.

Au Japon, de fait, de telles procédures existent (exclusion de l'aide de l'État pour d'autres projets en cas de défaillance de la firme...)... mais le Japon n'est pas la France !

Au-delà du renforcement de l'appareil productif, le protectionnisme limité et bien conduit ne peut-il pas aussi éviter de renoncer à des priorités sociales nationales différentes de celles dominant au niveau mondial ? Comment sans protectionnisme assurer une protection sociale élevée alors qu'à l'autre bout du monde les horaires et les conditions de travail des Nouveaux Pays Industrialisés rappellent souvent celles du XIXe siècle en France ? Peut-on laisser rentrer librement des produits dont le seul « atout » est d'être fabriqué par une main-d'œuvre dont le niveau de salaire est exceptionnellement bas ?

Le protectionnisme négocié et limité

Limitation volontaire des exportations japonaises de voitures aux États-Unis ou en France, limitation négociée des importations de textile dans la C.E.E., pression américaine pour imposer une réduction de la protection douanière européenne en matière agricole... le niveau de protection douanière est de plus en plus souvent négocié et le seuil retenu est fonction d'un ensemble de rapports de force entre les pays et à l'intérieur d'un pays entre ces intérêts divergents.

Une industrie forte est la meilleure protection contre la pénétration excessive du marché intérieur

La seule protection durable contre la pénétration excessive du marché intérieur est la constitution d'une industrie forte. Ainsi, par exemple, la maîtrise de la production de machines textiles à de bonnes conditions de prix et de qualité éviterait de voir les industriels français importer ces produits d'Allemagne fédérale pour assurer leur modernisation.

Le protectionnisme français a-t-il été efficace ?

Que le protectionnisme puisse être efficace ne signifie pas que le protectionnisme français ait été favorable à la croissance économique. Gérard Lafay estime que « le protectionnisme a endormi l'économie française » :

« En effet, des prix agricoles trop élevés en Europe ont été moins profitables à la France qu'aux pays déficitaires sur l'ensemble de la filière agro-alimentaire. Sur ce marché international, les progrès français ont été modestes depuis 1973 (+ 1 %), les principaux gagnants à cet égard ayant été l'Allemagne fédérale (+ 2,9 %) et le Royaume-Uni (+ 3,6 %). (...)

Le protectionnisme français est très différent de celui qui a été appliqué dans diverses économies, surtout en Asie, où des mesures offensives, conçues comme des instruments dans le cadre d'un plan stratégique plus large, ont favorisé le développement industriel en stimulant les producteurs nationaux. En attaquant d'abord certaines industries de main-d'œuvre, puis en choisissant de nouvelles cibles en montant toujours davantage dans la gamme des technologies, les entreprises de ces pays asiatiques remettent désormais en question, les uns après les autres, les avantages acquis dans le passé par les anciens pays industriels.

En France, le phénomène a une tout autre nature : appliqué de façon défensive et au coup par coup, sous la pression des événements, le protectionnisme a exercé un rôle négatif sur notre structure industrielle. Car la protection répondait, en réalité, à un consensus malthusien : le refus de faire face aux formes les plus vives de la concurrence, c'est-à-dire le désir de couvrir toute la gamme des produits au lieu de se concentrer sur des objectifs choisis à bon escient. En empêchant les désavantages comparatifs de se manifester sur le marché intérieur, en maintenant artificiellement des avantages fictifs à l'exportation, le protectionnisme français a ainsi bloqué l'instauration d'une spécialisation efficace dans l'industrie.

Un tel état de fait contribue à expliquer les difficultés structurelles du commerce extérieur français. Or il faut bien voir que la situation va fatalement changer le 1er janvier 1993 : si l'on réalise véritablement le marché unique, toutes les mesures nationales de protection deviendront inopérantes. Dans le domaine industriel, et de façon paradoxale, l'effet principal du marché unique ne va donc pas s'exercer sur les échanges intra-communautaires, mais vis-à-vis des pays tiers.

L'industrie française, déjà lourdement déficitaire dans les relations avec ses partenaires européens, où la concurrence joue presque librement, avait réussi à s'abriter assez largement de la percée des producteurs originaires du reste du monde. Bientôt, ceux-ci vont pouvoir l'attaquer pleinement sur son propre marché intérieur.

Il est vrai que des mesures peuvent être prises à l'échelon communautaire pour prendre le relais des protections purement nationales. On peut même penser que de telles mesures pourraient être utiles dans certains cas, soit pour consolider des programmes européens de coopération dans des industries de haute technologie, soit pour servir d'armes de négociation vis-à-vis des pays qui n'acceptent pas véritablement les règles du jeu international.

Il serait cependant illusoire de penser que l'on pourra retrouver, au niveau communautaire, le même degré de protection que celui qui existe encore au niveau national. A cela, deux raisons :

— Tout d'abord, le cycle en cours de négociations commerciales multilatérales (Uruguay Round) prévoit de nouvelles réductions des barrières protectionnistes, notamment l'intégration de l'accord multifibre dans le régime général du GATT. Aucun pays ne peut prendre la responsabilité d'un échec qui entraînerait une escalade des mesures de représailles.

— Mais, surtout auprès de ses partenaires européens, la France peut seulement demander des compensations en échange de l'abandon de son protectionnisme.

(...)

Il ne sert donc à rien de se bercer d'illusions. L'échéance du marché unique va être sévère : elle va mettre à l'épreuve notre capacité d'adaptation, car l'industrie française n'avait pas encore pleinement affronté, sur son propre marché, les nouvelles formes de la concurrence internationale. »[1]

---

1. *Le Monde*, 7 novembre 1989.

Le Grand Marché,
source de réduction de la contrainte extérieure ?

L'Europe du Grand Marché devrait être marquée par une contrainte extérieure nettement inférieure à celle de la France. En effet, les importations des pays européens proviennent, pour une part très importante, d'autres pays européens. Le bloc C.E.E. a donc un taux d'importation d'origine non C.E.E. très inférieur à celui de chacun des pays membres actuels. En conséquence, la réalisation du Grand Marché devrait permettre la mise en place d'une politique de relance de l'activité au sein de l'Europe, dont pourrait bénéficier l'économie française.

7. Le tissu industriel français

L'intérêt de l'analyse par branche d'activité

Quand on parle de compétitivité des produits français, d'efforts à l'exportation, de problèmes de l'emploi ou de modernisation, on oublie souvent que ces problèmes se posent souvent de façon extrêmement différente selon les branches d'activités. La concurrence des pays à faible coût de main-d'œuvre est inexistante dans l'aéronautique ou l'armement. Les différentiels de coûts salariaux n'ont pas la même importance, si l'on se situe dans un marché relativement protégé, ou très ouvert à la concurrence mondiale..., dans une branche utilisant ou non un pourcentage élevé de main-d'œuvre. Dans une économie comme celle de la France où les reconversions sont une condition de l'adaptation à l'évolution de la demande mondiale, seule l'analyse sectorielle permet de percevoir les enjeux et les difficultés des restructurations en cours. C'est pourquoi ce chapitre aborde les problèmes industriels sous l'angle sectoriel...

Derrière les chiffres globaux, il y a des firmes dont les stratégies ont un impact décisif sur les résultats globaux de l'économie française ; connaître ces firmes est un élément important de la perception de ce qu'est l'économie française. C'est pourquoi pour chacune des branches étudiées les entreprises leaders sont présentées (Elf Aquitaine, Renault, Thomson...) à la fois du point de vue de leur place dans l'économie française et de leur place dans la concurrence européenne, et pour certaines, mondiale.

Le tableau (page suivante) fournit une première information globale de la structure productive de la France et fait apparaître, en particulier, la place du tertiaire.

Structure par branche du produit intérieur brut

Branches	Valeur ajoutée brute %
Automobile, matériel de transports terrestres	1,7
Agriculture, sylviculture, pêche	3,7
Viande et produits laitiers	0,8
Autres produits agricoles et alimentaires	2,0
Combustibles minéraux solides, coke	0,1
Produits pétroliers, gaz naturel	2,3
Électricité, gaz et eau	2,4
Minerais et métaux ferreux	0,4
Minerais, métaux non ferreux	0,5
Matériaux de construction	0,8
Verre	0,3
Chimie de base, fibres synthétiques	0,9
Parachimie, pharmacie	1,0
Fonderie, travail des métaux	1,8
Construction mécanique	1,8
Matériels électriques professionnels	2,4
Biens d'équipements ménagers	0,2
Construction navale, aéronautique, armement	0,8
Textile, habillement	1,4
Cuirs et chaussures	0,3
Bois, meubles, industries diverses	1,1
Papier carton	0,6
Imprimerie, presse et édition	1,1
Caoutchouc, matières plastiques	0,8
Bâtiment, génie civil	5,7
Commerce	11,2
Réparation, commerce automobile	1,7
Hôtels, cafés, restaurants	2,6
Transports	3,9
Télécommunications et postes	2,3
Services marchands aux entreprises	7,3
Services marchands aux particuliers	5,1
Location	8,2
Assurances	1,0
Services et organismes financiers	4,1
Services non marchands	13,3
Total : valeur ajoutée des branches ventilées	**100,0**

Tableau de l'économie française, 1988, I.N.S.E.E. Données 1987.

La mutation sectorielle des 20 dernières années

L'INSEE a montré[1] l'importance de la mutation sectorielle de l'industrie depuis 1974. Filières en expansion et
filières en déclin conduisent à une croissance industrielle
« à deux vitesses ».

Une croissance à deux vitesses

« Essor de l'électronique et de la chimie, déclin de la
métallurgie, du bâtiment et des industries traditionnelles.
Ces tendances sont très stables jusqu'en 1985 ; la période du
contre-choc semble cependant redonner vigueur au bâtiment et à la métallurgie. Elles apparaissent, sauf peut-être
récemment, très liées à la demande. La compétitivité de
l'offre, (...) n'a qu'un effet second sur les disparités de
croissance sectorielles.

(...)

La croissance moyenne d'une économie n'existe guère plus
que le français « moyen ». Tandis que certains secteurs se
développent, d'autres connaissent un déclin relatif ou ab-
solu. Ainsi durant la première moitié des années 80, l'activité industrielle a stagné ; mais la production de la parachi-
mie-pharmacie augmentait de 25 % tandis que l'activité des
matériaux de construction était amputée d'un quart. Ces
distorsions contraignent l'appareil productif à une adaptation difficile. Elles sont, tout autant que la croissance
moyenne, un facteur essentiel pour caractériser une phase
économique. »[1]

---

1. Les entreprises à l'épreuve des années 80. INSEE 1988.

Les industries agro-alimentaires

Un secteur dynamique

La France est le deuxième exportateur de produits agricoles alimentaires dans le monde après les États-Unis.

L'agro-alimentaire a dégagé en 1988 un solde commercial positif de 39 milliards de francs dont 9 milliards de francs pour les produits transformés.

Les Industries Agro-Alimentaires emploient 8 % des effectifs de l'industrie. Malgré un rythme de croissance du chiffre d'affaires élevé, les emplois se réduisent par suite de la modernisation rapide.

Certains soldes déficitaires paraissent pourtant bien élevés compte tenu des capacités productives de l'agriculture : corps gras, viandes...

Un réseau de P.M.E.
et quelques grandes entreprises

Dans les industries agro-alimentaires, les petites et moyennes entreprises prédominent. B.S.N., la première entreprise du secteur, n'a qu'une taille modeste au niveau mondial et même européen. Beghin-Say est le premier producteur français de sucre, Pernod Ricard suivi par Moët et Hennessy dominent dans le domaine des spiritueux, la société des Sources « Perrier » avec un chiffre d'affaires de 11 milliards de francs en 1987 illustre le succès des « eaux minérales ».

Cette structure d'entreprise de taille modeste facilite les rachats de firmes françaises par des étrangères
rachat de : Martell par Seagram (Canada)
　　　　　　Lesieur par Ferruzzi (Italie)
　　　　　　Poulain par Cadbury (Angleterre)
　　　　　　Banania par Corn Products (U.S.A.)

B.S.N. lui-même a jugé utile de constituer des réserves financières pour se protéger d'une éventuelle O.P.A.

Le chiffre d'affaires de B.S.N., la seule firme française qui apparaisse dans le palmarès des dix premières firmes agro-alimentaires européennes est quatre fois plus faible que celui du géant européen Unilever.

B.S.N.

B.S.N. résulte de la fusion en 1966 de Boussois et Souchon Neuveselle (deux sociétés orientées vers la production de verre et d'emballage). Dans les années 70, à la suite de plusieurs acquisitions (Kronenbourg en 1970, Gervais Danone en 1973), le groupe se recentre sur l'alimentation.

B.S.N., première entreprise agro-alimentaire française, s'est centrée sur ce secteur en croissance. C'est ainsi, qu'en 1981-1982, le groupe a abandonné le « verre plat » qui représentait environ 30 % de son chiffre d'affaires en 1979, au profit de la concentration des moyens sur l'agro-alimentaire (rachat de Danone, Liebig et Générale Biscuit en 1986). Le chiffre d'affaires de B.S.N. a été en 1987 de 37 milliards de francs.

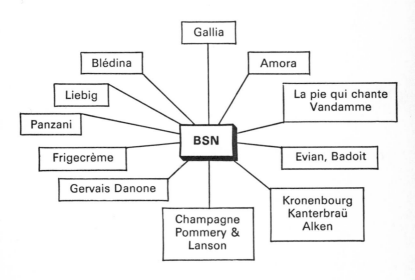

Cette stratégie rejoint celle de nombreuses firmes françaises. D'une part, il s'agit d'abandonner le plus vite possible les secteurs dans lesquels on estime difficile de maintenir des bénéfices suffisants compte tenu par exemple de la concurrence des pays à faible coût de main-d'œuvre. D'autre part, la firme ne peut pas assurer les investissements nécessaires à la modernisation de plusieurs secteurs.

B.S.N. est une des quelques firmes qui tentent d'innover en matière de relations du travail : négociation sur la réduction de la durée du travail, mise en place d'une participation des travailleurs aux résultats de l'entreprise... C'est ainsi que les sommes distribuées à l'ensemble des salariés au titre de cette participation est sensiblement équivalente à celles attribuées aux actionnaires au titre des dividendes.

Les atouts et les faiblesses de l'agro-industrie

L'industrie agro-alimentaire bénéficie de l'existence d'une production agricole importante sur le territoire, de la croissance de la demande de produits transformés liés aux changements de mode de vie et aux progrès technologiques (accroissement de la consommation des surgelés, de produits préparés, augmentation du nombre de repas pris hors du domicile...) et d'une réputation de qualité.

Parmi ses difficultés essentielles, il faut citer la faiblesse des réseaux commerciaux à l'étranger, le coût élevé des matières agricoles dans la C.E.E. par rapport aux prix mondiaux, la nécessaire adaptation des produits aux goûts alimentaires de chaque pays acheteur. Le premier de ces problèmes pourrait prendre une importance aiguë dans le contexte du grand marché européen par suite de la vague de restructuration des réseaux commerciaux actuelle.

L'enjeu des bio-technologies

Quand en 1973, deux biologistes américains reprogramment une cellule vivante, lui permettant ainsi de disposer de nouvelles caractéristiques, le développement des bio-technologies commence. L'agriculture et les agro-industries semblent devoir être profondément marquées par cette mutation : modification des techniques de fermentation (fromages, vins) et surtout apparition de nouvelles semences...

Ainsi, les semences font l'objet de formidables batailles. C'est qu'en effet les enjeux sont considérables. Si on arrive à produire, comme on le pense, des semences telles que les plantes soient auto-immunisées contre les insectes, capables de fixer l'azote de l'air..., les productions d'engrais et d'insecticides pourraient être bouleversées. Le marché des semences pourrait aussi brutalement être marqué par une croissance exceptionnelle de son chiffre d'affaires. En effet, les nouveaux « blés hybrides » permettent d'accroître considérablement la productivité..., mais chaque année le paysan doit racheter des semences car les grains récoltés ne sont pas semblables aux grains semés... et s'ils étaient plantés, la récolte suivante ne donnerait pas les mêmes rendements. Les agriculteurs, pour accroître leur productivité, se trouveraient alors dans l'obligation de consacrer un budget beaucoup plus élevé qu'aujourd'hui aux semences. Bien plus le pays qui ne maîtriserait pas ces technologies risquerait de voir son secteur agro-alimentaire régresser au niveau mondial.

Or, pour l'instant la France a pris un certain retard, en particulier par rapport au Japon. Sans doute existe-t-il quelques firmes françaises actives dans ces domaines : Lacto labo (Rhône-Poulenc), Eurozyne (L'Air Liquide) fournissent à l'industrie française des souches sélectionnées... La Sanofi (Elf Aquitaine) développe des activités de bio-technologie... pour ne citer que les firmes les plus importantes.

L'industrie aéronautique et spatiale, l'efficacité

La France, premier producteur européen

● *Forte valeur ajoutée*

Au premier rang européen, au troisième rang mondial, après les États-Unis et l'U.R.S.S., l'industrie aéronautique et spatiale française est un des quelques secteurs à forte valeur ajoutée dans lequel la France obtient de bons résultats, tant dans le domaine civil que militaire. En dix ans, le chiffre d'affaires de ce secteur a doublé.

● *L'Aérospatiale et Dassault*

Au cours des dernières décennies deux entreprises ont progressivement affirmé leur rôle de leader ; l'une relève du secteur public, *l'Aérospatiale,* la seconde du secteur privé, *Dassault.* La réussite de ces deux entreprises[1] illustre, s'il en est besoin, que l'efficacité peut se trouver aussi bien dans le secteur privé que dans le secteur public.

La SNIAS, après avoir réalisé la Caravelle en 1956, a aujourd'hui une activité civile plus importante que son activité militaire, alors que c'est l'inverse pour Dassault, dont on connaît les « Mystères » et les « Mirages ».

Dans le domaine civil, la firme française Aérospatiale (SNIAS) et la société allemande Messerschmitt (MBB), en collaboration avec d'autres entreprises des autres pays d'Europe (Royaume-Uni), ont fondé Airbus industrie, dont les succès commerciaux ont été fulgurants.

Dans le domaine militaire, Dassault, fournisseur traditionnel des armées françaises, propose le « Rafale », alors que les autres européens, anglais et allemands d'abord, se sont regroupés pour créer l'« European Fighter Aircraft ». Il en résulte une dispersion des capacités de production de l'Europe, alors que la coopération est la seule voie de succès.

_____

1. Malgré les difficultés récentes de Dassault.

● *La SNECMA et Arianespace*

La SNECMA, qui construit des réacteurs, et Arianespace qui commercialise Ariane, tiennent une place importante dans le secteur.

Les entreprises de cette branche exportent un fort pourcentage de leur production (de l'ordre des 2/3) et contribuent ainsi à l'équilibre de la balance commerciale.

La coopération européenne

● *Les retombées technologiques de Concorde*

Après la Caravelle qui fut un succès de la seule Aérospatiale, Airbus et Ariane sont deux succès de la collaboration européenne auxquels il faut ajouter Concorde. Si la montée du coût de l'énergie a anéanti les possibilités de rentabilité du Concorde, l'acquis technologique qui en est résulté, a permis à la France de se maintenir parmi les grands de l'aéronautique et a ainsi très fortement contribué à la réussite d'Airbus. Sur le plan commercial, le prestige technique de Concorde a rejailli sur tous les produits français du secteur.

● *Le succès d'Ariane*

Ariane permet à l'Europe d'être présente dans le domaine spatial. Les retards de la navette américaine ont donné à Ariane des débouchés commerciaux importants en matière de lancement de satellites de communications, d'observation civile (météorologie) et militaire.

● *Le poids des investissements*

Le développement de la coopération européenne s'explique d'abord par le coût de l'investissement nécessaire à une génération d'avion : A 320 d'Airbus industrie coûtera près de 2 milliards de dollars. Par ailleurs, le poids de Boeing au niveau mondial est tel, que seule une coopération européenne peut affronter une concurrence aussi importante. Dans l'aviation civile, l'alternative est presque toujours « Airbus Industrie » ou « Boeing ».

La compétence technique acquise par la France a sans doute favorisé la coopération dans ce secteur.

Le poids du politique...

Il s'agit d'un cas typique de marché professionnel : petit nombre de vendeurs, petit nombre d'acheteurs... chacun des contrats représente des sommes considérables. Ainsi, la commande par Pan American Airways en mars 1985 de 25 avions Airbus s'élève à 1,1 milliard de dollars.

Le niveau de chaque contrat est tel que les effets induits sur l'économie sont importants... et ne laissent pas les États indifférents. Le montant même des contrats facilite l'impact des pressions politiques. Les acheteurs sont peu nombreux et ont besoin d'entretenir de bonnes relations avec les administrations de leur pays. Il leur est bien difficile de ne pas prendre en compte les demandes de leur gouvernement. Ceux-ci subissent à leur tour les pressions des États d'où sont originaires les entreprises qui fabriquent avions, hélicoptères... Ainsi, pour des raisons économiques globales très simples... le poids des données politiques est considérable dans les décisions d'acquérir tel ou tel appareil. Quand le seul vrai concurrent est américain, il est clair que ce facteur joue souvent défavorablement pour la France, encore que quelques pays peuvent souhaiter ne pas dépendre uniquement dans leur approvisionnement de la première puissance économique mondiale.

Quand on sait par ailleurs que l'essentiel du marché est en Amérique du Nord, la réussite des firmes françaises apparaît d'autant plus exceptionnelle.

... mais aussi de la technique

Néanmoins, l'exemple du contrat Pan Am cité ci-dessus montre que l'impact du politique a aussi ses limites. Si la société américaine Pan Am a choisi les Airbus, c'est d'abord parce qu'elle ne peut pas se permettre, compte tenu de ses difficultés financières, d'acquérir un matériel dont le prix d'achat et d'utilisation entraînerait un surcoût important. La situation financière de la firme est telle que cet investissement doit impérativement être très rentable. La modernisation efficace de son outil de travail est pour elle une question de survie. On peut comparer cette décision à celle de la T.W.A., il y a quelques années, qui choisit Boeing soutenu par un puissant « lobby ». T.W.A. avait alors la marge financière lui permettant de faire un choix politique plutôt qu'un choix technique.

Les qualités techniques du matériel interviennent comme un facteur essentiel du rapport qualité-prix... qui lui-même n'est qu'un des éléments de la décision d'achat... mais un élément important.

La filière bois, un symbole des enjeux et des difficultés de la politique industrielle

Une situation paradoxale

Les industries liées au bois (exploitations forestières, fabrication de papier et de carton) peuvent sembler un secteur relativement peu important dans l'ensemble de l'industrie française. Il représente à peine 6 % des emplois, 5 % des ventes. Pourtant son poids dans le déficit extérieur a depuis longtemps attiré l'attention (17 milliards de francs de déficit en 1987).

En ce qui concerne ce dernier poste, il s'agit pour l'essentiel d'importations en provenance des pays hautement industrialisés (Amérique du Nord, Europe du Nord : Suède, Norvège) dont les coûts salariaux sont au moins aussi élevés qu'en France. Si les données naturelles et le coût de la main-d'œuvre n'expliquent pas les importations, quelles sont donc les causes de la faiblesse de la production française ?

Le meuble : l'insuffisante adaptation à la demande

La situation du secteur du meuble est caractéristique de l'importance de l'adaptation à la demande. Le déficit de ce secteur représente à lui seul 4 % du déficit commercial total en 1983 ; les importations proviennent pour l'essentiel d'Italie, d'Allemagne fédérale et de Belgique. L'effort à l'exportation, à quelques brillantes exceptions près, est très faible, la pénétration du marché intérieur s'est fortement accrue depuis 1973. L'origine principale de ces faiblesses doit sans doute être cherchée dans le faible dynamisme des entreprises et l'adaptation insuffisante des modèles proposés par rapport à la demande.

La pâte à papier, le poids de l'histoire

Des structures archaïques en amont...

La production de bois en France est caractérisée par l'émiettement de la propriété forestière (les trois quarts des surfaces forestières appartiennent à plus d'un million de propriétaires). Par ailleurs, des pratiques malthusiennes cherchent à assurer la survie des petites entreprises qui ne disposent pas des moyens financiers pour se moderniser.

... qui incitent à l'importation de semi produits...

L'intégration amont-aval, contrairement à ce qui se passe dans les pays nordiques, est très faible. Les industries en amont, en particulier dans le secteur de la pâte à papier, se sont progressivement orientées vers l'étranger pour s'assurer un approvisionnement régulier à des prix stables (et en moyenne plus faibles que sur le marché intérieur), garantis par des contrats à long terme.

Ainsi, paradoxalement, du point de vue de l'entreprise en aval, importer du bois de grandes sociétés étrangères est devenu une façon de s'assurer des approvisionnements réguliers et à bas prix.

... qui aggravent le déficit commercial et rendent dépendant du cours du dollar

Sur le long terme, cette politique s'est néanmoins avérée dangereuse dans la mesure où une contrainte imprévue est apparue : la fluctuation du dollar.

Le sous-investissement

Les pays nordiques, leaders avec les États-Unis sur le marché mondial, ont un niveau de productivité bien plus élevé que celui qui prévaut dans les entreprises françaises.

Cette productivité s'explique principalement par l'importance des économies d'échelle et le niveau technique du matériel utilisé. La forte intégration amont-aval contribue aussi à une réduction sensible des coûts et assure une meilleure maîtrise du niveau de la demande. Les entreprises françaises, pourtant à la pointe des techniques au début du siècle et dans les années 30, se sont progressivement laissées dépasser sur le plan technique en ne réalisant pas les investissements de modernisation nécessaires.

Plusieurs facteurs sont invoqués pour expliquer ce retard ; la faiblesse de la concentration liée entre autres facteurs aux conflits entre les dirigeants des entreprises qui pouvaient se regrouper, la faiblesse des marges bénéficiaires liées non seulement aux coûts des achats de matières premières mais aussi au coût de l'énergie. Cependant durant de nombreuses années après la Deuxième Guerre mondiale les bénéfices ont été très élevés et la modernisation bien modeste.

L'action de l'État

Le reboisement

L'intervention de l'État est extrêmement ancienne dans ce secteur (administration des Eaux et Forêts). Depuis 1946, le fonds forestier national a largement contribué au reboisement du territoire qui s'avère aujourd'hui un élément de force potentiel pour ce secteur. Cette intervention de l'État était rendue nécessaire par la longueur du cycle de production du bois. Entre la plantation et la coupe d'un arbre, il faut 10, 30 années voire plus et il est bien difficile de décider d'investir à si long terme quand tant d'éléments peuvent modifier la valeur de cette matière première plusieurs décennies après.

L'incitation au regroupement

L'État a également favorisé le regroupement des terres forestières. Plusieurs textes législatifs ont été établis dans ce sens : l'institution des « groupements forestiers » en 1954, le plan pour l'amélioration de la production et de la structure financière des forêts françaises » en 1963... et de nombreuses autres incitations. Sur ce plan, les résultats, sans être nuls, ont été limités puisque la propriété forestière reste très émiettée.

L'incitation à la modernisation

La suppression des protections douanières devait contribuer à imposer une modernisation de l'industrie nationale, mais les résultats actuels du commerce extérieur montrent que la concurrence mondiale n'a pas joué ce rôle.

Le soutien des entreprises en difficulté a été fréquent sous la pression, en particulier, des pouvoirs locaux. Sauf pendant la période d'après-guerre, le soutien de l'emploi à court terme a prévalu sur l'aide massive à la modernisation ; ce faisant, ce sont souvent des entreprises peu viables qui bénéficient du soutien de l'État.

La politique des « créneaux » a aussi conduit à renoncer au soutien du secteur du papier journal contribuant ainsi à l'accroissement du déficit sur ce sous-secteur.

La reconquête du marché intérieur

La politique de reconquête de ce secteur mise en place en 1982 s'articule autour de deux idées : l'intégration de l'ensemble de la filière nationale, la constitution de pôles modernes conformes aux normes mondiales de productivité. Deux cas symbolisent cette stratégie encore que leur importance financière soit très différente, la modernisation de l'usine de pâte à papier de La Chapelle Darblay, la construction par Beghin-Say de la plus grande scierie de France. En mars 1986, le nouveau gouvernement rompt brutalement avec cette politique.

La Chapelle Darblay

L'histoire de La Chapelle Darblay est intéressante à plus d'un titre. Tout d'abord y apparaît un mécanisme fréquent en France de sous-investissement en période de profit élevé. Jusqu'aux années 50, les affaires marchent bien ; pourquoi changer de matériel quand les conditions du marché permettent de dégager des bénéfices satisfaisants ? Pourquoi modifier sa stratégie quand elle donne, à court terme, de bons résultats ?... jusqu'au jour où les concurrents mettent sur le marché des produits moins chers qui obligent à baisser les prix pour suivre la concurrence et à réduire les marges bénéficiaires... Faibles profits, faibles capacités de financement... et donc impossibilité d'assurer la modernisation devenue une condition de survie... d'autant que le niveau des investissements nécessaires pour se situer au niveau mondial en terme de compétitivité est hors de portée des firmes qui restent familiales ; les concentrations nécessaires supposeraient que l'on oublie les rivalités avec le concurrent de toujours dont l'usine se trouve à quelques kilomètres... Quand on s'y décide enfin, les conflits de personnes et les difficultés de la coordination limitent les effets bénéfiques du regroupement.

Il faut préciser que le contexte national n'est guère favorable. Le prix auquel on peut vendre le papier est d'autant plus bas que les journaux se sont regroupés pour l'achat de leur matière première essentielle et constituent ainsi un acheteur unique en situation de force dans les négociations. Comme l'État a depuis longtemps décidé que la France n'a pas d'« avantages relatifs » par rapport aux autres pays dans la pâte à papier... et qu'il faut abandonner ce créneau... les aides à la modernisation sont réduites... et lorsque l'aide publique sera fortement accrue pour éviter les licenciements, il imposera sa stratégie..., celui qui paie n'a-t-il pas le droit de décider ? C'est ainsi que La Chapelle Darblay sera confiée à un groupe anglais qui ne modernisera pas et laissera le retard s'accroître un peu plus.

En 1983, l'État adopte une stratégie fondamentalement différente qui s'inscrit dans une logique de reconquête de la filière bois. Son coût est élevé puisque 2 milliards de francs d'aides publiques ont été nécessaires pour financer la modernisation complète, aux normes internationales, des anciennes usines de pâte à papier de La Chapelle Darblay près de Rouen. L'objectif est d'assurer l'essentiel de l'approvisionnement en pâte à papier de la France, sans sortie de devises. En 1986, le nouveau gouvernement suspend brutalement le versement de la dernière tranche de subventions prévues... provoquant la mise en liquidation de la société. Le potentiel industriel est heureusement déjà installé, ce qui assure à la France un centre de production compétitif et capable de réduire le déficit commercial du secteur avec l'étranger. L'entreprise est confiée au groupe

Pinault qui devient ainsi le deuxième groupe papetier français après la cellulose du pin (Saint Gobain).

Beghin-Say

Beghin-Say est à la fois la première entreprise sucrière française et le premier producteur de papier couché.

La production d'une scierie québécoise est en moyenne 10 fois plus élevée que celle d'une scierie française, c'est dire l'importance de la constitution de scieries de grandes capacités du point de vue de l'adaptation aux normes mondiales.

La future scierie construite à Saugy-sur-Loire par Beghin-Say sera la plus grande de France (100 000 m^3 par an contre une moyenne en France de 1 821 m^3). Cet investissement permettra à Beghin-Say d'amorcer une certaine intégration vers l'amont de sa production de papier. L'ampleur des investissements nécessaires dans ce secteur sont considérables : 1 franc d'investissement pour 1 franc de chiffre d'affaires.

Modifier le rôle de l'Office National des Forêts (O.N.F.)

L'Office National des Forêts gère un tiers des forêts françaises, son activité de transformation est limitée par la volonté de ne pas concurrencer les scieries privées. Bien plus, le mode de vente aux enchères a été traditionnellement accusé de favoriser la multiplication des scieries et d'orienter les grandes firmes vers les vendeurs étrangers. Le nouveau projet de loi forestier pourrait accroître le rôle de l'O.N.F. en lui permettant de négocier directement avec les utilisateurs.

Les incertitudes

La politique de reconquête de la filière bois pose de nombreux problèmes. Tout d'abord une certaine incertitude plane sur l'évolution de la demande de papier : quelle sera l'influence de l'informatisation croissante de la société sur la demande de papier journal ? quelle sera l'évolution des coûts réels de l'énergie dans les différents pays du monde ? D'autre part, les technologies coûteuses qui aujourd'hui sont adoptées, resteront-elles suffisamment longtemps assez performantes pour assurer leur amortissement ?

Les années se suivent mais ne se ressemblent pas

De 1985 à 1988 le cours de la pâte à papier est multiplié par deux tandis que la demande s'accroît de façon sensible. Il en résulte une forte hausse des chiffres d'affaires et un retour au profit, mais aussi une nouvelle augmentation du déficit commercial de la filière bois. En effet, les capacités de production des entreprises françaises sont insuffisantes pour répondre à une forte augmentation de la demande, ce qui entraîne l'accroissement des importations. Cette situation suscite de nombreux projets d'investissements alors même que le caractère durable de l'accroissement de la demande reste incertain.

La plupart des grandes entreprises du secteur papier sont aujourd'hui associées à des firmes étrangères (le plus souvent scandinaves).

Les premières firmes du secteur

	Chiffre d'affaires (milliers de francs)	Effectifs	Résultats nets (milliers de francs)
CELLULOSE DU PIN (Saint-Gobain)	7 902 000	9 924	125 000
PINAULT	6 135 242	8 536	299 452
ARJOMARI PRIOUX	6 101 320	4 594	323 781
AUSSEDAT REY	4 484 703	4 319	130 916

Le Nouvel Économiste, novembre 1988 (données 1987).

Les industries mécaniques

Le rôle central des biens d'équipement dans la croissance

Jacques Mistral a montré comment « les biens d'équipement se substituent au XXe siècle au textile comme créneau porteur de la spécialisation internationale[1] ».

Toute transformation de l'appareil productif suppose des biens d'équipement. Celui qui maîtrise le secteur des biens d'équipement peut assurer sa modernisation sans avoir massivement recours aux importations et toute relance mondiale de la production stimule l'activité de ces entreprises.

Bien plus, dans le secteur des biens d'équipement, la modernisation des produits est extrêmement rapide. « Ce qui interdit toute stabilisation de la compétition sur des positions acquises ; ce secteur incorpore en second lieu, à un moment donné, l'ensemble du savoir-faire industriel, et véhicule à ce titre les innovations techniques dans la production. Ces deux raisons expliquent que la maîtrise du secteur d'équipement soit indispensable à toute économie nationale pour se hisser au niveau des industries les plus performantes. Les pays leaders dans ce secteur ont en effet bien plus qu'un avantage comparatif au sens des théories traditionnelles de la spécialisation : comme l'a illustré le rôle des industries américaines et dans une moindre mesure allemandes depuis un quart de siècle, ces pays sont leaders précisément dans la mesure où ils explorent les possibilités de transformation et d'amélioration des produits et procédés ; ils dictent de ce fait aux autres économies moins avancées les normes les plus efficaces dans chacune des branches[2]. »

Aujourd'hui les industries mécaniques réalisent un dixième de l'ensemble de la production industrielle. Elle a à peine retrouvé en 1989 son niveau de production en 1980.

---

1. J. Mistral, *Revue d'économie industrielle*, n° 23, 1er trimestre 1983.
2. *Le Monde,* 24 mai 1984.

Des succès,
mais aussi des lacunes considérables

Au cours des 40 dernières années, le poids des biens d'équipement dans la production industrielle s'est considérablement accru. Mais quels que soient ses succès ponctuels réels, le secteur des biens d'équipement est trop « poreux ». Pour de multiples produits les industriels français ne trouvent pas en France le matériel dont ils ont besoin, soit que ceux-ci n'existent pas, soit que les prix soient très nettement supérieurs à ceux de concurrents étrangers, soit que la fiabilité (réelle ou supposée par l'acheteur) soit insuffisante par rapport aux normes mondiales.

Les industries mécaniques
au cœur de la production
des biens d'équipement

Travail des métaux, équipement industriel, machines-outils, matériel de manutention, matériel de précision, machines agricoles... le secteur des industries mécaniques est au cœur de la fabrication des biens d'équipement.

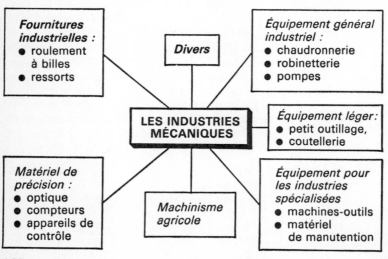

Ce secteur occupe 11,5 % des effectifs de l'industrie, réalise 12,9 % de la valeur ajoutée et 8,6 % de l'investissement industriel, il assure 13 % des exportations (malheureusement près de la moitié de celles-ci sont destinées au Tiers Monde)... et deux machines nouvelles sur cinq doivent être importées.

Une industrie peu concentrée

Si, comme le fait l'I.N.S.E.E., on exclut du secteur de la mécanique l'automobile et les autres moyens de transports qui font l'objet d'une analyse distincte dans les statistiques des organismes publics français, l'industrie mécanique est très peu concentrée ; il n'existe pas de très grandes entreprises françaises dans ce secteur depuis que Creusot-Loire (groupe Schneider) a « déposé son bilan » en 1984.

Les premières entreprises françaises du secteur
(en milliers de francs)

	Chiffre d'affaires	Effectifs	Résultat
Pont-à-Mousson	8 266 890	16 820	104 398
Fives Lille	6 487 697	11 524	46 176
Lille Bonnières et Colombes	5 204 161	4 088	60 421

Le Nouvel Économiste, novembre 1988 (données 1987).

Le déficit vis-à-vis des pays industrialisés, reflet des faiblesses du secteur

Les échanges commerciaux sont caractérisés par un excédent important vis-à-vis du Tiers Monde et un déficit élevé vis-à-vis des pays industrialisés.

Machines-outils, à peine mieux que la Roumanie

La machine-outil symbolise les faiblesses de l'industrie mécanique française. De 1973 à aujourd'hui la France est passée du 7e rang au 9e rang mondial, soit à un niveau qui est sensiblement celui de la Roumanie. En 10 ans, l'industrie de la machine-outil dans le monde a subi une mutation profonde, celle de l'intégration de l'électronique à laquelle la profession en France ne s'est pas adaptée (voir tableaux p. 186 et 199).

Le plan machine-outil

Neuf plans de soutien à la machine-outil ont été mis en place par l'État depuis 10 ans. Le dernier décidé par le gouvernement socialiste est particulièrement important sur le plan financier : 20 % du chiffre d'affaires du secteur.

Après trois ans de difficultés liées en particulier à une conjoncture internationale très défavorable, le chiffre d'affaires du secteur se redresse en 1985. L'amélioration qualitative est réelle : les machines à « commande numérique », celles qui intègrent électronique et mécanique, qui ne représentaient qu'un tiers de la production française du secteur en 1981, en constituent les deux tiers début 1986.

Surtout un net redressement se produit dans les échanges extérieurs vers les pays industrialisés, l'Allemagne et les États-Unis se situent parmi les premiers clients, fruits d'une reconversion technologique importante.

Les dix premiers pays producteurs de machines-outils
(en millions de dollars courants)

	1973		1983
Allemagne de l'Ouest	2 119	Japon	3 518
Union soviétique	1 698	Union soviétique	3 020
États-Unis	1 610	Allemagne de l'Ouest	2 966
Japon	1 408	États-Unis	1 870
Italie	544	Italie	976
Royaume-Uni	504	Allemagne de l'Est	835
France	**476**	Suisse	734
Allemagne de l'Est	455	Royaume-Uni	577
Suisse	315	**France**	**500**
Pologne	271	Roumanie	488
Autres pays	1 203	Autres pays	3 394
Total mondial	**10 603**	**Total mondial**	**18 878**

Source : American Machinist.
Problèmes économiques, 26 septembre 1984, n° 1891.

Après mars 1986, se met en place une politique « libérale » de réduction des aides publiques aux entreprises. Le

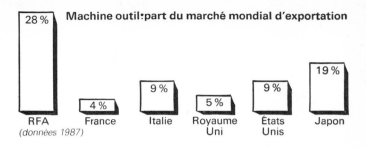

Machine outil : part du marché mondial d'exportation

- RFA : 28 %
- France : 4 %
- Italie : 9 %
- Royaume Uni : 5 %
- États Unis : 9 %
- Japon : 19 %

(données 1987)

Après mars 1986, se met en place une politique « libérale » de réduction des aides publiques aux entreprises. Le ministère de l'Industrie réduit brutalement les aides prévues ou les conditionne à la couverture des pertes futures par les actionnaires qui se révèlent peu enclins à accepter. Dans ce contexte, les faillites et les rachats, en particulier par les firmes japonaises se multiplient (Ernault-Somua par Toyota, Promecam par Amada...).

Cette évolution met en lumière plusieurs faiblesses qui ne concernent pas que la machine outil :

- le changement de politique industrielle au gré des changements de gouvernement est à l'origine de gaspillages financiers et humains considérables. Aucune politique de restructuration industrielle ne peut être efficace dans une optique à aussi court terme ;
- le refus du risque et de l'apport de capitaux nouveaux par les actionnaires s'explique par le caractère très incertain à court et moyen terme de la réalisation de bénéfices. Dans un tel contexte, le libre jeu du marché conduit à la disparition de la maîtrise nationale du secteur avec tous les inconvénients qui en résultent.

Des dépenses de recherche insuffisantes

Les dépenses de recherche sont particulièrement faibles dans le secteur de la mécanique par rapport à celle de nos concurrents. « Les entreprises françaises ne leur consacrent que 1,15 % de leur chiffre d'affaires (estimation établie en 1983) contre 2,12 % pour les firmes américaines, 1,59 % pour les Japonais, 1,72 % pour les Allemands. L'une des origines de ce décalage, toujours selon les syndicats du secteur : une nette diminution des financements publics (−70 % entre 1975 et 1981) et leur relative faiblesse dans les dépenses de recherche et de développement des entreprises (6,3 %) par rapport aux grands pays concurrents (12,8 % aux États-Unis, 9,7 % en Allemagne).

Aucun d'entre eux, en réalité, ne sacrifie à la mode du libéralisme au point de réduire la contribution publique au financement des nouvelles technologies. A titre d'exemple, l'Allemagne y consacrait l'an dernier l'équivalent de 3,3 milliards de francs contre à peine 200 millions de ce côté-ci du Rhin. »[1]

Le secteur de la mécanique illustre à la fois les difficultés des politiques industrielles et les effets pervers des politiques libérales appliquées à des secteurs structurellement faibles face à la compétition mondiale.

Creusot-Loire ou comment toutes les concentrations ne marchent pas

La fusion, en 1970, de la Société des Forges et Ateliers du Creusot et de la Compagnie des Ateliers et Forges de la Loire souhaitée par les pouvoirs publics, est le type de la concentration inefficace. Les rivalités sont multiples et accentuées par le fait que la présidence revient alternativement à chacune des anciennes sociétés.

Il n'y a pas de véritable mise en place d'une structure nouvelle mais maintien des structures antérieures désorganisées par les rivalités individuelles.

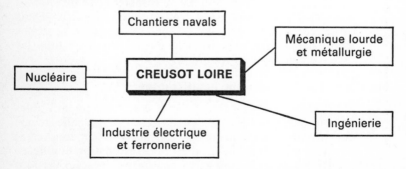

---

1. *Le Nouvel Économiste*. Hors série, Novembre 1987.

Un faisceau de participations croisées permet aux principaux actionnaires de réduire au maximum leurs engagements lorsque les profits déclinent. La faillite de Creusot-Loire en 1984 sera la plus importante faillite des 10 dernières années ; Creusot-Loire occupait 130 000 personnes et réalisait un chiffre d'affaires de l'ordre de 40 milliards de francs ! La plupart des activités de Creusot-Loire seront reprises par d'autres grandes entreprises. Framatome, filiale de Creusot-Loire, championne du nucléaire, fera l'objet de multiples convoitises : le Commissariat à l'Énergie Atomique, E.D.F., la C.G.E. en obtiennent finalement le contrôle.

Faiblesses de gestion et handicaps externes

Trois handicaps majeurs frappent ce secteur :

Tout d'abord des problèmes financiers qui résultent de la dimension restreinte des firmes françaises face à leurs concurrents étrangers.

Ensuite, se posent de graves problèmes de gestion et d'organisation. Ceux-ci se traduisent en particulier par une adaptation trop lente aux évolutions technologiques.

Enfin, les entreprises françaises de ce secteur sont handicapées par un a priori défavorable de la part de nombreux acheteurs nationaux potentiels, même dans le cas où le produit français existe et a fait la preuve de sa qualité.

L'automobile

Le symbole des « 30 glorieuses »

L'industrie automobile française est à l'origine de la mise en place en France de nouvelles méthodes de production, développées aux États-Unis et s'appuyant sur les idées de Taylor et Ford : séparation du travail de conception et d'exécution, parcellisation des tâches, séries standardisées et produites « à la chaîne ». Si ce type de production avait débuté en France avant 1940 (André Citroën), il ne va se généraliser qu'après la Deuxième Guerre mondiale. Symbolique, l'industrie automobile l'est aussi par l'importance des innovations technologiques et commerciales : développement de modèles adaptés à une vente de masse (2 CV Citroën, 4 CV Renault...) aux caractéristiques nouvelles (traction avant, suspension hydraulique, formes aérodynamiques) et, au niveau des chaînes de production, mise en place de nouveaux matériels (machines transferts...). Enfin, la voiture symbolise l'accès à une société nouvelle dans laquelle le niveau de vie moyen a considérablement augmenté.

De façon moins positive, les « chaînes » symbolisent la parcellisation des tâches ouvrières et l'aliénation au travail qui peut en résulter pour une main-d'œuvre qui en subit les contraintes. Les firmes françaises font massivement appel à une main-d'œuvre originaire de pays à bas salaire, ce qui entraîne, à court terme, une réduction des prix de revient qui permet à la fois de maintenir des marges bénéficiaires élevées et de baisser les coûts par suite des économies d'échelle résultant de l'organisation fordiste de la production. Les frais d'installation d'une chaîne sont extrêmement élevés ; ces charges doivent être réparties entre les diverses voitures produites ; si leur nombre augmente, la part des frais fixes affectée à chaque voiture diminue.

Cette industrie va bientôt représenter le poste le plus excédentaire dans nos échanges commerciaux et employer directement et indirectement environ 10 % de la population active française... rendant, ce faisant, plus graves les difficultés qui vont toucher cette industrie dans les années 80.

Les difficultés actuelles

Des coûts par véhicule trop élevés

En 1984, le coût unitaire d'un véhicule est de 55 300 francs chez Renault, 49 700 francs chez Peugeot, 40 400 francs chez Fiat et le coût salarial par véhicule est de 15 500 francs chez Renault, 14 100 francs chez Peugeot contre 9 700 francs chez Fiat.

Une productivité insuffisante

Au niveau mondial, les producteurs ont considérablement accru leur productivité. Les firmes françaises voient leur situation relative se détériorer puisque en 1984 Renault ne produit que 10,9 voitures par travailleur et Peugeot 10 voitures, alors que la norme européenne est de l'ordre de 13 voitures (inférieure à la production japonaise)[1].

Nombre de voitures par travailleur et par an

	1979	1984
Peugeot	7,6	10
Renault	11,1	10,9
General Motors	8,1	13,1
Ford Europe	9,8	12,8
Fiat	8,8	13,4

Les sureffectifs

Entre 1979 et 1984 la production de Peugeot diminue de 29 % ; les effectifs suivent en baissant de 32 %. Chez Renault la production diminue de 13 % et les effectifs de sa branche automobile de 7 %. Dans les autres pays les compressions d'effectifs liées à l'évolution de la demande et à la modernisation sont bien plus importantes : Fiat réduit l'emploi de 36 % pour une chute d'activité de 3 %, General Motors Europe accroît sa production de 30 % mais ses effectifs chutent de 20 % ! Le décalage entre les firmes françaises et les autres grandes entreprises européennes est considérable, il en résulte inévitablement un surcoût pour les firmes

---

1. General Motors espère atteindre une productivité de 50 voitures par travailleur et par an dans sa future usine réalisée dans le cadre du projet Saturne.

françaises qui induira une réduction des marges bénéficiaires et même l'apparition de déficits massifs dans le cas de Renault.

Malgré ces difficultés, les deux entreprises Renault et Peugeot se situent aux 7e et 8e rangs mondiaux.

Marché français : part des différents constructeurs

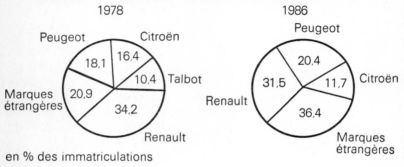

en % des immatriculations

La logique fordiste en défaut

Les brutales difficultés, après 30 ans de performances exceptionnelles, imposent de s'interroger sur les causes de ce revirement de situation, d'autant que si Renault est beaucoup plus touché que Peugeot, les mêmes types de problèmes se retrouvent dans les deux entreprises.

Assurer le maintien des effectifs en augmentant la longueur des séries, baisser les coûts de production en vendant plus, telle est la logique de développement de la période fordiste qui s'est heurtée aux transformations du marché, des techniques de production et des comportements.

Les mutations de la demande

Tout d'abord, la croissance de la demande s'est fortement ralentie par suite du niveau élevé d'équipement en automobile atteint dans les pays industrialisés et sous l'effet de la stagnation des revenus. Dans ce contexte, accroître ses ventes suppose une augmentation de la part de marché détenue, ce qui est toujours difficile à éaliser.

Parallèlement la demande s'est modifiée. On peut de moins en moins parler de voiture européenne, de voiture destinée au marché japonais, de voiture correspondant aux goûts américains. L'apparition d'une « voiture mondiale » induit un accroissement de la concurrence puisque ce qui se vend aux États-Unis a toutes les chances de se vendre en Europe. Par ailleurs, l'essentiel du marché devient un marché de renouvellement et de « 2e » voiture ; il en résulte à la fois une plus grande irrégularité dans l'évolution des quantités demandées et une plus grande sensibilité des acheteurs par rapport à des données qui jusque-là paraissaient accessoires (nouveauté des modèles...), cette exigence oblige les entreprises à adapter continuellement leurs produits. Cette adaptation est très difficile dans le cadre des techniques fordistes. Il faut en effet avoir à l'esprit que les chaînes de production dont le coût est extrêmement élevé, ne peuvent produire qu'un type de voiture et que tout changement de modèle induit des coûts d'investissements considérables.

**Les effets pervers de la taylorisation
sur les comportements des travailleurs**

Le taylorisme qui aboutit à séparer radicalement les aspects manuels et intellectuels de l'activité de production, à décomposer les tâches à un niveau de parcellisation inconnu jusque-là, est symbolisé par le travail de l'O.S. sur les chaînes automobiles qui effectue jour après jour, année après année, le même travail monotone. La chaîne continue, introduite par Ford dans les années 20, en rendant l'ouvrier plus dépendant du rythme de la machine, avait encore réduit la marge d'autonomie vis-à-vis de son travail.

Si ces techniques ont effectivement permis des gains de productivité considérables au fur et à mesure que les séries produites augmentaient, elles ont aussi provoqué un éclatement du « savoir » ouvrier, un désintérêt croissant pour le travail. Certains économistes estiment que l'aliénation qui en résulte induit des comportements de fuite devant le travail qui se manifestent par l'accroissement des rebuts, la baisse de la qualité des produits, le développement de l'absentéisme qui coûtent cher à l'entreprise.

Zéro panne, zéro défaut, zéro stock

La solution japonaise à ces problèmes consiste d'abord à donner aux travailleurs plus de responsabilités qu'ils n'en ont dans les entreprises européennes (cercles de qualité, décentralisation des décisions d'organisation ou d'investissement). Les niveaux élevés de productivité japonaise obligent les firmes françaises à s'inquiéter des motivations de leurs travailleurs.

C'est ainsi que les firmes automobiles cherchent à développer depuis quelques années des « cercles de qualité » qui regroupent les participants à un service, à une activité, en vue d'améliorer l'organisation de la production et la qualité des marchandises produites.

En France, la logique de décentralisation des responsabilités et de prise en compte des capacités d'innovation de l'ensemble des travailleurs se heurte aux inévitables rigidités qui résultent de décennies de développement d'une structure hiérarchique centralisée et autoritaire.

Obtenir « zéro défaut, zéro panne, zéro stock » selon la formule japonaise rend la firme plus vulnérable en cas de conflits sociaux. Une entreprise qui n'a aucun stock doit arrêter sa production du jour au lendemain en cas de grève d'un seul atelier. La France, qui est fréquemment touchée par des conflits sociaux (alors qu'au Japon les grèves sont rares et limitées), peut dans le contexte actuel difficilement appliquer cette stratégie.

Le robot et la flexibilité

Le Japon, plus que tout autre pays, a développé l'utilisation de robots dans les usines de productions automobiles.

Le premier intérêt de ces techniques est de réduire les coûts de production par l'accroissement de l'automatisation des tâches mais aussi par une gestion automatique des stocks qui réduit les coûts. Surtout le robot permet souvent d'accroître la flexibilité de la production. Si tel robot de peinture n'est plus utilisé pour peindre tel modèle de voiture, on le programmera pour peindre un autre modèle. L'adaptation de la production à la demande, les changements de modèles deviennent alors beaucoup plus faciles.

Vus du côté des travailleurs, ces problèmes se réduisent à une équation simple, modernisation égale licenciements, alors que les reconversions sont bien difficiles quand tous les secteurs industriels se trouvent en sureffectifs et que des années de travail taylorien ont réduit les capacités d'adaptation de la main-d'œuvre.

Renault

Renault, un des noms les plus prestigieux de l'épopée de l'automobile, sera nationalisé à la Libération ; la Régie Nationale des Usines Renault constituera alors un des piliers de la croissance de l'industrie automobile française. En 1980, 2 voitures sur 5 vendues en France sont produites par Renault.

Après avoir été, pendant près de 40 années, le symbole prestigieux de la réussite du secteur public, la Régie Nationale des Usines Renault a vu ses résultats se dégrader gravement et rapidement à partir de 1980 pour atteindre en 1984 le déficit presque incroyable de 12 milliards et demi de francs. Renault ne renouera spectaculairement avec les bénéfices qu'en 1987.

Ce déficit marque la fin d'une logique de production axée sur l'accroissement continu des économies d'échelle et la taylorisation à outrance. Le renouvellement trop tardif des gammes de voitures a sans doute aussi accru les difficultés, tandis que les sureffectifs pesaient sur les prix de revient.

Dans toute production de masse, les investissements ne sont rentabilisés qu'au-delà d'un certain niveau de production. Ce niveau minimum en dessous duquel les pertes s'accumulent correspond à ce que les financiers appellent le « point mort ». Baisser ce point mort permet de faire des bénéfices malgré la stagnation du marché. C'est cette baisse du seuil de compétitivité qu'a réussie Fiat, Peugeot et Renault aujourd'hui.

Parallèlement, Renault effectue un recentrage sur l'automobile et revend certaines de ses filiales pour se procurer rapidement des ressources financières dont il a impérativement besoin compte tenu du niveau élevé de son endettement. La cession de filiale la plus contestée est celle de « Renix électronique » à la firme américaine Allied.

« La Régie, pressée de résoudre ses problèmes à court terme, n'hypothèque-t-elle pas lourdement son avenir en abandonnant une filière vitale ? La France ne passe-t-elle pas à côté de l'occasion de constituer un pôle électronique capable de rivaliser avec les Américains, les Japonais et l'Allemand Bosch ?

L'avenir de l'automobile est tout entier dans l'électronique. Combien de fois n'a-t-on pas entendu cette profession de foi ? Pas un constructeur n'aurait voulu rester à l'écart de ce qui apparaissait comme une véritable révolution. Et quand Renault crée en 1978 Renix avec Bendix (racheté en 1983 par Allied), il cède à la mode. Avec raison. La production mondiale de systèmes d'injection électronique passe de 1,5 million d'unités en 1980 à 8 millions en 1984. Et surtout, la Régie s'offre un fantastique creuset de recherche et d'innovation : avec ses 51 % dans le capital de Renix, elle peut y puiser à volonté, à l'instar des grands constructeurs mondiaux, General Motors, Ford et les autres.

Seulement l'électronique coûte cher. Il a fallu investir en cinq ans 150 millions de francs dans Renix. Il faut encore dépenser en moyenne 10 % du chiffre d'affaires annuel (377 millions de francs en 1984) en recherches et développement. Renault, à l'heure des économies, ne pouvait plus suivre. (...)

L'électronique pèse de plus en plus lourd dans l'automobile. Elle pourrait atteindre 20 % du prix d'une voiture dans une dizaine d'années. Il vaudra mieux alors, pour un constructeur, avoir un pied dans le secteur plutôt que d'être simple client.

Et au-delà du simple problème industriel, c'est une certaine politique de l'équipement automobile en France qui est remise en question. N'aurait-on pu imaginer un pôle autour de Matra ou de Thomson ? Des discussions, dit-on, ont eu lieu, mais elles n'ont pas abouti. Question d'argent, de personnes, de volonté ? Toujours est-il qu'Allied, qui a les dents longues, se renforce considérablement en Europe.

Quant à Renault, elle vient peut-être de couper l'une des branches sur lesquelles son avenir à moyen terme reposait le plus sûrement[1]. »

---

1. *La Tribune de l'économie*, vendredi 28 juin 1985.

Quoi qu'il en soit, Renault a retrouvé la voie des bénéfices. La logique publique qui a permis à une entreprise nationalisée au déficit important de ne pas être mise en faillite, a sauvé Renault. Qu'aurait gagné la France à cette faillite : rien. La sanction du marché aurait été une sanction de court terme.

L'entreprise efficace, publique ou privée, est celle qui sait mettre en place rapidement les moyens de son redressement quand cela se révèle nécessaire. Dans le cas de Renault, la gestion publique, conduite par Georges Besse, puis par Raymond Lévy après l'assassinat de Georges Besse a fait la preuve de son efficacité réelle.

Renault a obtenu de l'État la remise de 12 milliards de francs de dette. Cet accord réduit les frais financiers de la firme et lui permet de repartir sur de meilleures bases. Cette remise de dette devait compenser, pour partie, l'impossibilité des firmes nationales de recourir au marché financier pour accroître leur capital. Cette réduction de dette est contestée par les instances communautaires qui y voient une forme d'aide qui irait à l'encontre des règles de concurrence.

Peugeot

Peugeot et Citroën ont marqué toutes deux, comme Renault, l'histoire de l'automobile ; elles sont aujourd'hui deux marques commercialisées par Peugeot Société Anonyme. Le rachat de Talbot se révélera une mauvaise opération pour Peugeot. De 1979 à 1982 la baisse des ventes est extrêmement importante ; pourtant à partir de 1983, les ventes se stabilisent essentiellement sous l'effet des succès de la 205 Peugeot. En 1986, Peugeot renoue véritablement avec les bénéfices (3,5 milliards de F.). Sa gamme de voitures se rééquilibre (205, 309 mais aussi 405 et 605).

Comme Renault, Peugeot vend la moitié de sa production à l'étranger et contribue ainsi de façon importante aux excédents commerciaux du secteur automobile.

Les sous-traitants subissent aussi la crise de l'automobile

Plus de 1 000 sous-traitants fournissent près de la moitié des pièces des automobiles Renault ou Peugeot (Valéo, Ducellier...) et les licenciements chez les sous-traitants, s'ils sont plus discrets, sont aussi importants en nombre que chez les grands constructeurs. Les sous-traitants ont longtemps subi le poids des grands constructeurs qui leur imposaient des prix de ventes très bas, les contraignant à pratiquer des prix élevés sur les pièces détachées.

Un changement de politique semble se développer aujourd'hui en particulier sous l'impulsion de Renault. Les constructeurs prennent mieux conscience de l'impact de la bonne santé de la sous-traitance sur la rentabilité globale des constructeurs. Ils tentent donc de mettre en place une politique de soutien des investissements des sous-traitants, de marchés garantis permettant à ces derniers d'investir dans de meilleures conditions, leur imposant seulement d'atteindre des niveaux d'efficacité tant sur le plan technique qu'économique, comparables aux leaders internationaux.

Le pneumatique

Michelin est la première firme française de pneumatiques et de caoutchouc industriel. Symbole d'une politique sociale paternaliste, la firme de Clermont-Ferrand est un des leaders mondiaux du secteur. Touchée par des difficultés, elle a reçu une aide importante de l'État qui lui a permis de réduire son endettement et de repartir sur de meilleures bases dans une conjoncture mondiale un peu plus favorable.

	Chiffre d'affaires (en millions de francs)	Résultat net (en millions de francs)	Part du chiffre d'affaires réalisé à l'étranger
RENAULT	161 438	8 834	50 %
PEUGEOT	138 452	8 848	50 %
MICHELIN	51 820	2 367	72 %

L'Expansion, décembre 1989.

Forces et faiblesses du secteur automobile à l'horizon du marché unique

Forces et faiblesses du secteur automobile à l'horizon du marché unique

La France se situe au 4ᵉ rang mondial pour la production automobile, après le Japon, les États-Unis et la R.F.A., mais avec une production qui représente moins du tiers de la production japonaise.

Malgré leurs bons résultats, Renault et Peugeot ont une productivité encore trop faible par rapport aux normes mondiales, et leur poids reste très inférieur à celui des leaders mondiaux. Ainsi Toyota (Japon) produit autant que Renault et Peugeot réunis... sans parler de General Motors qui produit deux fois plus.

Le marché unique présente un double risque pour ce secteur, le premier est lié aux importations de voitures japonaises, le second au caractère très libéral de la politique industrielle de Bruxelles qui conduit, en pratique à réduire presque à néant les possibilités d'aide de l'État.

● La question des quotas d'importation de voitures japonaises

Actuellement les importations de voitures japonaises ne peuvent pas représenter plus de 3 % du marché français. La réalisation du Grand Marché, qui supprime les barrières matérielles entre pays, risque de se traduire par une invasion du marché français, si un accord n'est pas obtenu sur une limitation globale des importations européennes. Des quotas très restrictifs, limités dans le temps, donneraient aux entreprises françaises le temps d'effectuer les adaptations nécessaires.

Reste par ailleurs, non résolu le problème des usines tournevis qui s'implantent, en particulier au Royaume-Uni et risquent d'envahir l'Europe.

La filière électrique et électronique

Si les productions électriques dégagent un excédent commercial important, il n'en va pas de même de la filière électronique.

La filière électronique comprend des productions extrêmement différentes les unes des autres.

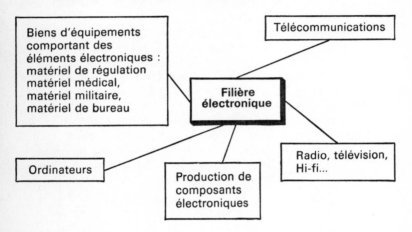

Le solde commercial de la filière avec l'étranger est négatif. Les deux postes les plus déficitaires étant l'informatique (ordinateurs) et les appareils de reproduction du son et de l'image (TV, Hi-fi...).

Marchés grand public et marchés professionnels

Dans le secteur de l'électronique apparaît très nettement la séparation entre deux types de marché, les marchés « grand public » et les marchés « professionnels ». Quand Thomson vend des réfrigérateurs ou des machines à laver ou des micro-ordinateurs T0 8, il s'agit de marchés « grand public » ; quand le même groupe vend à l'armée des radars ou de l'électronique spécialisée, il s'agit de marchés « professionnels ».

Ces deux marchés ont des modes de fonctionnement assez différents l'un de l'autre. Le marché « grand public » est diffus. Du point de vue du vendeur, il s'agit de convaincre chacun des innombrables clients potentiels. Sur le marché professionnel, le nombre d'acheteurs est restreint et les critères de choix sont différents. Les performances, la fiabilité des produits proposés sont mieux connues, les décisions prennent en compte la façon dont l'acquisition nouvelle s'intègre dans la politique générale de l'entreprise ou de l'administration qui achète. Du point de vue du vendeur, il s'agit de convaincre quelques dirigeants de haut niveau et selon les cas, l'aspect technique ou l'aspect stratégie politique l'emporte.

Les plus exigeants sur le plan de la fiabilité sont souvent les militaires qui acceptent de payer cher la sûreté de fonctionnement et l'amélioration des performances. C'est vrai aussi des industriels pour les systèmes de régulation ou pour les autres matériels hautement automatisés car dans ces domaines si un élément de la chaîne tombe en panne, c'est toute la production qui doit s'arrêter.

En revanche, le marché grand public contraint les producteurs à se situer à des niveaux de prix très bas ; il suppose une forte maîtrise de la production en série et est marqué par une très grande subjectivité de l'acheteur, ce qui donne au réseau de distribution et aux campagnes publicitaires une importance essentielle.

Globalement les industriels français se situent mieux sur le marché professionnel que sur le marché grand public, à l'exception de l'informatique dans laquelle les faiblesses touchent les deux secteurs.

Les succès de l'électronique militaire et des télécommunications

L'électronique professionnelle française marche bien. Il faut préciser pour comprendre ses succès qu'une part importante de sa production est destinée à l'armée. Ces réussites montrent que les chercheurs français savent être efficaces.

Les années 80 ont été celles des télécommunications, le taux de croissance de la production a été considérable. Long-temps protégé, ce secteur s'ouvre maintenant à la concurrence étrangère. Pour y faire face, des sommes considérables doivent être investies.

Les ordinateurs, l'engrenage de la dépendance

Après la nationalisation de 1982, la seule entreprise du secteur public fabriquant des ordinateurs[1] a retrouvé le nom de Bull, la société française qui, à la fin des années cinquante, réalisa le Gamma 60, le second ordinateur à transistors produit dans le monde (après Univac).

Entre ces deux dates, une aventure caractérisée par des erreurs stratégiques majeures dont la plus grave a été la décision de rompre les accords Unidata[2]. Si l'affaire mérite d'être racontée, c'est qu'elle met en évidence l'importance de certaines décisions et l'intérêt qu'il y a à analyser les mécanismes décisionnels et les conditions de leur efficacité.

La thèse développée par Gérard Verroust (que l'on retrouve chez d'autres analystes) sur les causes de cette évolution est intéressante, d'une part parce qu'elle éclaire les mécanismes de la régression, d'autre part, au-delà du seul secteur informatique, parce qu'elle pose le problème des freins à l'investissement dans les secteurs de pointe et de l'interférence entre le politique et l'économique :

La première affaire Bull

« L'économie française ne permettait pas à cette époque le développement d'une très grosse entreprise si cette entreprise était privée. En gros, c'était cela. La Compagnie des machines Bull est morte parce qu'elle avait doublé son chiffre chaque année. Or, une entreprise qui double son chiffre d'affaires chaque année a des besoins financiers.

---

1. Les autres entreprises ne fabriquent que des micro-ordinateurs : Thomson.
2. En 1976, le gouvernement français rompt les accords Unidata et décide d'associer la firme française C.I.I. à l'américain Honeywell en accordant à celui-ci le pouvoir de décision technique sur le nouveau groupe. Ces accords seront rompus en 1982, mais la France continue à dépendre largement de la technologie Honeywell.

Comme par ailleurs Bull faisait de l'autofinancement, cela ne rapportait pas et les gens retiraient leur argent pour le placer ailleurs. Quand elle a été rachetée par la General Electric, pour être ensuite démantelée, l'opinion française ne s'en est pas émue du tout. Les gens ont dit : "bof, les machines à calculer, on les importera, c'est pas grave..." Les investisseurs français n'aiment pas les investissements à risque[1]. »

L'échec d'Unidata

La deuxième catastrophe, plus grande, vécue par l'informatique française, est due aux intrusions du pouvoir politique. Gérard Verroust nous la raconte en quelques mots.

« A la suite de l'embargo sur les ordinateurs américains pour combattre la politique de De Gaulle, on a créé une compagnie nationale. Puis ont été tissés des liens pour construire une industrie européenne de l'informatique, exactement à l'exemple de ce qui s'est fait pour Airbus. On a donc démarré en 1966-67 avec une société industrielle, avec des machines d'origine américaine très compétitives, en visant la préparation de la génération suivante. N'oublions pas qu'un grand constructeur d'ordinateurs fonctionne sur trois générations à la fois : celle qu'il est en train de vendre, celle dont il prépare la fabrication, et celle dont il étudie l'architecture. C'est là le principe d'I.B.M. : en gardant une longueur d'avance sur l'évolution, on est sûr de garder le marché. »

« Deuxième étape, le projet Unidata qui a associé trois constructeurs européens : C.I.I. (spécialiste en architecture calculateur), Siemens (en électro-mécanique) et Philips (en électronique). La technologie du projet était excellente. Nous savons que c'était excellent parce que les Japonais, qui avaient eux aussi un grand plan calcul, ont fait à peu près la même chose. Alors, cela marchait... Qu'est-ce qui s'est donc passé ? En 1974, il y a eu l'élection présidentielle. Dans la droite française, il y avait deux courants nettement antagonistes : l'un était assez lié aux Américains, l'autre lié aux intérêts nationalistes. Les anti-américains étaient en

---

1. A. Soulouniac et V. Torrence, *Ressources/Temps réel*, n° 9, avril 1985.

gros les gaullistes et les anti-nationalistes plutôt derrière Giscard d'Estaing. L'élection de ce dernier en 1974 comme Président de la République a entraîné effectivement une liquidation de tout le plan calcul européen[1]. »

C'est ainsi que des arguments politiques ont imposé Honeywell-Bull comme unique entreprise française du secteur.

Au-delà de l'échec de la constitution d'un pôle européen, le choix d'Honeywell est techniquement malheureux. Honeywell se situe globalement parmi les grandes firmes américaines, mais sa division informatique perd progressivement du terrain autant sur le plan technologique que commercial... Aussi, non seulement le niveau élevé des importations payables en dollars pèse lourdement sur la balance commerciale française, mais les technologies développées en France et d'origine Honeywell sont souvent en retard par rapport aux grands de l'informatique.

Ainsi, dans l'impossibilité de produire des machines de grande puissance, Bull, comme Honeywell, s'est fait le revendeur du japonais Nippon Electric. Mais cette politique s'est révélée peu rentable, ce qui a conduit Honeywell à se séparer de sa division informatique, rachetée par Bull, en 1987 (NEC prenant une participation minoritaire). Dans un autre domaine, le « constructeur national » se fournit... chez I.B.M. pour les disques magnétiques !

Bull

En 1988, le chiffre d'affaires du groupe Bull s'est élevé à 31,5 milliards de francs et la compagnie arrive à l'équilibre financier, ce qui marque une amélioration par rapport aux années antérieures.

Il s'agit d'une entreprise qui bénéficie d'un vaste marché protégé. En effet, celle-ci vend d'abord aux administrations et au secteur public à qui l'État impose depuis 1976 les produits de cette firme. Comme cela se produit dans d'autres pays et pour d'autres secteurs, l'appui de l'État dépasse le cadre national et se manifeste par un soutien puissant des exportations de l'entreprise vers les pays vis-à-vis desquels la France a une influence économique importante.

Honeywell étant une firme étrangère, la nationalisation de C.I.I. Bull, décidée après le changement de majorité de

1981, n'a pu se faire qu'après négociations avec Honeywell qui a abandonné ses droits juridiques moyennant une indemnisation importante. Sur le plan technique, la nationalisation n'a pas été marquée par des changements d'alliances. En revanche, l'État a utilisé l'extension du secteur public pour achever la concentration du secteur sous la direction de Bull.

La S.E.M.S. venant du groupe Thomson, Transac (C.G.E.), et aussi R.E.E., firme indépendante qui avait été la première firme au monde à se lancer dans les micro-ordinateurs, sont devenues des filiales de Bull avant de disparaître au sein de Bull.

La micro-informatique

Depuis quelques années, les ordinateurs universels et les mini-ordinateurs, encore appelés « grande informatique », ne constituent plus la totalité du domaine : la micro-informatique vient maintenant proposer ses ordinateurs « individuels » ou « de bureau », voire même « portables ». L'évolution des techniques est telle, qu'à partir de 1988-1990, ces micro-ordinateurs atteignent des puissances et des capacités de stockage de l'information comparables à celles des « vrais » ordinateurs. Le pourcentage du chiffre d'affaires de la « micro », dans le total du chiffre d'affaires informatique augmente rapidement, car les utilisateurs se sont rendu compte qu'ils pouvaient fréquemment trouver avec ce matériel des solutions beaucoup moins chères. Un constructeur informatique doit donc, sous peine de perdre des parts de marché de façon croissante, proposer aussi une gamme de micro-ordinateurs. Or, dans ce secteur, la concurrence est féroce, les asiatiques étant partis à la conquête du marché mondial en cassant les prix. Le Japon d'abord (1984), puis les quatre « petits dragons » (1988) (Corée, Singapour, Taïwan, Hong Kong).

L'offre française, dans le domaine de la micro-informatique, a été tardive alors que le premier micro-ordinateur du monde (Micral de REE) fut français. La difficulté qu'a rencontrée la firme REE pour trouver des moyens financiers, puis sa disparition au sein du groupe Bull illustre la faible capacité du tissu industriel français à accepter à temps une innovation nationale.

Bull, Leanord, Goupil sont les principaux fabricants de micro-informatique français. Leur poids dans la micro-informatique mondiale est très faible.

La robotique et les autres applications industrielles de l'électronique

Dans le domaine des robots, la France est dans la situation paradoxale suivante : en matière de recherche et de conception de prototype, elle se situe sans doute parmi les premiers pays du monde ; au niveau de l'utilisation effective dans les entreprises, la situation est désastreuse. Manquant de débouchés nationaux, les industriels sont peu enclins à lancer des productions nouvelles... et se laissent distancer. Bien plus, la faiblesse des liaisons entre les entreprises du secteur électronique et celles du secteur des machines-outils a induit un retard dans l'intégration d'éléments électroniques aux biens d'équipement, domaine pourtant stratégique.

L'électronique grand public

La faiblesse de l'électronique grand public résulte de la conjonction de trois handicaps :
- le marché français est relativement peu important ;
- les réseaux de distribution nationaux sont mal contrôlés par les entreprises françaises et l'implantation commerciale à l'étranger reste faible ;
- l'industrie nationale des composants électroniques a pris du retard par rapport aux concurrents étrangers. Ce handicap pèse sur la balance commerciale et les prix des produits finis, mais réduit aussi la propension à l'innovation.

La nécessaire maîtrise de l'industrie des composants électroniques

Les faiblesses de l'industrie des composants électroniques sont importantes à quelques exceptions près (tubes électroniques...), la dépendance vis-à-vis des États-Unis et du Japon est extrêmement forte.

Ainsi par exemple Thomson et C.I.T. Alcatel (filiale de la C.G.E.) ont dû renoncer à produire des diodes électroluminescentes utilisées dans les réseaux câblés des Postes et Télécommunications et L.T.T. (filiale de Thomson) n'a pu construire les composants optiques nécessaires à la mise en place du « plan câble » décidé par l'État.

Dans les deux cas, les techniques sont maîtrisées en laboratoire, mais l'entreprise ne contrôle pas suffisamment l'industrialisation de ces produits pour les vendre à un prix compétitif. A la suite des restructurations de 1981-1985, c'est Thomson qui jouera un rôle leader dans ce secteur.

Thomson

Le groupe Thomson est le résultat d'un long processus de concentration (Thomson, Brandt, C.S.F...) et il a été nationalisé en 1982. La C.G.E., son concurrent traditionnel, a aussi été incluse dans la liste des entreprises nationalisées. Les activités de ces deux groupes ont fait l'objet d'une nouvelle répartition entre 1983 et 1984.

La logique suivie par le groupe Thomson dans la restructuration de 1983-84 consiste à se recentrer sur un nombre plus réduit d'activités lui permettant d'améliorer sa rentabilité. Ainsi, les télécommunications civiles déficitaires ont été cédées à la C.G.E.

L'importance des ventes d'armes françaises explique les brillants résultats financiers du secteur électronique militaire (Thomson équipe par exemple en radars les « Mirages 2000 »).

L'électronique grand public (téléviseurs, réfrigérateurs, magnétoscopes...), malgré des difficultés réelles dans un domaine très concurrencé, a atteint à peu près son équilibre financier en 1984.

La chute de la demande pour certains de ces produits (Hi-fi, mais aussi réfrigérateurs, lave-vaisselle) induit des réductions d'emplois. Fort de sa spécialisation en électronique, Thomson appuie sa stratégie commerciale sur « la puce ». Les composants électroniques constituent un des

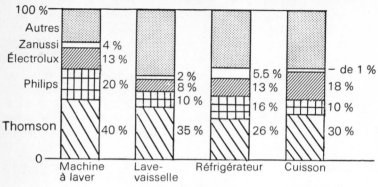

Thomson sur le marché français de l'électroménager

La Tribune de l'Économie, 30 janvier 1985.

piliers d'une maîtrise potentielle de la filière électronique pour la France. L'État a décidé que la restructuration de ce secteur se ferait autour de Thomson. Thomson a dû céder l'essentiel de son activité informatique à la Bull (S.E.M.S.). La maîtrise des composants électroniques suppose que l'on dispose d'un débouché stable et de volume suffisant, d'où l'importance pour Thomson et l'électronique française du maintien d'un secteur grand public puissant.

En 1986-90, Thomson poursuit sa politique de recentrage sur les composants et sur le secteur électroménager et électronique grand public : vente de la C.G.R. (électronique médicale) en échange d'une implantation grand public aux États-Unis. Toute sa politique est orientée vers la recherche de la taille critique lui permettant de s'adapter à la concurrence mondiale. Ainsi, dans le domaine des composants, Thomson rachète l'italien S.G.S., puis entre dans des accords de coopération avec les autres européens : Siemens et Philips. L'accord « Jessi » consiste à se partager les développements de composants à très grande intégration entre européens. Le groupe S.G.S.-Thomson est le second producteur européen de semi-conducteur après Philips et avant Siemens. En 1988, Thomson est la 8e entreprise industrielle française et la 32e firme de l'industrie européenne.

C.G.E.

La C.G.E. a fondé sa réussite sur les équipements électro-techniques (centrales électriques). Elle est venue plus tard aux télécommunications. Nationalisée en 1982, elle recentre son activité sur ces deux pôles.

Alsthom, électromécanique et construction navale

Alsthom s'est surtout recentré sur sa spécialisation traditionnelle : les équipements électromécaniques (matériel ferroviaire...). La C.G.E. Alsthom est spécialisée dans les équipements électriques et le contrôle industriel (automatisme, instrumentation) et l'ingénierie des systèmes électriques.

Les « Câbles de Lyon », filiale de la C.G.E., figurent parmi les premiers constructeurs de câbles au niveau mondial, qu'il s'agisse de câbles traditionnels (pour le transport de câbles sous-marins téléphoniques...) ou de câbles de précision pour les activités aérospatiales, informatiques ou les systèmes de transmission à base de fibres optiques.

Alsthom a dû assurer le regroupement des chantiers navals de la Basse-Loire qui constitue un des deux pôles de la construction navale en France (Nantes-St-Nazaire), l'autre pôle étant NORMED (La Seyne et La Ciotat).

Après l'acquisition pour un franc symbolique des filiales ferroviaires de Jeumont Schneider, Alsthom est devenu le premier constructeur mondial de chemins de fer.

Alcatel

Le secteur des télécommunications est le domaine traditionnel de C.I.T. Alcatel. L'accord CGE-Thomson a permis de regrouper les moyens de Thomson-C.S.F. en matière de télécommunications dont la gestion est confiée à la CGE.

En 1986, Alcatel rachète les activités téléphone de I.T.T. Ce rachat propulse la C.G.E. au deuxième rang mondial pour le téléphone derrière l'américain A.T.T.

Le chiffre d'affaires de la C.G.E. a été de 128 milliards de francs en 1988, son bénéfice de 2,16 milliards, la C.G.E. est le troisième groupe industriel français et le 19e groupe européen. Soixante pour cent des ventes du groupe C.G.E. seraient réalisés à l'étranger, l'orientation sur l'Europe est marquée (89 % des ventes se font en Europe).

Framatome

Depuis 1985, la C.G.E. contrôle Framatome, premier constructeur mondial de centrales nucléaires.

La privatisation

La C.G.E. a été privatisée en 1987. Cette privatisation a été accompagnée d'une augmentation de capital destinée à favoriser le développement de la firme. Une fois devenue entreprise privée, la C.G.E. a participé à différents « noyaux durs » des privatisations ultérieures.

Accord C.G.E., Italtel, Siemens, Plessey

Le 25 avril 1985 les quatre premières firmes européennes de téléphone, C.I.T. Alcatel (C.G.E.), Italtel (Italie), Plessey (Grande-Bretagne) et Siemens (R.F.A.) ont signé un accord prévoyant de coordonner leurs recherches en ce qui concerne la préparation de la nouvelle génération de centraux électroniques. Cet accord a pour fonction de réduire le coût des recherches, il pourrait déboucher sur une coopération encore plus importante et pour une fois européenne.

L'énergie

Le contrôle de l'État

Les entreprises liées à la production et à la distribution d'énergie sont de longue date contrôlées par l'État. La raison de cette emprise est double ; d'une part il s'agit d'un secteur stratégique pour l'ensemble de l'économie française, d'autre part le niveau d'investissement nécessaire dans ce secteur n'est à la portée d'aucune entreprise privée. L'intervention de l'État était le vecteur nécessaire dans le contexte français de la modernisation.

E.D.F., le choix du nucléaire...

E.D.F., c'est 1,8 % du produit intérieur brut, 0,5 % de la population active, 5,5 % de l'investissement national ! Fruit des nationalisations de l'après-guerre, E.D.F. a été accusée d'être « un État dans l'État ».

Face à la hausse du prix du pétrole, E.D.F. a défendu le développement de l'énergie nucléaire malgré une opposition importante des mouvements anti-nucléaires, c'est ce choix qui va prévaloir.

Ce choix du nucléaire va réduire la contrainte énergétique. Il s'est accompagné d'un développement d'un savoir-faire de très haut niveau à l'échelle internationale, mais aussi de dépenses d'investissement considérables qui font d'E.D.F. le premier investisseur français (plus de 40 milliards de francs en 1983) et une entreprise extrêmement endettée (de l'ordre de 200 milliards de francs).

Taux d'indépendance énergétique

1973	22,5 %
1981	33,9 %
1984	42,6 %
1987	47,3 %

Gaz de France

Gaz de France paraît le parent pauvre d'E.D.F. C'est pourtant une des grandes entreprises françaises qui se trouve souvent en concurrence avec E.D.F. auprès des utilisateurs d'énergie. Gaz de France dispose de moyens financiers nettement moins importants qu'E.D.F. Alors qu'à la fin des années 70, bon an, mal an, l'équilibre financier était à peu près maintenu, de 1981 à 1984 le déficit est passé de un à trois milliards de francs, le redressement financier a ensuite été vigoureux (1,5 milliard de francs de bénéfice en 1986). Il faut dire que Gaz de France subit le poids du surcoût du gaz algérien par rapport aux prix mondiaux.

En revanche, la consommation de gaz continue à s'accroître à un rythme relativement élevé, ce qui constitue bien évidemment un facteur de rendement.

Les Charbonnages de France et le repli du charbon

Le déclin du charbon en France a été massif et rapide. En 30 ans la production a été divisée par quatre et les emplois par dix. La production nationale s'est heurtée au coût élevé de l'extraction et de l'exploitation sur le territoire national. Le repli qui a été décidé pose des problèmes de reconversion d'autant plus difficiles à résoudre que les régions touchées (Nord-Pas-de-Calais, Lorraine, Centre) sont déjà marquées par le déclin des autres activités industrielles traditionnelles.

Charbonnages de France souhaitaient effectuer une diversification en développant d'autres activités (chimie...), mais cette stratégie s'est heurtée à la volonté de l'État de concentrer les moyens disponibles. Charbonnages de France-Chimie, désormais ORKEM, revient après la restructuration de 1990 à Total et de Elf Aquitaine.

Total et Elf Aquitaine

Total, Française des pétroles[1] et Elf Aquitaine se situent, bon an mal an, dans les 15 premiers mondiaux du pétrole.

● Elf Aquitaine

L'activité du groupe Elf Aquitaine porte sur deux domaines essentiels : l'exploitation, la production, le raffinage et la distribution du pétrole d'une part, la chimie, essentiellement à travers ses filiales (Atochem : chimie de base et Sanofi : Hygiène, santé) d'autre part. Ainsi, Elf Aquitaine se situe à la fois en tête du secteur pétrolier français (avec la Française des pétroles) et du secteur chimique (voir page 222). Elf Aquitaine s'est fortement renforcé en 1981 avec l'acquisition de Texagulf destiné à compenser l'épuisement prévu de la production de Lacq[2].

Les effectifs du groupe étaient de 73 000 personnes, début 1988. Comme dans la plupart des secteurs industriels, des suppressions de postes de travail sont prévues posant ici aussi des problèmes de reconversion des travailleurs.

L'État a mis en vente une partie de ses actions, mais garde encore le contrôle de l'entreprise.

● Total, Française des pétroles

Le groupe Total recentre nettement son activité sur la production, le raffinage et la distribution du pétrole et abandonne maintenant la stratégie de diversification qu'elle avait commencée à entreprendre.

● Des investissements considérables

Les investissements de ces firmes sont considérables et se situent autour de 20 milliards de francs pour Elf et 14 milliards pour Total.

---

1. Selon la date des données, on trouvera la dénomination Total ou Française des Pétroles.
2. En 1988, le chiffre d'affaires du groupe Elf est de 126 milliards de francs, celui du groupe Total est de 83 milliards de francs.

Le bâtiment

Un secteur entraînant à l'abri de la contrainte extérieure ?

Le secteur du bâtiment présente des caractéristiques très particulières, surtout dans une optique de soutien de l'activité nationale.

Tout d'abord, ce secteur a un fort coefficient de capital : à production équivalente, il emploie près d'un tiers de main-d'œuvre de plus que la moyenne des autres industries, ce qui fait qu'une reprise même modérée du bâtiment constitue un soutien plus net de l'emploi que la même reprise dans d'autres secteurs.

D'autre part, les commandes du bâtiment aux secteurs du bois, du verre, des métaux, du matériel électronique sont très importantes ; un franc dépensé dans le bâtiment induit un franc de commandes nouvelles dans d'autres secteurs, une relance du bâtiment entraîne une relance de l'activité dans les autres secteurs, à condition bien sûr, que les importations ne se substituent pas à la production nationale ; mais sur ce point aussi, le bâtiment est un secteur privilégié, car il fait globalement deux fois moins appel aux importations en cas de relance que les industries de biens de consommation et trois fois moins que les industries de biens d'équipement.

« Quand le bâtiment va, tout va », l'adage populaire a un fondement économique certain ; le secteur du bâtiment par son poids dans l'ensemble de l'économie (1/3 de l'investissement national, 1/5 de l'emploi industriel), par les caractéristiques que nous venons de voir, a un effet induit très important sur l'ensemble de l'économie. Inversement en cas de difficultés, les effets dépressifs sur l'emploi global et les commandes aux autres secteurs sont très élevés.

Bouygues, première entreprise mondiale du bâtiment

Ce secteur est dominé par de très nombreuses petites entreprises dont la sensibilité à la conjoncture est particulièrement forte par suite de la faiblesse de leurs ressources financières.

Bouygues est la première entreprise française mais aussi mondiale du bâtiment. La construction proprement dite ne représente que la moitié de l'activité du groupe qui a effectué une diversification extrêmement rapide (TF1, eau, électricité, industrie parapétrolière...), pour mieux répartir les risques face à un secteur du bâtiment en crise.

Une branche sinistrée, aujourd'hui convalescente

Les pertes d'emplois ont été considérables dans le bâtiment depuis 1973.

Mises en chantier de logements en France

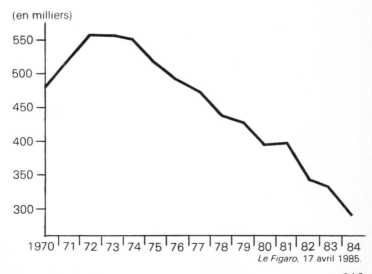

Le Figaro, 17 avril 1985.

La baisse massive de mises en chantier est la cause première de la dégradation de la situation de l'emploi et de la production dans le bâtiment. Sans doute les logements neufs ne constituent que la moitié de l'activité de ce secteur, l'autre étant constituée par la réparation et la rénovation de bâtiments anciens ; il reste que ce secteur est marqué par une baisse massive de la demande. D'autant que la politique de rigueur exerce un effet dépressif sur les travaux publics nationaux, et que la réduction des « grands travaux » dans le Tiers Monde qui avaient soutenu l'activité exportatrice, exerce aussi un effet négatif sur l'activité.

La relance par le bâtiment, est-elle possible ?

On comprend, dès lors, l'intérêt que présenterait une relance dans ce secteur. Le ralentissement de la croissance démographique constitue un obstacle à cette relance mais la demande d'amélioration de l'habitat n'excluent pas le maintien de besoins importants, d'autant que le développement du célibat, des familles mono-parentales peuvent accroître les besoins. Ce sont les conditions économiques qui limitent la demande. Le niveau élevé des taux d'intérêt (malgré les aides considérables accordées par l'État) pèse lourdement sur le financement et réduit le nombre de ceux qui peuvent financer un logement. La crainte du chômage rend plus hésitant face à un investissement qui engage sur le long terme. La désinflation, elle-même, réduit les gains en valeur réelle, car les emprunts contractés en période de forte inflation étaient remboursés dans une monnaie de plus en plus dépréciée au fur et à mesure que les années s'écoulaient.

Du côté des investisseurs, la hausse du coût de la construction, le ralentissement de la hausse du prix de l'immobilier ancien, l'impact des réglementations sur les locations ont réduit l'intérêt pour ce type de placement. Après mars 1986, un certain nombre de mesures ont été adoptées en vue de relancer le bâtiment.

La chimie

Les deux pôles de la chimie française

Les restructurations de 1983...

La chimie est un secteur fortement excédentaire à l'exportation et un des pôles relativement puissants de l'industrie française.

La restructuration de l'industrie chimique française décidée en 1983 se fait autour de deux pôles : la chimie lourde et la chimie fine. C.D.F.-Chimie (Charbonnages de France) et Atochem (filiale d'Elf Aquitaine) reçoivent la chimie lourde (engrais, chlore, éthylène...)[1]. Rhône-Poulenc concentre son activité chimique sur les produits fins (agrochimie, pharmacie, produits pour l'électronique...). Elf Aquitaine conserve toutefois un secteur de chimie fine (pharmacie, biotechnique).

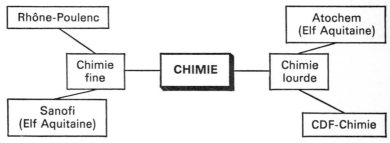

... et celles de 1990

L'État français contrôle les 3/4 du secteur chimique français (Rhône-Poulenc, Elf, Orkem...), il lui est donc aisé d'effectuer des restructurations. La deuxième restructuration (1990) de la chimie consiste à renforcer les pôles chimiques d'Elf et de Total, en leur apportant les actifs d'Orkem (anciennement celles de France chimie). Il s'agit de donner à Elf les moyens de se retrouver dans les premiers mondiaux de la chimie et d'atteindre un chiffre d'affaires proche de celui de Rhône-Poulenc. Total-Chimie bénéficie aussi de cette restructuration puisqu'il reçoit l'essentiel des activités chimiques spécialisées d'Orkem (peintures, encres...).

1. CDF-Chimie et Atochem cherchent toutefois à s'orienter vers des produits de base relativement sophistiqués.

Rhône-Poulenc

Le leader de la chimie française a réalisé un chiffre d'affaires de 65 milliards de francs (dont 70 % est réalisé à l'étranger) en 1988.

Il reste que Rhône-Poulenc pèse beaucoup moins que les plus grands groupes européens de la chimie :
Bayer, BASF (R.F.A.), ICI (G.-B.) ou Montedison (Italie). Il en résulte une source de faiblesse potentielle pour l'avenir malgré les succès actuels.

Plusieurs facteurs ont favorisé le retour aux bénéfices. Tout d'abord, depuis 1984 la conjoncture a été très bonne pour la chimie européenne en particulier sous l'effet de la reprise de la croissance aux États-Unis. Surtout, les restructurations effectuées au cours des dernières années ont été très favorables à Rhône-Poulenc puisque la firme a pu se débarrasser de sa chimie lourde (vendue à Elf Aquitaine) et du secteur des engrais, et acquérir dans le même temps des firmes beaucoup plus performantes.

Chimie lourde,
la concurrence des pays du Golfe

Les pays pétroliers ont entrepris de développer une production chimique importante dans des conditions de rentabilité très favorables. Ainsi le combinat géant de Jubail en Arabie Saoudite produit à des coûts exceptionnellement bas.

De nombreux produits chimiques de base tendent à se localiser sur les lieux où se trouvent les matières premières de base, vendues à bas prix ; il en résulte une surcapacité globale de la chimie de base européenne.

Face à cette situation, la plupart des firmes européennes du secteur cherchent à développer leur chimie fine. Il existe toutefois de brillantes exceptions, ainsi l'Allemand B.A.S.F. maintient son implantation dans l'industrie chimique lourde et dégage néanmoins des bénéfices élevés.

Chimie fine,
des productions à forte valeur ajoutée...

Le développement de la chimie fine suppose une forte maîtrise technologique, ce qui pose à la fois le problème des investissements pour la recherche, celui de la qualification de la main-d'œuvre dans des secteurs à haute valeur ajoutée et celui du développement d'un tissu industriel suffisamment innovateur.

Roussel-Uclaf, Institut Mérieux et Spécia (Rhône-Poulenc), Sanofi (Elf Aquitaine)... La pharmacie fait partie des industries françaises qui exportent plus qu'elles n'importent. Pourtant le taux de pénétration étrangère (49 %) est très élevé dans ce secteur à forte valeur ajoutée, et le taux de rentabilité faible (1,5 % en France contre 10 % aux États-Unis), ce qui semble traduire une fragilité globale à moyen terme.

Dans d'autres domaines, certaines réussites semblent exemplaires ; Air Liquide dans un créneau étroit, l'Oréal dans les produits de beauté, ont su obtenir des performances exceptionnelles.

... qui nécessitent une main-d'œuvre très qualifiée

Les experts du plan attirent l'attention sur la faiblesse de la qualification moyenne dans les industries chimiques et sur l'effort de formation permanente (2 % de la masse salariale en France, 7 % au Japon) nécessaire au développement de l'innovation et à l'amélioration de la productivité.

La révolution bio-technologique et l'aventure de l'industrie chimique

La pharmacie et les produits destinés au secteur agro-alimentaire sont les premiers domaines touchés par les applications concrètes des progrès réalisés en matière de bio-technologies.

En ce qui concerne la chimie lourde, les usages effectifs de ces nouveaux procédés sont actuellement limités par le fait que des technologies plus anciennes restent présentement moins coûteuses. Néanmoins, les technologies modernes peuvent devenir rentables à terme, les bio-technologies pourraient constituer un élément important de la compétitivité des années 90, d'autant que d'autres pays investissent massivement dans cette direction. Ainsi le Japon consacre en 1985 plus de 3 milliards de francs en recherches bio-technologiques et les bio-industries représentent une part significative de sa production nationale (de l'ordre de 2 % du P.I.B. selon la D.A.F.S.A.).

Les experts du plan insistent sur le fait que les détenteurs du savoir-faire dans ces technologies n'accorderont pas nécessairement de licences, rendant ainsi non compétitives les entreprises des pays qui n'auraient pas su réaliser l'investissement en recherche et développement nécessaire.

Le rôle des P.M.E.

Le même rapport met également en évidence l'importance d'un tissu de P.M.E. innovatrices. Car si certains domaines sont interdits aux P.M.E. de par l'importance des capitaux nécessaires, d'autres types d'activités impliquent d'abord un sens aigu du marché et une forte maîtrise technologique, deux qualités que peuvent détenir les P.M.E.

11 milliards d'investissement par an

Les experts du plan estiment à 10 ou 11 milliards de francs par an l'effort d'investissement nécessaire dans la chimie ; les réductions d'effectifs étant d'ailleurs d'autant moins importantes que l'investissement sera élevé. Or les entreprises nationales du secteur sont fortement endettées et nombre d'entre elles ne peuvent assurer les financements nécessaires.

Conquête ou reconquête des spécialités à forte valeur ajoutée, investissements de modernisation massifs, développement d'une capacité élevée d'innovation et d'adaptation à la demande... ces impératifs auxquels doivent faire face les industries chimiques se retrouvent dans toute l'industrie française.

Saint-Gobain

Saint-Gobain n'est une entreprise chimique qu'au sens très large du terme, son activité essentielle étant la production de verre.

La manufacture de Saint-Gobain fut créée à l'instigation de Colbert qui y voyait déjà l'instrument d'une maîtrise des technologies du verre et des miroirs permettant la reconquête du marché intérieur.

La fusion en 1970 avec Pont-à-Mousson contribua à faire de Saint-Gobain une des grandes entreprises mondiales. Nationalisée en 1982, dénationalisée en 1986, Saint-Gobain est l'une des grandes entreprises françaises les plus rentables.

Le textile et l'habillement

L'industrie textile correspond à la transformation du coton, de la laine et des fibres d'origine chimique en tissu. L'habillement concerne la fabrication proprement dite du vêtement y compris la lingerie et la fourrure...

Un secteur en difficulté

Malgré des succès ponctuels, tels ceux de la haute couture, le textile et l'habillement sont aujourd'hui en difficulté. 13,8 % de la production industrielle en 1960, encore 11 % en 1970, à peine 8 % aujourd'hui ; les industries du textile et de l'habillement voient leur importance dans la production nationale diminuer de façon extrêmement rapide. En termes d'emploi, ce secteur qui occupait 20 % de la main-d'œuvre industrielle en 1960 et 15,6 % en 1970 n'en occupe plus que 11 %. Parallèlement le solde commercial s'est détérioré, passant d'une situation très nettement excédentaire dans les années 70 à un déficit important. Ces difficultés sont d'autant plus graves, que les dépenses d'habillement des Français restent élevées (6,8 % du budget).

Des handicaps certains
vis-à-vis des pays à bas salaires,
mais aussi vis-à-vis des pays industrialisés

Le rapport Poncelet présenté au Sénat en juin 1981 a montré que les écarts de coûts salariaux en 1979 étaient de 1 à 5 entre la France et Hong Kong. De telles différences pèsent évidemment lourdement sur les prix de vente. Pourtant, des pays comme la R.F.A. ou les U.S.A. dont les coûts salariaux sont comparables à ceux de la France, voire supérieurs, obtiennent des prix compétitifs pour un nombre important de produits de ce secteur. Mais dans ces pays où les salaires sont élevés, la productivité moyenne est supérieure à celle de la France de près de 20 % en R.F.A., de près de 35 % aux États-Unis. Pour comprendre la difficulté de la compétitivité des produits textiles français, il suffit de comparer les temps d'utilisation du matériel : 3 300 heures en France par an, 8 500 heures par an aux États-Unis !

La concurrence des pays à bas salaires et celle des pays industrialisés

60 % de nos importations de textile et d'habillement proviennent de la C.E.E., 75 % des pays industrialisés ! Sans doute le poids des pays à faible salaire s'est rapidement accru puisque les importations représentent, en 1983, 24 % des achats à l'étranger contre à peine 12,2 % en 1970. Il reste que même aujourd'hui, ils ne représentent encore que le quart des importations !

Pour ne pas sous-estimer le poids des pays à faible coût de main-d'œuvre, il faut toutefois préciser qu'une part significative des importations de la C.E.E. sont des importations des pays à bas salaires camouflés. Il suffit de faire rentrer des marchandises dans un pays européen, puis de changer les étiquettes.

Une industrie hétérogène

L'industrie textile française a réalisé en 1988 un chiffre d'affaires de 113 milliards de francs. La faiblesse du taux de couverture des importations par les exportations ne doit pas masquer que près de la moitié de la production du secteur est exportée, ce qui signifie une forte compétitivité sur certains types de produits.

L'industrie textile est aujourd'hui assez fortement concentrée, puisque près des 2/3 des salariés travaillent dans des entreprises de 200 salariés ou plus. Les difficultés sont très fortes de ce point de vue selon les types de production ; ainsi dans la bonneterie les P.M.E. sont très nombreuses ; elles sont peu fréquentes dans la production de fibres chimiques.

A la différence du textile, l'industrie de l'habillement est très peu concentrée. Outre la haute couture qui globalement a un chiffre d'affaires à l'exportation important, plusieurs marques de confection ont fortement accru leurs exportations : Cacharel, Jaunet, Bidermann...

La demande dans ce secteur est marquée par des variations de forte amplitude, dans ce contexte la flexibilité de la production est un impératif difficile à réaliser.

Prouvost, Boussac et les autres...

DIM, Vitos, Eminence, Petit Bateau dans la maille et la bonneterie, Yves Saint-Laurent, Dior, Nina Ricci, Chanel mais aussi Cacharel, Bidermann dans l'habillement sont les « grands » qui ont su dépasser le cadre de l'hexagone. Deux groupes industriels dominent par leur taille importante : Prouvost, Boussac...

Prouvost

Le groupe Prouvost, premier groupe textile français (négoce de laine, peignage, fil à tricoter...) à la suite d'une bataille boursière a été divisé en deux. Les activités de négoce ont été reprises par les Chargeurs réunis.

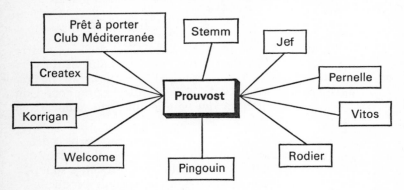

Boussac

L'entrée de nouveaux actionnaires (Elf, Total, Lazard Frères...), accompagnée d'une forte augmentation de capital en 1985, devrait contribuer à la relance de l'activité du groupe Boussac que les difficultés financières avaient mis à la merci des frères Willot dont la gestion fit l'objet de nombreux débats politiques et qui furent finalement condamnés pour détournement de biens sociaux.

Les accords multifibres

Face à la forte concurrence des pays à bas coût de main-d'œuvre, les pays européens ont négocié des accords multifibres. Il s'agit de limiter les importations de façon à permettre à l'industrie textile européenne de survivre et de s'adapter. Malgré les imperfections de tels accords (certaines importations sauvages se produisent...), les industriels français souhaitent que l'accord multifibres soit renouvelé pour leur donner le temps de se moderniser suffisamment ou éventuellement de se reconvertir.

« Qu'est-ce que l'accord multifibres (A.M.F.) ? Il s'agit d'un arrangement quadriennal sur le négoce international des produits de l'industrie textile et de l'habillement en vigueur depuis le 1er janvier 1974. (...)

Depuis dix ans l'A.M.F. s'est modifié. Il n'offrait pas, en effet, un rempart suffisant avec la clause prévoyant un relèvement annuel de 6 % des plafonds d'importations. Son application n'était pas toujours aisée. (...) Enfin, il n'existait pas de restriction aux importations provenant des pays industrialisés. Cette lacune avait, en son temps, favorisé les États-Unis.

Autant que faire se peut, A.M.F.-2 a, pour partie, pallié ces défauts. Ce nouvel accord, signé fin 1977, allait permettre à la C.E.E. de stabiliser ses importations. Il offrait la possibilité de déroger à la règle de la révision annuelle de 6 % en introduisant la notion de taux de pénétration pour les produits qui auraient pu, par leur afflux, déséquilibrer les marchés, et établissait une distinction entre les produits très sensibles, sensibles, autres produits textiles.

Conséquence : quand les importations d'un produit vers la C.E.E. atteignent la cote d'alerte, des négociations sont entamées avec les pays fournisseurs. En l'absence de compromis, la Communauté peut imposer un quota. »[1]

Un cinquième plan multifibres a été mis en place début 1987, il est plus libéral que les précédents.

---

[1]. André Dessot. *Le Monde,* 25 juillet 1985.

Les effets du plan de soutien

« Le plan de redressement mis en œuvre en 1981 afin d'alléger les charges sociales des sociétés, ayant pris des engagements envers l'État dans le domaine de l'emploi et des investissements, a permis de renverser cette tendance. Les investissements ont progressé de 40 % en volume entre 1981 et 1984. D'autre part, un vaste mouvement de fusions et de restructurations s'est amorcé de façon spontanée, autour de groupes importants désireux d'élargir l'échelle de leurs opérations et d'améliorer leur position concurrentielle, en se délestant au besoin de leurs activités non rentables.

Certes, l'industrie française n'a pas réussi à s'imposer sur le marché mondial comme l'a fait l'Italie et plusieurs de ses branches d'activité de la filière textile, dont notamment la bonneterie, restent fragiles. Mais, contrairement à la plupart des autres pays industriels, elle se montre capable de maintenir ses exportations de produits d'habillement (en particulier dans le domaine de vêtements féminins où ses positions restent bonnes) et d'équilibrer sa balance commerciale dans ce domaine. Elle a pour cela misé sur des fabrications de haut de gamme, tout en pratiquant le façonnage à l'étranger, notamment dans le Bassin méditerranéen[1]. »

Les aléas de la modernisation

Face à la concurrence des pays à bas niveau de salaire, la voie paraît simple : moderniser ou disparaître. Pourtant, les modernisations elles-mêmes posent de multiples problèmes. Ainsi, la confection tend à devenir fortement capitalistique. Il faut donc trouver les moyens de financer les nouveaux équipements, or ceux-ci ne s'avèrent généralement rentables qu'au-delà de seuils de vente extrêmement élevés ; quand le réseau commercial, l'évolution de la demande ne permettent pas d'écouler de tels niveaux de production, la rentabilité est compromise

---

1. Lettre de conjoncture (B.N.P.), février 1986.

La sidérurgie

Gaspillages humains et économiques

Malgré une réduction massive des effectifs entre 1973 et 1986 (151 700 salariés en 1973, 97 000 fin 1986) et des investissements considérables, la sidérurgie continue à engendrer les déficits : 3,6 milliards de francs en 1986. Des régions entières sont sinistrées par suite de la place dominante qu'y occupe la sidérurgie (Lorraine). Ne pouvait-on éviter un tel gâchis économique et humain ?

Les pays industriels se modernisent, les débouchés se réduisent

Peu nombreux sont ceux qui voulaient voir la réduction durable des débouchés, liée au développement de produits de substitution (plastiques, aluminium) ; trop d'intérêts convergeaient pour maintenir des capacités de production élevées, très nettement supérieures à ce que l'on pouvait vendre. Il est vrai que la demande a toujours été fluctuante et que face à un boom de la demande, et faute de pouvoir accroître rapidement les capacités de production, des réserves de capacité peuvent s'avérer utiles.

De nouveaux concurrents apparaissent

Comme le textile, la sidérurgie française doit affronter deux types de problèmes qui agissent sur sa compétitivité. D'un côté, les nouveaux maîtres de forges (Brésil, Corée du Sud...) sont difficiles à concurrencer, du fait du faible coût de leur main-d'œuvre. De l'autre, les pays les plus industrialisés ont modernisé à outrance pour rester compétitifs.

Des erreurs de prévisions qui coûtent cher

« La sidérurgie française est la plus moderne d'Europe », déclare Jacques Ferry, vice-président du C.N.P.F. et président de la Chambre syndicale de la sidérurgie française, en 1974. Une étude bancaire renchérit : « Elle est si compétitive qu'elle est presque à l'abri des crises conjoncturelles qui frappent, par intermittence, la profession. » (...)

Les responsables gouvernementaux semblent partager leur optimisme. Ils ne lancent aucun avertissement officiel, aucune mise en garde. Pourtant, une crise formidable est en train de couver. Elle éclatera en 1975 et se prolongera au cours des années suivantes, en s'aggravant.

Sur la Méditerranée, non loin de Marseille, le complexe de Fos est en voie d'achèvement sous le contrôle de la société Solmer. Les commandes s'effondrent. Il a fallu arrêter un haut fourneau géant, peu après sa première mise à feu. Cela ne s'était jamais vu ni en France ni à l'étranger. (...) Fos, l'installation modèle, devait porter le flambeau de la sidérurgie. Or elle travaille à la moitié de sa capacité.

Les deux plus gros actionnaires, Sollac-Sacilor (groupe de Wendel) et Usinor qui disposent chacun de 47,5 % du capital, ont apporté plus de quatre milliards de francs. Thyssen (Allemagne), pour obtenir les 5 % restants du capital, a payé son droit d'entrée 215 millions. L'État est un gros bailleur de capitaux. (...) Quant aux banques, elles ont fourni 8,5 milliards sur un total de près de 15 milliards.

Ces 15 milliards de francs ont permis la construction d'un complexe sidérurgique ultra-moderne. Situé sur le littoral, Fos peut, à la fois, recevoir son minerai de fer par cargos de grande capacité et exporter plus du tiers de sa production par mer. Cette situation « les pieds dans l'eau » a fait le succès des aciéries du même type à Dunkerque (Usinor) et Ijmuiden (Pays-Bas). Elle est à l'origine de la haute rentabilité des aciéries japonaises. Elle permet des économies de transport, car le fret maritime est beaucoup moins onéreux que le fret ferroviaire payé par les aciéries installées à l'intérieur des terres, comme celles de Lorraine. Mais à quoi servent de tels atouts si l'usine de Fos fonctionne au-dessous de son potentiel de production, faute de commandes ? »[1]

1. J. Baumier, *La fin des maîtres de forges*, Plon, 1981.

Effondrement des emplois et baisse de la production

De 1974 à aujourd'hui, la baisse des effectifs a été de l'ordre de 50 % et l'on prévoit une nouvelle réduction des effectifs de la sidérurgie. Une telle hémorragie d'emplois pose des problèmes humains considérables. Comment se reconvertir quand on a travaillé vingt ans dans la sidérurgie et que la région où l'on vit (Lorraine en particulier) n'a qu'une seule industrie (l'autre secteur traditionnel, le textile, étant lui-même en difficulté).

Désespérés, face aux plans de réduction des effectifs, les sidérurgistes déclenchèrent un important mouvement revendicatif. La grève générale de février 1979, massivement suivie, en sera le symbole, le mouvement contribuera à assurer aux sidérurgistes privés d'emploi une indemnisation financière élevée.

La sidérurgie, une industrie qui reste fortement exportatrice

L'industrie sidérurgique française a toujours été massivement orientée vers l'exportation. Cette caractéristique se maintient aujourd'hui. Ainsi, en 1985, la branche a dégagé un excédent net de 11 milliards de francs à l'exportation, ce qui a priori est un indice d'une bonne capacité concurrentielle au niveau mondial.

Le temps des déficits

Quand on examine les résultats financiers des firmes du secteur (très concentré) au début des années 1980, le tableau devient plus sombre.

La maîtrise du marché intérieur par les firmes sidérurgiques est médiocre. Toutefois, l'année 1984 a marqué une amélioration de la situation des firmes nationales sur le marché français puisque le taux de pénétration des aciers fabriqués à l'étranger a régressé de 38,1 % en 1983 à 37,3 % en 1984.

La faible intégration en aval est en partie responsable de cette situation. Les firmes sidérurgiques contrôlent peu d'entreprises clientes. Les entreprises françaises ont long-temps préféré concentrer leurs moyens sur la seule sidé-rurgie. L'objectif était de bénéficier des progrès technologi-ques de façon à mieux se maintenir dans les créneaux où la sidérurgie française était déjà relativement forte. Les in-dustries sidérurgiques allemandes plus intégrées bénéficient de débouchés protégés de la concurrence extérieure. Cette faiblesse apparaît nettement si on compare, sur ce point, la situation de Sacilor ou Usinor à celle des groupes sidérurgi-ques japonais. La structure complémentaire des firmes japonaises leur permet, en cas de sureffectifs dans un secteur, de réemployer les travailleurs en surnombre dans d'autres activités.

L'absence d'intégration se révélera aussi un élément de faiblesse pour les industries de transformation françaises.

Usinor et Sacilor renouent avec les bénéfices

● *La constitution d'un pôle sidérurgique unique*

Le groupe Usinor-Sacilor réalise près de 45 % de son chiffre d'affaires à l'exportation. Ses filiales les plus im-portantes sont la Société Solmer (Fos-sur-Mer), la C.F.A.S. (Compagnie française des aciers spéciaux) et Vallourec, Sollac et Solmer (intérêts minoritaires). Les investissements annuels du groupe sont de l'ordre de 2 milliards de francs. Nationalisé en 1982, Usinor était, avant même cette nationa-lisation, depuis de nombreuses années sous le contrôle de l'État du fait de ses difficultés financières.

Sacilor, avec un chiffre d'affaires de 47,3 milliards en 1986 est le premier groupe sidérurgique français. Ses principales filiales sont Sollac (100 %) et Solmer (50 %).

Les dépenses publiques pour la sidérurgie ont été considé-rables, de l'ordre de 15 milliards de francs par an depuis 1978 en francs actuels, si l'on inclut l'aide économique et sociale, pour des résultats qui aujourd'hui paraissent bien limités.

A posteriori la dépense paraît énorme, compte tenu des moyens dont dispose l'économie nationale, et des nécessités de la modernisation d'autres secteurs.

L'État patron a décidé la nomination en septembre 1986 d'un P.D.G. unique pour Sacilor et Usinor. Ainsi s'achève le mouvement de concentration de la sidérurgie française, puisque le groupe assure la responsabilité de 95 % de la production nationale dans ce secteur.

Cette concentration n'est pas seulement financière et administrative ; elle correspond aussi à une plus grande coordination des activités qui avait déjà été initiée par exemple en 1984 par la fusion des activités d'Usinor et de Sacilor en ce qui concerne les aciers spéciaux de construction et les aciers longs (fils, rails...).

Ce regroupement constitue-t-il un moyen de renforcer l'industrie sidérurgique française ? Les arguments sur ce point s'opposent. D'un côté, la réunion de deux entreprises en difficultés présente toujours un risque important, d'autre part, la constitution d'un pôle unique comporte le risque pour l'État de se trouver contraint de soutenir la seule firme française du secteur quels que soient ses résultats financiers sous peine de voir disparaître toute la sidérurgie française.

En faveur de la stratégie du regroupement, milite, bien sûr, la nécessaire concentration des moyens face à une concurrence internationale extrêmement vive.

● *Usinor-Sacilor, 2ᵉ producteur d'acier dans le monde*

Le chiffre d'affaires du groupe s'élève à 77,6 milliards de francs en 1988. En 1988, la sidérurgie française renoue enfin avec les bénéfices. En 1989, les bénéfices s'envolent et le groupe USINOR-SACILOR devient le deuxième producteur mondial d'acier derrière la firme japonaise Nippon Steel. La modernisation de l'outil de production, la croissance de la productivité, la politique de qualité, l'abaissement du point mort (chiffre d'affaires au-delà duquel on fait des bénéfices) se concrétise enfin par des résultats favorables.

Péchiney et la transformation de l'aluminium

La métallurgie des métaux non ferreux bénéficie, en principe, d'une demande relativement importante. L'aluminium (Péchiney) ne remplace-t-il pas bien souvent l'acier dans les emballages, la construction. L'uranium, le nickel (Imetal) sont des métaux très recherchés.

Péchiney (nationalisé en 1982) est la troisième entreprise mondiale de production d'aluminium et le leader français pour les matériaux nouveaux.

Péchiney a fortement accru sa dimension et son influence en rachetant en 1988 American Can.

Aujourd'hui 60 % de sa production est réalisée à l'étranger Cette délocalisation est pour une part importante liée au coût de l'énergie électrique en France. Or on sait qu'Électricité de France, par suite de son programme de construction de centrale nucléaire, a des excédents de capacité. Il paraissait cohérent qu'un accord puisse se faire entre les deux firmes. Il a abouti à la décision de Péchiney de construire en France une usine ultra-moderne.

La difficile
politique industrielle

Les restructurations nécessaires
pour réduire la contrainte extérieure

L'absence de filières dominantes au niveau mondial, l'importance des « trous » de l'appareil de production, une spécialisation insuffisamment centrée sur les produits les plus portés par la demande mondiale, le contenu souvent faible en valeur ajoutée de nos productions, constituent des faiblesses qui menacent les emplois. L'informatique, les composants électroniques, le secteur des machines-outils... ont pris un retard important par rapport aux leaders mondiaux, or il s'agit de secteurs stratégiques pour gagner la bataille de la compétitivité. Toute relance à contre-courant des tendances mondiales se heurte très vite à la contrainte extérieure. Lever cette contrainte extérieure suppose à la fois une mutation du tissu industriel et dans chaque secteur une amélioration de la compétitivité permettant aux entreprises françaises de gagner des marchés.

La modernisation ne concerne pas
que les secteurs de pointe

Parce qu'elle n'a pas de forte spécialisation mais aussi parce que certaines activités traditionnelles tiennent une place décisive dans l'emploi, l'économie française se trouve contrainte de moderniser dans tous les secteurs, y compris les secteurs industriels traditionnels (textile, sidérurgie...). Nous ne sommes pas maîtres du rythme d'introduction des technologies, ce sont les firmes des pays les plus dynamiques qui fixent ce rythme. Et si par malheur les entreprises françaises ne suivent pas, ce sont tous les emplois d'un secteur qui risquent de disparaître.

La croissance nécessaire à l'emploi

Le repli complet sur l'hexagone entraînerait une baisse de niveau de vie insupportable, qui exclut une telle stratégie. Le protectionnisme ne peut être adopté que de façon temporaire et pour un nombre de produits limité, afin de donner aux entreprises nationales le temps et les moyens de se moderniser. Dans une économie qui ne peut qu'être ouverte sur l'extérieur, l'adaptation aux normes mondiales de productivité constitue une contrainte pour l'emploi. En effet, si les entreprises installées sur le territoire ne produisent pas à des prix compétitifs, les ventes se réduisent, induisant des fermetures d'entreprises et le développement d'un chômage massif.

L'adaptation aux normes de productivité mondiale impose souvent une réduction du nombre de travailleurs par unité produite, par suite justement des gains de productivité obtenus. Pour maintenir l'emploi dans ce contexte, il faut, soit que la production augmente, soit que le travail nécessaire pour produire soit « partagé ».

Or, toutes les prévisions économiques à court terme sont extrêmement pessimistes sur les possibilités de croissance forte de l'économie française, quelle que soit la politique adoptée par l'État. La raison centrale de ce pessimisme est qu'une croissance forte implique que l'on desserre la contrainte extérieure. Cela suppose des mutations de l'appareil productif, en particulier industriel, qui demandent du temps.

L'insuffisance des politiques globales

La politique industrielle est à la fois difficile et nécessaire, difficile parce que le tissu industriel est si complexe que l'État ne peut exercer une action trop directive, nécessaire parce que face à des firmes étrangères puissantes les entreprises françaises n'ont pas les moyens de mettre en place les adaptations indispensables, nécessaire aussi parce qu'il existe des priorités économiques et sociales que l'État a pour fonction de faire respecter.

L'analyse détaillée des résultats sectoriels met en évidence la difficulté des politiques industrielles. Un même type d'intervention de l'État a des résultats extrêmement différents selon le contexte industriel sur lequel il s'applique. Le soutien des commandes de l'État, une protection douanière significative, des aides directes élevées peuvent aussi bien maintenir en vie des entreprises inadaptées ou contribuer à mettre en place des firmes extrêmement compétitives. Ceci tient en particulier à ce que les capacités d'adaptation des firmes françaises sont très différentes d'une entreprise à l'autre. La perception des stratégies gagnantes, la capacité à trouver les moyens de les mettre en place varient considérablement.

Les moyens financiers limités dont disposent les firmes françaises leur imposent souvent des stratégies de recentrage sur leur activité traditionnelle qui peuvent à terme présenter de sérieux inconvénients. D'une part elles renoncent ce faisant à une intégration qui fait la puissance, par exemple des firmes japonaises et d'autre part elles abandonnent souvent à des sociétés étrangères des créneaux qu'elles maîtrisaient encore mal mais qui relevaient de technologies nouvelles (électronique) et qui, à ce titre, étaient porteurs d'avenir pour l'économie française.

Si on compare les résultats des firmes françaises en fonction du type de propriété, on s'aperçoit que les faits renvoient les adversaires du secteur public et du secteur privé dos à dos puisque l'on trouve à la fois des entreprises privées et publiques extrêmement efficaces et des firmes publiques et privées totalement sclérosées.

Les problèmes de politique économique en France sont souvent mal posés dans la mesure où fréquemment une idéologie est opposée à une autre idéologie masquant ce faisant la complexité des problèmes réels.

Les risques du libéralisme

Une conception libérale stricte conduit à rejeter toute intervention de l'État en matière industrielle, la concurrence devrait assurer le succès des plus efficaces... Malheureusement au niveau mondial, certaines firmes, certains pays sont plus puissants que d'autres !

La réalité de ces effets de pouvoir est telle qu'aucun gouvernement dans aucun pays n'applique de politique de véritable laisser-faire industriel. Le gouvernement Chirac met en place après mars 1986 une politique de réductions des aides publiques qui, dans certains secteurs (machine-outil en particulier), conduira à des faillites et au rachat des firmes nationales par des capitaux étrangers. Les inconvénients des aides à l'industrie sont réels, mais les effets pervers de leur suppression peuvent être dramatiques.

Par ailleurs, les vastes restructurations qui se produisent aujourd'hui au niveau mondial laissent craindre à terme de vastes batailles boursières conduisant au contrôle étranger sur les grandes firmes nationales.

Le Grand Marché remet-il en cause l'élaboration d'une politique industrielle nationale ?

Les difficultés de la France à faire accepter la remise par l'État de 12 milliards de dette de Renault montrent que les marges d'actions des États-nation, au sein de la C.E.E., s'amenuisent considérablement.

L'État français ne peut plus aider ses entreprises, ne peut plus mettre en place des mesures protectionnistes sans encourir le risque de se voir condamner par Bruxelles.

Or, aujourd'hui, la politique industrielle de Bruxelles est de type libéral, aide à la recherche, quelques aides régionales... mais pour le reste, son libéralisme la porte vers l'ouverture à la concurrence mondiale.

Troisième partie

GAGNER LA BATAILLE DE L'EFFICACITÉ

L'économie française se voit contrainte de gagner la bataille de l'efficacité si elle veut défendre ses emplois et son niveau de vie. Dans cette recherche les stratégies des années soixante semblent brutalement inadaptées.

L'émergence de nouveaux rapports de force au niveau mondial, la montée de l'incertitude font que la flexibilité, la capacité d'adaptation aux mutations technologiques et aux variations de la demande, la capacité à prendre à tous les niveaux hiérarchiques de « bonnes » décisions sont aujourd'hui des éléments essentiels de l'efficacité. Or sur ce plan l'économie française présente bien des faiblesses. D'autant que parallèlement le niveau des investissements nécessaires pose de façon plus aiguë que jamais le problème de leur financement et de leur rentabilité.

Une fois de plus, face aux difficultés, les regards se tournent vers les économies qui semblent réussir à faire pencher les rapports de forces économiques en leur faveur.

Les années soixante ont été celles de la fascination pour le « modèle américain » : marketing, relations humaines, gestion taylorienne de la main-d'œuvre. Dans les années quatre-vingt, la fascination se déplace vers le Japon qui a fait preuve de capacités d'adaptation exceptionnelles face à la crise. Le « modèle nippon », vu de France, c'est d'abord un étrange consensus social, une organisation du travail qui réduit les effets pervers du taylorisme, et aussi l'efficacité des rapports État-entreprise... Parallèlement nombre d'analystes évoquent un nouveau « modèle américain » qui serait caractérisé par la flexibilité des salaires, la déréglementation des activités, la réduction des impôts et des acquis sociaux.. et aussi la valorisation de l'action efficace. Deux « modèles » extrêmement différents, souvent amalgamés à tort.

Le danger des « modèles » est d'inciter à une transposition, dans un cadre différent, de « recettes » dont l'efficacité est très liée au contexte dans lequel elles se sont exercées.

Ce danger de l'imitation servile ne doit pas faire oublier que ces « recettes » ont été suscitées par de vrais problèmes qui se posent aujourd'hui à tous les pays et auxquels la société française doit donc trouver des réponses, elle aussi.

L'économie américaine nous interpelle sur deux points : la flexibilité des salaires d'une part, la déréglementation d'autre part, sont-elles des moyens de réduire le chômage ?

L'économie japonaise nous interroge dans deux autres directions : l'investissement massif et la recherche sont-ils des éléments obligatoires de la compétitivité ? La transformation des comportements dans l'entreprise et dans les relations État-entreprise est-elle la clé d'une adaptation aux mutations actuelles ?

Indépendamment de ces problèmes se pose un choix stratégique lié au contexte particulier de la France : s'intégrer ou non beaucoup plus qu'aujourd'hui dans un ensemble plus vaste, l'Europe.

Les réponses que l'on peut donner à chacune de ces questions, les modalités concrètes qui peuvent être envisagées doivent prendre en compte les multiples spécificités de la société française.

8. Salaires flexibles et réduction du chômage

La flexibilité en pratique

La flexibilité des salaires est aujourd'hui un des moyens proposés pour améliorer la situation de l'emploi en France. Il s'agit de faire varier les salaires en fonction de l'efficacité des travailleurs, de la pression du marché ou des résultats de l'entreprise.

Quand les salariés de B.S.N. reçoivent au titre de la participation aux bénéfices de l'année un ou deux mois de salaire leur rémunération devient flexible ; il suffirait que l'entreprise soit moins performante pour que les revenus des salariés diminuent de 10 ou 15 %. Cette flexibilité est bien différente de celle qui consisterait à supprimer le S.M.I.C.

Ainsi, la flexibilité peut être envisagée selon des modalités fondamentalement différentes les unes des autres qui n'induisent pas du tout les mêmes conséquences. Elle doit aussi être nettement distinguée de la baisse du niveau moyen des salaires.

Les coûts salariaux

90 % des salariés hommes recevaient en 1987 des salaires mensuels variant entre 4 325 francs et 14 324 francs, 90 % des femmes salariées entre 3 766 francs et 9 740 francs. Avec un salaire mensuel moyen de l'ordre de 6 400 francs en 1987.

La France se situe parmi les pays à niveau de salaire élevé... mais pas parmi les plus élevés. Les salaires allemands ou américains sont supérieurs à ceux de la France, même en prenant en compte les durées de travail respectives... et le niveau des charges sociales. Ainsi la Dresdner Bank évalue le coût salarial en juin 1985 à 12,6 dollars aux États-Unis,

9,8 dollars en R.F.A., 7,7 dollars en France et 7,6 dollars au Japon. De telles comparaisons doivent toutefois être interprétées avec prudence dans la mesure où il s'agit de valeurs moyennes qui peuvent être influencées par exemple par des différences dans le niveau de qualification de la main-d'œuvre.

En revanche, la croissance des salaires en France a été de 1974 à 1982 nettement plus rapide que dans les autres grands pays industrialisés. Parallèlement les charges fiscales et sociales des entreprises se sont sensiblement accrues depuis 1974.

Salaires mensuels moyens

Cadres	17 870 F.
Techniciens	9 860 F.
Autres professions intermédiaires	10 090 F.
Employés	6 690 F.
Ouvriers qualifiés	6 780 F.
Ouvriers non qualifiés	5 870 F.
Hommes	9 230 F.
Femmes	7 000 F.
Tous ensemble	8 430 F.

Comptes de la nation (données 1988).

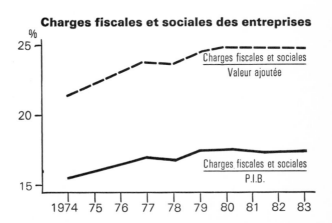

Charges fiscales et sociales des entreprises

Le poids des prélèvements obligatoires supportés par les entreprises
(En % du produit intérieur brut)

PAYS	1975	1980	1984		
	Total	Total	Impôts	Cotisations sociales	Total
France	15,39	17,08	5,05	12,86	17,91
R.F.A.	10,24	10,98	3,71	7,22	10,93
Royaume-Uni	8,56	10,16	7,48	3,52	11,00
Italie	12,51	10,33	4,04	9,86	13,90
Suède	12,37	16,62	4,76	12,66	17,42
Japon	7,50	9,34	5,84	4,16	10,00
États-Unis	9,45	9,41	3,64	4,95	8,59

Source : rapport du Conseil des impôts. Direction de la prévision à partir des statistiques de l'OCDE.
Le Monde, 24 novembre 1987.

La conjonction de ces deux éléments a pesé lourdement sur les coûts des entreprises (d'autant que parallèlement les coûts financiers augmentaient fortement) et a contribué à la réduction des marges bénéficiaires dans un contexte mondial de faible croissance de la demande et de forte concurrence par les prix.

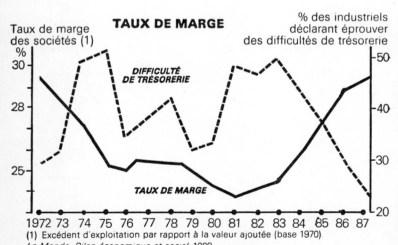

(1) Excédent d'exploitation par rapport à la valeur ajoutée (base 1970).
Le Monde. Bilan économique et social 1988.

La fin de l'indexation des salaires sur les prix ?

Le plan de rigueur de 1983 marque une rupture dans la mesure où les hausses de salaires nominaux n'ont ni en 1983, ni en 1984, compensé les hausses de prix. Sans doute l'inflexion est limitée, la baisse du pouvoir d'achat des salaires nets moyens est de l'ordre de 1,5 % sur l'ensemble de ces deux années, ce qui est à la fois suffisamment peu pour que le niveau de consommation moyen se maintienne (au prix d'une réduction de l'épargne) et assez important pour permettre un certain rétablissement des marges bénéficiaires, tout en favorisant une désinflation jugée nécessaire à l'amélioration de la compétitivité.

Cette désindexation des salaires s'est poursuivie et s'est accompagnée d'un redressement marqué des marges bénéficiaires. L'évolution des salaires français est devenue un élément important de la maîtrise des coûts ; toutefois, il en résulte une stagnation de la demande nationale qui réduit les perspectives de vente et pèse d'une autre façon sur les coûts, les frais fixes se répartissent sur un nombre réduit de produits. Surtout la stagnation de la demande nationale limite la rentabilité des investissements de capacité.

Est-ce suffisant, faut-il tenter de poursuivre cette redistribution de la valeur ajoutée au bénéfice des entreprises ou inverser ce mouvement ?

La baisse des salaires, condition d'une offre compétitive ?

Rendre l'offre plus compétitive

L'argument central développé en faveur d'une politique de baisse des salaires peut se décomposer en trois séquences : la réduction des salaires rend l'offre plus compétitive, l'entreprise peut donc vendre sa production à des prix plus faibles, ce qui lui attirera de nouveaux clients ; les commandes augmentant, elle accroîtra sa production, ce qui la conduira à embaucher... puisqu'il faut d'autant plus de main-d'œuvre que le niveau de production est élevé.

A l'appui de cette thèse, l'exemple des États-Unis est souvent invoqué, les salaires réels ont fléchi dans de nombreux secteurs de 20 voire de 30 % au cours des années de crise et la reprise de l'emploi dans les services semble très liée à cette baisse des rémunérations.

Les risques d'une politique de baisse des salaires

Si l'existence d'une « offre compétitive » est une condition de l'accroissement des emplois, la baisse des salaires présente des risques économiques importants. Du point de vue global, la masse salariale pourrait se trouver réduite, induisant alors une baisse de la demande favorisant l'accroissement du chômage. Imaginons, par exemple, qu'une baisse des salaires de 10 % entraîne une augmentation des emplois de 5 %. On passerait de 100 travailleurs à 105, mais leur salaire nominal passerait par exemple de 5 000 francs à 4 500 francs. Avant la baisse, les salaires distribués étaient de 500 000 F, après la baisse de 4 500 × 105 soit 472 500 francs, soit une baisse globale de 27 500 francs. Une telle baisse des revenus joue nécessairement sur la demande qui ne peut que diminuer... L'effet keynésien classique se manifeste, la demande nationale diminue... Sans doute peut-on espérer vendre plus à l'étranger mais dans une économie où la demande reste nationale en moyenne pour les deux tiers, les mécanismes récessifs ont une très grande probabilité de se produire, annulant les effets bénéfiques attendus sur l'emploi.

Un autre impact défavorable des baisses de salaires est de retarder les ajustements nécessaires. Si les salaires d'une entreprise mal gérée baissent pour maintenir les profits... on voit mal pourquoi les dirigeants feraient un effort pour être performants et adopter des stratégies efficaces... Dans un tel scénario on remplacerait une rigidité par une autre, ce qui deviendrait rigide ce serait finalement le profit !

Enfin, on a pu constater à travers les différents cas cités au cours de l'ouvrage que dans la plupart des secteurs industriels, la concurrence la plus vive provient des pays industriels à haut niveau de salaire et dont le degré de modernisation compense le coût salarial. Or, une baisse des salaires réduirait l'incitation à moderniser. Le gain lié à la modernisation est d'autant plus élevé que la main-d'œuvre

« économisée » a un salaire horaire élevé. La baisse des salaires risque de conduire à une logique de pays sous-développé : moins de mécanisation, moins de valeur ajoutée induisent des salaires de plus en plus bas sans assurer la compétitivité.

L'impact d'une baisse du salaire a donc des effets complexes. L'effet sur l'emploi d'une telle mesure est loin d'être certain. Ainsi l'O.C.D.E. estime-t-elle que, dans le cas de la France, la suppression du S.M.I.C. n'aurait pratiquement pas d'effet anti-chômage.

La baisse des salaires, une mesure ponctuelle et négociée

Ceci ne signifie pas que ponctuellement une baisse des salaires ne puisse être la condition nécessaire du redressement d'une entreprise en difficulté et la seule façon d'éviter une faillite qui se traduirait par des licenciements douloureux... ou qu'une entreprise qui a mis en place, en situation de bonne conjoncture, des salaires supérieurs aux normes habituelles, ne se trouve pas contrainte de demander à ses salariés des réductions de rémunération, mais ce n'est dans tous les cas qu'un « pis aller » face à une situation d'échec et qui n'a de sens que si les conditions du redressement sont effectivement mises en place.

Quel niveau de salaire moyen peut se permettre l'économie française ?

Le niveau de vie moyen des Français est nécessairement limité par la valeur des biens qui sont créés et vendus sur notre territoire. Si le recours aux importations peut accroître momentanément les ressources disponibles, sur le long terme, la valeur marchande de la production nationale constitue l'élément clé qui détermine le niveau de vie. Une société ne peut durablement consommer plus que la valeur qu'elle a créée. Cette liaison entre production et niveau de vie est trop souvent oubliée dans une société où la protection sociale a pris une large place. La logique de solidarité joue de fait un rôle important dans les modalités de constitution des revenus (S.M.I.C., revenus de transfert...). Il paraît normal dans une société riche que tout travailleur reçoive un revenu qui lui permette de satisfaire ses besoins essentiels. C'est cette approche qui a présidé à la fixation d'un Salaire Minimum Interprofessionnel Garanti devenu ensuite le Salaire Minimum Interprofessionnel de Croissance pour marquer que ce seuil de rémunération devait évoluer en fonction de la production du pays.

Il reste que, globalement, ce qui est distribué ne peut excéder ce qui est produit, le niveau de vie moyen ne peut dépasser la production moyenne par habitant.

Si on se situe au niveau de l'entreprise, celle-ci ne peut pas distribuer sous forme de salaire plus qu'elle ne crée de « valeur ajoutée », c'est-à-dire plus que la différence entre son chiffre d'affaires et l'ensemble de ce que l'on appelle les consommations intermédiaires (matières premières, énergie...).

Une telle limite paraît aller de soi ; pourtant dans de nombreux cas elle n'est pas respectée... Ainsi, quand les Ateliers Roannais de construction textile ont déposé leur bilan en juin 1985, ils avaient bénéficié de subventions de l'État entre 1976 et 1985 de plus d'un milliard de francs et leur déficit atteignait en 1985 le pourcentage fabuleux de 50 % du chiffre d'affaires ! Sans doute, un soutien provisoire de la collectivité peut être souhaitable pour éviter les gaspillages qui résulteraient de la mise en faillite d'une entreprise qui reste fondamentalement saine et capable de dégager (dans un espace de temps défini) une valeur ajoutée suffisante pour rémunérer les salariés qui y travaillent, mais la prise de conscience par tous les partenaires sociaux de ce butoir que constitue la valeur ajoutée dégagée par l'entreprise dans la distribution des salaires est une condition d'un dialogue social efficace.

Au niveau global, l'ensemble de la valeur ajoutée par les entreprises ne peut pas être intégralement distribué aux salariés au titre de leur activité de production dans l'entreprise. D'une part, au plan de la firme, un niveau de profit suffisant est la condition du maintien de l'activité et de la mise en place des investissements nécessaires à la production future, d'autre part dans une société où l'État assure à la fois une protection sociale importante et met en place une politique de soutien de l'activité économique, une partie de la valeur ajoutée est nécessairement destinée à financer cette intervention.

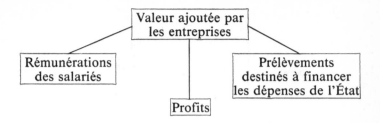

**La flexibilité des salaires
peut-elle stimuler l'efficacité ?**

Le passage du salaire au rendement à une rémunération horaire a marqué un progrès social important dans la mesure où le premier mode de rémunération induit une course à la productivité, facteur à la fois de surmenage physique et mental et de destruction des solidarités collectives à l'intérieur de la cellule de travail... Ces effets négatifs finalement nuisent à l'efficacité globale, en même temps qu'aux conditions de vie des salariés.

Pourtant la rigidité à la baisse des rémunérations (on peut voir son salaire augmenter, mais jamais diminuer) induit une structure des revenus dans laquelle les écarts ne coïncident pas nécessairement avec les différences d'efficacité ou de compétence dans les fonctions assumées.

Parallèlement, la grille française des rémunérations est fortement marquée par une logique de statut. Le supérieur hiérarchique doit par principe gagner plus que son subordonné et une fonction hiérarchique obtenue est acquise de façon irréversible ; il n'apparaît pas comme naturel qu'un directeur commercial redevienne simple représentant parce que les performances obtenues se sont révélées insuffisantes.

Cette rigidité des salaires et des fonctions induit des effets pervers importants. Tout d'abord, comme il n'existe pas de moyen de prédéterminer avec certitude l'efficacité qu'aura effectivement une personne nommée à un poste donné... si le choix s'avère malheureux, le salaire obtenu en fonction du poste sera maintenu quelle que soit l'inefficacité du travail réalisé... De façon plus générale, le salarié n'est pas incité à l'efficacité puisque celle-ci n'a qu'une incidence limitée sur son niveau de rémunération. Sans doute, peut-il espérer que sa compétence étant remarquée par ses supérieurs hiérarchiques, il aura grâce à celle-ci des promotions ou des primes de fin d'année qui compenseront cette absence de récompense immédiate, mais les promotions sont fonction des places vacantes et celles-ci se font rares en période de crise.

Par ailleurs, tous les théoriciens des « organisations » ont montré que l'efficience n'est qu'une des très nombreuses variables qui interviennent dans les décisions de promotion... « L'art de plaire » au supérieur hiérarchique ou à celui qui décide des promotions comprend bien autre chose que l'efficience et peut, dans de nombreux cas, ne rien avoir à faire avec la qualité du travail réalisé. Ceci résulte de ce que d'une part les « décideurs » eux-mêmes ont des intérêts de carrières qui ne coïncident pas nécessairement avec l'objectif d'efficacité de la firme... et que d'autre part la mesure de l'efficacité des collaborateurs est souvent extrêmement difficile.

Une flexibilité des salaires qui se ferait uniquement en fonction de l'avis du supérieur hiérarchique se heurterait à l'opposition des syndicats qui y verraient un moyen d'accroître le pouvoir discrétionnaire de la hiérarchie sur les travailleurs, sans assurer nécessairement la juste récompense de l'efficacité et de la compétence.

La seule flexibilité des salaires qui pourrait, en France, être acceptée par les différents partenaires sociaux serait une flexibilité négociée ; l'objet de la négociation étant double, d'une part assurer des « butoirs sociaux » importants, la flexibilité des salaires ne porterait par exemple que sur une fraction limitée de ce salaire (qui de toute façon ne pourrait pas être inférieur à des seuils négociés), d'autre part, mettre en place des moyens de mesure négociés de l'efficacité en fonction desquels fluctuerait la partie variable du salaire.

Une telle flexibilité des salaires peut être envisagée par rapport aux résultats d'un individu mais aussi par rapport à ceux d'un service, ou par rapport aux résultats globaux de l'entreprise.

Si la participation aux bénéfices de la firme peut accroître le sentiment d'appartenance à une entreprise, on peut lui reprocher de faire varier le niveau de rémunération en fonction de données sur lesquelles le travailleur a peu d'impact.

Si une telle stratégie peut séduire dans la mesure où elle est porteuse d'une meilleure adéquation entre l'efficacité individuelle mais aussi collective et la rémunération, elle présente aussi des risques. La définition des critères d'évaluation est extrêmement difficile dans de nombreux types d'activités. Un effet pervers possible consisterait dans la mise en place de critères d'évaluation inadaptés qui, au lieu d'inciter à l'amélioration des performances, conduirait à de nouvelles rigidités et à des comportements inefficaces.

L'autre façon
d'accroître l'offre compétitive

Pourquoi l'Allemagne fédérale ou les États-Unis peuvent-ils dégager une offre compétitive malgré des coûts salariaux plus élevés qu'en France ?
Plusieurs éléments contribuent à expliquer cette situation : une productivité moyenne supérieure, une meilleure capacité à se situer dans des secteurs à forte valeur ajoutée, une maîtrise des aspects qualitatifs de la compétitivité (réputation internationale de fiabilité, de qualité des services après-vente, de respect des délais de livraison...). L'alternative à la baisse des salaires est donc l'amélioration de l'efficacité. Celle-ci peut résulter d'une meilleure spécialisation industrielle, ce qui renvoie aux problèmes des restructurations industrielles. Elle est liée aussi à la modernisation des équipements qui souvent sont trop anciens, compte tenu des normes de production internationales... ; elle suppose parallèlement une amélioration de l'efficacité individuelle et collective : réduction des gaspillages, amélioration de la qualité des produits, meilleures capacités d'adaptation face aux incertitudes multiples.

9. Repenser la gestion

L'organisation et la compétence de la main-d'œuvre, éléments clés de la compétitivité

Quelques productions tendent à se délocaliser vers des pays à faibles coûts salariaux et beaucoup s'en inquiètent.. mais le problème sur lequel on s'interroge trop peu est celui de savoir pourquoi cette délocalisation n'est pas beaucoup plus massive. Comment se fait-il, par exemple, que la production automobile dans laquelle les coûts salariaux représentent une fraction élevée du prix de revient ne se délocalise pas plus vers les pays à bas salaire. La réponse ne doit pas être cherchée dans les coûts de transport qui restent modestes, mais dans les problèmes d'organisation du travail et de qualification de la main-d'œuvre que rencontrent, encore aujourd'hui, les pays du Tiers Monde. Si le niveau des équipements déterminait seul la productivité, les firmes multinationales accélèreraient beaucoup plus qu'elles ne le font la délocalisation des industries. Si elles ne le font pas, c'est qu'aujourd'hui la qualité de la gestion et la compétence de la main-d'œuvre restent les éléments clés des performances économiques des pays les plus industrialisés.

La gestion des entreprises françaises est marquée par un certain nombre de traits spécifiques qui rendent difficiles les adaptations aux nouvelles conditions de la compétitivité. Aussi, les regards se tournent de plus en plus fréquemment vers les modes de gestion étrangers. La place particulière que tient le Japon dans les réflexions relatives à la gestion provient de ce que les performances obtenues à niveau équivalent d'équipement y sont souvent supérieures à celles des États-Unis. Pour la première fois les entreprises américaines, elles-mêmes, prennent conscience de ce que leur mode traditionnel de gestion est souvent moins performant que celui de leurs concurrents japonais.

Gestion à la japonaise et à l'américaine, quelles divergences, quels points communs ?

Deux chemins différents pour assurer les adaptations nécessaires

Les principes de gestion des Américains et des Japonais sont très différents les uns des autres. Aux États-Unis, la sécurité de l'emploi est faible, les rémunérations sont souvent flexibles : en cas de difficultés l'entreprise obtient assez facilement que ses salariés acceptent des réductions de salaires. La dérégulation des activités est perçue comme une source de reprise économique.

Au Japon, au contraire, dans les grandes entreprises et pour les travailleurs recrutés à titre permanent, la sécurité de l'emploi est totale, les salaires s'accroissent avec l'ancienneté et les relations État-entreprise sont non seulement valorisées, mais au cœur de la réussite japonaise. Ainsi, face à un même problème (par exemple, la faible productivité d'un travailleur à un poste donné), la réaction d'adaptation type la plus spontanée sera aux États-Unis de licencier le travailleur, alors qu'au Japon on le gardera dans l'entreprise en lui donnant une fonction qui conviendra mieux à ses compétences.

Derrière ces oppositions, on retrouve dans les deux pays la recherche d'une forte capacité d'adaptation.

Cette flexibilité, les États-Unis d'aujourd'hui la recherchent d'abord par les procédés classiques du libéralisme. Encore que la pratique américaine donne une place importante à l'intervention de l'État, ne serait-ce que par le poids du budget de la Défense sur l'ensemble de l'économie américaine (voir pages 268 et 283).

Le Japon, en revanche, trouve cette flexibilité par une organisation du travail fondamentalement différente de la logique fordiste, rendue possible par l'existence d'un consensus social exceptionnel et des relations traditionnelles « dirigeant-dirigé » tout à fait spécifiques. A l'opposé de la gestion tayloriste dans laquelle les tâches de conception et d'exécution sont nettement séparées, l'entreprise japonaise s'attache à utiliser les capacités d'innovation de l'ensemble des travailleurs, à valoriser les compétences collectives et individuelles et à favoriser la prise de décision au niveau le plus performant.

La réussite économique de ces pays invite à une réflexion sur les faiblesses relatives de la gestion des entreprises françaises.

Les faiblesses de gestion des entreprises françaises

« L'esprit marketing » encore insuffisant

La logique de gestion des années soixante a contribué au développement de la période des « 30 glorieuses » et de nombreux succès à l'exportation aujourd'hui doivent lui être attribués.

Traditionnellement, l'entreprise française était centrée sur les problèmes de production et s'inquiétait assez peu de l'évolution de la demande. L'expérience des « business schools » a apporté aux entreprises françaises le sens du marketing, c'est-à-dire une attitude d'esprit qui tend à prêter une attention suffisante à la demande et à adapter en conséquence la production. Ce changement introduit par « l'esprit marketing », fut une véritable révolution dans la gestion des entreprises françaises. Mais malgré les acquis dans ce domaine, la prise en compte des mutations de la demande par les firmes françaises sont en moyenne loin de valoir celles des Américains et des Japonais. Ces derniers font preuve d'une capacité d'adaptation exceptionnelle.

Ainsi, au Japon depuis très longtemps, les grandes firmes ont pris l'habitude de créer des sociétés de commerce dont l'une des fonctions principales est la prospection des marchés et l'adaptation des produits à la demande. Elles alertent leur maison-mère sur les changements qui marquent le marché. Grâce aux liens privilégiés qu'elles entretiennent avec une multitude de P.M.E., c'est l'ensemble du tissu industriel japonais qui se trouve concerné. L'efficacité de cette organisation repose sur une très grande capacité d'attention de la part de la maison mère aux informations fournies par la « société de commerce ». Elle suppose aussi que celle-ci est capable d'adapter rapidement sa production et ses structures commerciales. Cette flexibilité, les firmes françaises n'en sont par dépourvues. Il reste que dans une période où celle-ci devient stratégique face aux changements rapides, la structure des entreprises françaises ne favorise pas assez cette adaptation.

Le coût du taylorisme devient élevé

Le taylorisme qui sépare systématiquement le travail manuel du travail intellectuel est aussi un des grands accusés de la période actuelle. Tout ou presque a été dit sur la déshumanisation du travail qui se trouve confié aux exécutants, tant dans l'industrie que dans le tertiaire (touché aussi par la taylorisation).

Si ce problème se pose de façon particulièrement aiguë en France, c'est que dans les années 60, de nombreuses branches (automobile...) ont fondé leur développement sur une main-d'œuvre très peu qualifiée (main-d'œuvre immigrée) dont on vantait la facilité d'adaptation au travail à la chaîne et le faible coût salarial. Cette structure se révèle aujourd'hui source de rigidités. Face aux nécessaires mutations, ces travailleurs, après tant d'années de travail, se révèlent peu aptes à des changements d'activité.

Le travail parcellisé et sans responsabilité a des effets pervers qui se traduisent par des accroissements de coût (rebuts liés au manque d'intérêt pour la qualité des produits, absentéisme, conflits freinant la productivité...) ; quand la mobilisation des capacités d'initiative de chacun devient un atout pour la compétitivité, la séparation radicale entre conception et exécution paraît avoir un coût financier élevé.

La prise de conscience des inconvénients de ce mode d'organisation s'est traduite par le développement en France de nombreuses expériences inspirées de la pratique japonaise[1]. C'est ainsi que des « groupes de qualité » ou « groupe de progrès » ont été mis en place avec des succès divers. Le passage d'un type de gestion centralisé et hiérarchisé à une gestion plus participative se heurte nécessairement à des difficultés liées à des décennies de comportements différents. Il reste que globalement les partici-

---

1. L'intérêt pour les méthodes japonaises touche aussi les États-Unis. Ainsi, l'accord signé par General Motors avec les syndicats dans le cadre du nouveau projet Saturne prévoit une garantie de l'emploi pour 80 % du personnel, la constitution de groupes de travail ayant des responsabilités réelles, une flexibilité de salaire en fonction d'objectifs précis de production.

pants a ces expériences (y compris les syndicats) dans tous les cas où les relations à l'intérieur de l'entreprise ne sont pas trop dégradées, semblent avoir un jugement plutôt positif sur le résultat de ces groupes.

Le surencadrement

De nombreux éléments qui caractérisent l'organisation de la production, sont marqués par des données culturelles typiquement françaises. Ainsi on pourrait a priori penser que les structures industrielles étant relativement comparables en France et en Allemagne fédérale, le niveau d'encadrement (pourcentage de cadres par rapport au nombre d'ouvriers) serait à peu près équivalent. Des sociologues français Maurice, Sellier et Silvestre[1] ont montré que les différences sont pourtant très importantes. Pour un même nombre d'ouvriers, il y a plus de cadres en France qu'en Allemagne.

France/Allemagne, le poids de l'encadrement dans les industries manufacturières

	France	Allemagne
Ouvriers	100	100
Non ouvriers	42	36
Nombre d'ouvriers dirigés par contremaître	16	25
Nombre d'employés administratifs	27	22
Nombre d'ouvriers	100	100

D'après l'étude de Maurice, Sellier et Silvestre.

Il en résulte que pour une même productivité ouvrière, le niveau de production moyen par salarié sera plus faible en France.

Comment expliquer ces écarts ? Les auteurs de l'étude ci-dessus voient une première explication dans les différences de formation et de type de qualification de la main-d'œuvre des deux pays une cause essentielle de ces

---

1. *Politique d'éducation et organisation industrielle en France et en Allemagne*, PUF, 1982.

différences. L'ouvrier allemand a plus souvent une qualification professionnelle reconnue par un diplôme que l'ouvrier français. 67 % contre 31 % en France ont un diplôme du type C.A.P. français. Ce décalage peut être rattaché à deux facteurs : l'enseignement français privilégie formellement la formation générale et cela aboutit en pratique à mettre sur le marché du travail un pourcentage élevé de jeunes sans diplôme ; le système allemand donne une place plus grande à la formation professionnelle et assure à un plus grand nombre la maîtrise d'au moins une technique directement utilisable dans la vie active. Par ailleurs, le consensus social, plus faible en France qu'en Allemagne, peut être à l'origine d'un encadrement supérieur destiné à contraindre l'ouvrier à l'efficacité.

La rigidité des statuts et le risque de bureaucratisation

Dans l'entreprise française, il y a quelques cheminements professionnels possibles, tous marqués par le même principe, à savoir que l'on progresse dans la hiérarchie en allant vers les fonctions administratives qui sont les plus porteuses de pouvoir et on ne rétrograde jamais. Cette situation s'oppose, par exemple, aux comportements les plus courants aux États-Unis. Une carrière orientée vers les fonctions techniques n'exclut généralement pas dans ce pays le passage à tout moment vers des fonctions de direction ; cette structure de carrière favorise le maintien de cadres compétents à des postes techniques, ce qui dans le contexte actuel marqué par l'importance des choix technologiques, peut être un facteur d'efficacité. Par ailleurs, les fonctions ne sont jamais acquises définitivement et le critère du résultat obtenu tient une place beaucoup plus importante qu'en France. Sans passer d'un extrême à l'autre, un minimum de flexibilité des fonctions liées aux performances est souhaitable à tous les niveaux hiérarchiques, dans le cas contraire la bureaucratie s'installe.

La compétence est en France, plus qu'ailleurs, souvent supposée proportionnelle au statut. Ainsi, un argument est souvent pris en compte de façon très différente suivant le niveau hiérarchique de celui qui le formule. Une telle attitude ne favorise pas l'émergence des meilleures décisions possibles. L'écoute de toutes les idées quelle qu'en soit l'origine est au contraire un facteur de dynamisme.

Le poids de l'État
biaise la logique économique

L'importance de l'intervention économique de l'État introduit un biais dans le comportement des firmes ; obtenir les faveurs de l'État devient souvent un objectif majeur qui accroît le rôle des « relations publiques » au détriment de la rationalité économique. S'il est difficile de résoudre ce problème, c'est que la réduction du rôle de l'État a aussi des effets pervers importants.

Le poids des données culturelles

La culture française prend ses racines dans l'histoire Au-delà des particularités, il existe un fonds commun bâti sur les qualités qui ont fait autrefois la splendeur de la France. Il s'agit avant tout de l'art du discours. Le pouvoir se conquiert par la parole, la prestance personnelle, l'art de plaire. La culture française était une culture littéraire, elle l'est restée. Aujourd'hui encore les dirigeants des entreprises, bien qu'ils aient souvent un diplôme scientifique, ne peuvent espérer faire carrière qu'en mettant l'accent sur ces valeurs traditionnelles de conquête du pouvoir. Celles-ci n'ont pas survécu à la traversée de l'Atlantique, et aux États-Unis où la compétition est la règle, les valeurs qui émergent sont celles de l'efficacité et de la performance. La culture américaine valorise plus le résultat obtenu que le « paraître » social dans l'entreprise, attitude qui contribue mieux à l'efficacité.

Les conditions de l'adaptation

Toute adaptation réussie suppose une prise en compte réaliste des relations dans l'entreprise. De nombreuses erreurs dans la transposition de principes de gestion dits rationnels proviennent d'une analyse trop sommaire de ces relations.

Trois éléments sont particulièrement importants de ce point de vue :
● Derrière les structures formelles du fonctionnement de

l'entreprise il y a des structures informelles qui jouent un rôle essentiel dans la prise de décision.

● Les meilleurs principes peuvent être mal appliqués et donner des résultats désastreux.

● Chaque pays est marqué par des données culturelles et sociales spécifiques, les prendre en compte est une des conditions de toute mutation réussie.

● *Optimum de l'entreprise et stratégies de carrière*

Depuis bien longtemps, l'économie française essaie d'intégrer des règles de gestion dites « scientifiques ».

Parmi ces principes de gestion, la psychologie n'est pas délaissée : n'apprend-on pas que le dirigeant doit savoir prendre en compte les problèmes relationnels, voire psychologiques de ses subordonnés ! En revanche les acquis de l'analyse des « organisations » sont généralement négligés. Les travaux des sociologues ont montré que les décisions à tous les niveaux hiérarchiques sont extrêmement influencés par les stratégies de carrière individuelle, que les outils de gestion les plus « rationnels » sont fréquemment utilisés pour masquer le jeu des pouvoirs.

Comme le notent les sociologues M. Crozier et E. Friedberg dans *L'acteur et le système* : « On en arrive aux situations bien connues où — pour ne prendre que cet exemple — les commerciaux entreront en conflit avec les ingénieurs de la production parce que les raffinements techniques que ceux-ci apportent aux produits de la firme en alourdissent les prix de revient, si bien qu'il devient difficile ensuite de placer ces produits sur le marché. Les uns argumenteront qu'il faut jouer le moyen terme car la demande s'adaptera si le produit est supérieur ; les autres rétorqueront que la place sur le marché doit être absolument prise et gardée maintenant. Les uns et les autres chercheront en fait à faire de leur apport la contribution décisive pour la survie de l'ensemble[1]. »

La capacité à éviter que ces conflits ne prennent une dimension telle qu'ils bloquent la prise rationnelle de décision dans l'entreprise est une condition de l'efficacité.

1. Ed. du Seuil.

Ces problèmes sont particulièrement aigus dans une société en changement rapide où la qualité des structures de prise de décision a une importance stratégique.

● *Principe rationnel et pratique irrationnelle*

Parallèlement un décalage se produit souvent entre un principe rationnel et une application concrète. Un exemple peut en montrer le mécanisme.

C'est à juste titre que les Américains ont attiré l'attention sur l'importance d'une approche globale du recrutement du personnel. Il est nécessaire, avant de décider d'une embauche nouvelle, de prendre en compte non seulement la compétence technique d'un individu mais également ses qualités de relation avec les autres... En pratique, cette règle de bon sens a été à l'origine de méthodes dont l'efficacité s'avère aujourd'hui bien douteuse. Les Anglo-Saxons insistent de plus en plus souvent sur les dommages qui peuvent résulter des excès de la « gestion scientifique » du recrutement. Ainsi, G. Hubbard dans un article de *Management Today* résume ces principales critiques :

« Qu'ont donc de mauvais les techniques actuelles de présélection ? D'abord le formulaire de candidature, sur lequel repose généralement la sélection de plus de la moitié des postulants, n'est tout simplement pas approprié. Un grand nombre d'entre eux posent des questions idiotes, d'autres des questions qui appellent pratiquement des réponses mensongères. Les firmes recherchent les activités extra-professionnelles comme marque de qualités rares, telles que la sociabilité et l'aptitude au commandement. Keenan[1] a découvert que 40 % des étudiants interrogés s'inventent des centres d'intérêt. Ainsi qu'il le souligne, « ils savent tous qu'il ne faut pas avoir un passe-temps introverti ». Sont également voués à l'échec les efforts du recruteur pour évaluer des qualités nébuleuses telles que l'esprit d'équipe à partir de l'expérience passée du candidat. Affirmeriez-vous qu'il existe quelque chose de commun entre l'esprit d'équipe sur un terrain de rugby et dans un atelier ?

---

1. Tony Keenan, psychologue du travail.

En tentant d'évaluer les qualités telles que la maturité ou l'aptitude à l'auto-analyse, les formulaires de candidature interrogent souvent les étudiants sur des points qui outrepassent leur expérience comme par exemple ce que comporte une carrière réussie ou ce qu'il ou elle pourrait apporter au poste. « Les seuls étudiants qui se sortent bien de cette épreuve sont les manipulateurs qui se préoccupent avant tout de dire au recruteur ce que celui-ci désire entendre plutôt que de donner des réponses sincères », déclare Keenan. « Nombre d'entre eux passent des heures à essayer d'inventer une belle petite histoire afin de faire impression. Chacun écrit les choses les plus souhaitables sur le plan social et le recruteur se retrouve avec des centaines de jeunes identiques de 21 ans, joueurs de squash et tournés vers la communication.

C'est au stade de l'entretien, encore utilisé comme méthode de sélection finale par la plupart des entreprises, que la subjectivité entre véritablement en jeu. « Des études montrent que l'entretien informel n'est tout simplement pas efficace », déclare David Nias, chercheur et psychologue. « Souvent, il indique seulement si le postulant a plu à l'interviewer. » [...]

En désespoir de cause, un nombre croissant d'organismes se sont tournés au cours des trois dernières années vers les tests de personnalité comme méthode infaillible leur garantissant le choix exclusif des meilleurs candidats. Devenus aujourd'hui l'une des méthodes de recrutement à la fois les plus controversées et les plus en vogue, les tests de personnalité ont été attaqués sur plusieurs fronts. Premièrement, les questionnaires utilisés ont été élaborés pour un usage clinique ou général ; peu ont trait à l'environnement professionnel. Deuxièmement, la plupart d'entre eux n'ont pas l'efficacité escomptée. [...]

Le Dr Saville déclare avoir constaté l'extrême manque de fiabilité de certains éléments du test 16 FP, où la même personne obtient un résultat différent après avoir subi le test à deux reprises. Pis encore, il estime que le test 16 FP ne permet pas d'évaluer ce qu'il prétend évaluer. Peter Herriot, du Collège Birkbeck, partage ses préoccupations. « Le principe sur lequel repose les tests de personnalité et selon lequel les traits déterminants d'un individu sont immuables et affectent son comportement en toute situation, est extrêmement contestable », déclare-t-il. Mais les entreprises semblent se laisser séduire par l'apparence pseudo-scientifique de ces mystifications psychologiques[1]. »

Ainsi l'application maladroite de principes rationnels peuvent être à l'origine d'effets pervers importants dont le coût financier peut se révéler élevé.

● *Le consensus nécessaire*

L'histoire sociale de la France est marquée par des conflits quasi continuels entre les salariés et le patronat. Presque tous les progrès sociaux apparaissent comme des « victoires » des travailleurs. Cette histoire induit des antagonismes marqués. Les syndicats les plus puissants (voir page 266) considèrent traditionnellement d'une part qu'ils ne veulent pas gérer à la place du patronat et d'autre part que s'ils gèrent, ce doit être totalement (autogestion). La période récente a conduit à quelques remises en cause de cette analyse. Celles-ci résultent de deux mutations, la première est la crise elle-même, qui a mis en évidence l'importance pour l'emploi de la bonne santé des firmes nationales. La seconde est le constat de ce que la logique revendicatrice antérieure ne fonctionne plus.

Si le mode de gestion taylorien a un coût financier élevé, et si une gestion plus participative peut être un moyen d'accroître la compétitivité, le consensus entre les partenaires sociaux sur l'objectif d'efficacité devient essentiel. Ce consensus n'implique pas que l'on ignore les oppositions d'intérêt qui séparent les participants à la vie de l'entreprise, (celles-ci existent) et les négliger serait le meilleur moyen de ne pas obtenir le consensus nécessaire.

Pour qu'une meilleure prise en compte de l'efficacité soit possible dans le contexte culturel français, il faut qu'aucun des partenaires sociaux n'ait le sentiment de faire un marché de dupe.

Ainsi, en échange d'une plus grande flexibilité des fonctions et des salaires, d'un recentrage sur des critères de compétence et de résultat, les syndicats devraient pouvoir obtenir

---

1. G. Hubbard, *The recrutment jungle, Management Today*, septembre 1984.

la mise en place de butoirs sociaux sérieux et de moyens de recours mieux adaptés aux nouvelles formes de gestion ainsi qu'une participation sans doute limitée aux décisions mais qui aboutirait à une revalorisation du travail quotidien.

Coopération et innovation dans la formation initiale

L'innovation, la coopération, la prise de décision efficace, la valorisation de la compétence collective et individuelle ne s'improvisent pas. L'école peut tenir une place privilégiée dans le développement de ces qualités.

Or dans le contexte actuel, ces comportements sont peu valorisés : il ne s'agit évidemment pas de réduire la fonction de l'école à l'acquisition de ces comportements collectifs mais de leur faire une place.

Les projets collectifs, comme il en existe ici ou là, ayant un objectif concret et précis, effectivement réalisable avec les moyens disponibles et dont la réalisation oblige à tenir compte des contraintes réelles et à coordonner les activités, vont dans ce sens. Le développement de ce type d'activité se heurte à une logique scolaire qui valorise finalement le succès individuel.

Le rôle de la formation est d'autant plus important que la décentralisation des responsabilités et la bonne gestion des informations, facteur de productivité, supposent une compétence élevée à tous les niveaux.

Les organisations syndicales les plus représentatives

« L'article L.133-2 du Code du travail a énuméré les critères de représentativité des organisations syndicales : effectifs suffisants, indépendance (vis-à-vis du patronat), cotisations automatiques et régulières, expérience et ancienneté...

Un arrêté du 31 mars 1966, a désigné la CGT, la CFDT, la CFTC, la CGC et FO comme *« représentatives de droit au niveau national »*. Il en résulte notamment que les syndicats affiliés à une de ces organisations représentatives au niveau national n'ont pas à faire la preuve de leur représentativité pour conclure une convention ou un accord collectif d'entreprise ou pour constituer une section syndicale d'entreprise.

(...) En France les syndicats *« peuvent se constituer librement »*, aux termes de l'article L.411-2 du Code du travail, dès l'instant où ils désignent des dirigeants et rédigent des statuts. Comme le montre l'existence de nombreux syndicats autonomes et indépendants, les portes des entreprises ne leur sont pas fermées, mais, en dehors du « club des cinq », ils doivent, pour constituer une section, prouver leur représentativité.

Au niveau national, le « club des cinq » dispose d'une représentativité incontestable. Lors des dernières élections prud'homales en 1982, les cinq centrales représentatives, qui n'avaient nullement bénéficié d'un « monopole », avaient totalisé ensemble 96,18 % des suffrages. Dans un pays où moins d'un salarié sur cinq est syndiqué, les syndicats ont une bonne audience. Si le nombre de syndiqués est faible, il est supérieur au nombre de Français qui sont membres de partis politiques.

Mettre en cause le « privilège » des centrales représentatives serait donc à beaucoup d'égards une erreur. Ni le patronat ni le ministère du Travail ou les pouvoirs publics n'ont intérêt à multiplier le nombre d'interlocuteurs syndicaux. Un émiettement aboutirait à affaiblir le partenaire syndical dans une période où il a justement besoin d'être renforcé. Les syndicats ne sont pas seulement des instruments de dialogue, ce sont aussi des régulateurs de tensions. Pour jouer ce double rôle, ils ont besoin d'être forts[1]. »

1. Michel Noblecourt, *Le Monde,* Vendredi 12 juillet 1985.

10. La nécessaire maîtrise technologique

Une condition majeure de la maîtrise industrielle

La maîtrise technologique est aujourd'hui un élément essentiel de compétitivité dans tous les secteurs industriels. Non seulement, l'adaptation aux normes techniques mondiales est devenue une véritable contrainte pour un pays qui ne veut pas voir son niveau de vie réduit, mais la capacité à innover et à maîtriser les choix techniques a pris une importance stratégique. N'estime-t-on pas que 90 % des produits de consommation et des outils de production qui seront utilisés en l'an 2000 sont encore inconnus aujourd'hui. Les erreurs d'appréciation dans les choix des technologies (non seulement les plus efficients mais également les moins susceptibles d'être marqués par une obsolescence rapide) sont devenues d'autant plus graves que les investissements sont à la fois plus massifs et plus risqués qu'avant la crise, par suite de la rapidité accrue des mutations des techniques et de la demande.

La maîtrise technologique implique, d'une part, une priorité à la recherche qui renvoie non seulement aux dépenses en recherches mais également à la nature des liaisons entre la recherche et l'industrie, d'autre part, des investissements suffisants pour permettre la mise en place effective des outils technologiques les plus productifs. Enfin, l'attitude innovatrice et orientée vers la meilleure utilisation possible des moyens technologiques pose à la fois des problèmes de formation et de comportement dans l'entreprise.

Recherche scientifique et développement industriel

Un effort de recherche-développement insuffisant

Selon l'estimation de l'O.C.D.E., en prenant pour critère d'évaluation, non pas les cours des changes dont les variations sont aléatoires, mais les parités de pouvoir d'achat[1], les dépenses de recherche et de développement de la France en 1982 se sont élevées à environ 12 millions de dollars contre 17 millions en Allemagne fédérale, 31 au Japon, 82 aux États-Unis. Le seul département de la Défense aux États-Unis a un budget de recherche et de développement supérieur à celui de la France. Ainsi, par rapport au P.I.B. la situation relative de la France est peu satisfaisante.

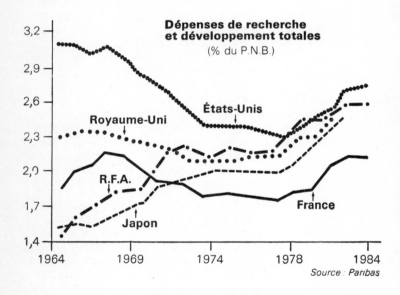

Dépenses de recherche et développement totales
(% du P.N.B.)

Source : Paribas

Un autre indicateur de la faiblesse de l'effort français est donné par le nombre des chercheurs dans la population active.

1. PPA : compte tenu des fluctuations importantes du dollar, les dépenses de recherche sont estimées en équivalent de pouvoir d'achat.

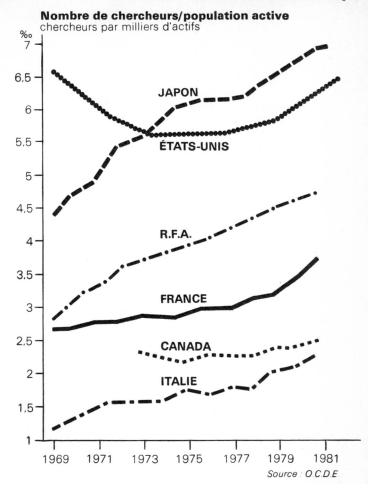

Nombre de chercheurs/population active
chercheurs par milliers d'actifs

Source : O.C.D.E.

Si on compare maintenant les dépenses de recherche-développement qui concernent le seul domaine industriel plusieurs faits majeurs apparaissent.

Dépenses de recherche et développement industriel

Au niveau sectoriel, si les dépenses de recherche-développement dans les entreprises sont plus importantes en France qu'en Allemagne fédérale pour l'aéronautique, dans

269

tous les autres secteurs l'effort allemand est supérieur. Dans le secteur des transports, l'Allemagne emploie trois fois plus de chercheurs que la France, dans la chimie ou la métallurgie de base, deux fois plus.

La faiblesse de l'effort de recherche-développement français particulièrement marquée dans la construction mécanique, la chimie... ne risque-t-elle pas d'accroître les difficultés dans un contexte mondial où la *maîtrise technologique* est une des clés de la compétitivité ?

**Dépenses de recherche
et développement dans l'industrie**
(% du P.N.B.)

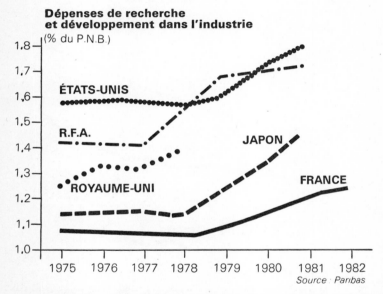

Source : Paribas

Le budget public de recherche devrait en principe être de 2,6 % du P.I.B. en 1988 et 2,8 % en 1990, ce qui marque un accroissement par rapport aux années 80, et permettrait de se rapprocher du pourcentage japonais (3 %). Et pourtant le potentiel de recherche français est considérable.

Cette faiblesse relative de l'investissement en recherche ne doit pas masquer le potentiel d'innovations technologiques que recèle la société française. Ceci résulte d'un système éducatif qui, quels que soient par ailleurs ses défauts, est capable de former des scientifiques de haut niveau.

Au-delà de la qualité initiale des chercheurs (à la sortie du cycle de formation), un problème central est celui de l'efficience de leur activité. En termes économiques, celle-ci se mesure par l'importance des développements qui aboutissent à des succès commerciaux. En ce domaine les liaisons recherche-entreprise jouent un rôle central.

Les liaisons recherche-industrie

Le secteur aéronautique est un des exemples de relations efficaces entre la recherche et l'industrie.

Dans la réalisation d'Ariane, les liaisons recherche-industrie tiennent une place importante. Le C.N.E.S. (Centre National d'Études Spatiales) joue le rôle de maître d'œuvre, à la fois vis-à-vis des autres participants européens et vis-à-vis d'Arianespace, entreprise privée qui se concentre sur les activités de commercialisation.

La production des différents éléments d'Ariane est réalisée par les industries des différents pays qui participent au financement des recherches. Les contrats de production sont passés avec des « partenaires privilégiés » (pour la France : la S.E.P., Aérospatiale...) qui sous-traitent une partie de la réalisation à des firmes plus petites. Si un problème technique se pose à l'une des entreprises, elle a recours au C.N.E.S. qui assure la coordination technique au niveau européen.

Si dans ce cas, la dynamique d'innovation est forte, dans d'autres la liaison recherche-industrie est beaucoup moins efficace. Ainsi, dans l'informatique, à la fin des années 60, l'I.R.I.A. (Institut de recherche en informatique et automatisme) avait été créé pour remplir une fonction comparable à celle du C.N.E.S. On lui doit, entre autres, le premier réseau français de transmissions de données entre ordinateurs : « cyclade » et le « langage informatique » : ADA. Mais à la suite de la fusion Honeywell Bull-C.I.I.[1], l'institut français se trouve en quelque sorte marginalisé. La politique de produits de la firme française fut définie dans le cadre de la multinationale américaine Honeywell. L'I.R.I.A. se trouva alors confronté à une alternative : réaliser des développements s'intégrant dans la logique des technologies Honeywell ou effectuer des recherches sans avenir commercial.

---

1. 1976, voir page 202.

Quand les liaisons recherche-industrie sont bonnes, c'est à la fois l'industrie et la recherche qui en bénéficient : l'industrie parce qu'elle améliore ses techniques, la recherche parce que la confrontation avec les problèmes industriels l'oblige à être efficace. Dans une bonne relation industrie-recherche, l'interférence des rôles est claire : l'industrie s'appuie sur les capacités technologiques des instituts de recherche, ceux-ci prennent en compte, au moins pour partie, les contraintes des industriels dans l'orientation de leurs travaux.

Priorité à l'investissement

Quel que soit le secteur industriel considéré, les besoins d'investissements pour atteindre le niveau technologique des pays les plus performants sont considérables. Au niveau de l'ensemble de l'industrie, leur réalisation supposerait des capacités d'épargne supérieures à celles qui existent aujourd'hui... Face à ces besoins, on constate une stagnation de l'investissement productif français à un niveau historiquement très faible. Cette opposition entre l'intensité des besoins et la faiblesse du niveau réel d'investissement résulte de ce que la décision d'investir suppose une rentabilité escomptée suffisante, et des moyens de financement importants. La montée depuis 10 ans de l'endettement des entreprises françaises contraint nombre de firmes à ne pas réaliser des investissements qui pourtant paraissent non seulement rentables mais même nécessaires à leur survie.

Une relance par l'investissement est-elle possible ?

Dans ce contexte la relance par l'investissement est une politique bien séduisante. Ne faut-il pas baisser les taux d'intérêt, accroître les déductions fiscales accordées en cas d'investissement, faciliter un peu plus l'accès au crédit... et relancer ce faisant à la fois l'activité économique et la modernisation ?

La difficulté de cette politique tient à ce que près de la moitié des équipements nouveaux est importée. La relance par l'investissement se heurte, comme la relance par la consommation, à la contrainte extérieure.

Pour moderniser l'économie, il faut donc importer moins de biens de consommation courante... ; la modernisation implique à court terme une stagnation, si ce n'est une réduction (limitée mais réelle) du niveau moyen de consommation.

Les conditions sociales
de la priorité à l'investissement

Pourquoi les travailleurs accepteraient-ils de voir leur revenu se réduire ou stagner ?... parce qu'il y a d'autres travailleurs au chômage ? La logique de solidarité en ce domaine a d'autant plus de limites que chacun ne se sent guère convaincu de l'importance effective des réductions de consommation... et qu'en matière de solidarité, on a souvent le sentiment que les responsables ce sont les autres.

S'il y a montée des corporatismes face à la crise, c'est d'abord que les mesures proposées ne prennent pas en compte le nécessaire équilibre entre ce qui est demandé à chacun et ce qui lui est donné.

Chacun se choque que tel groupe social refuse de voir son salaire réduit, mais combien d'entreprises proposent à leurs salariés d'accroître les revenus quand les affaires seront à nouveau florissantes, tout en se mettant d'accord avec les syndicats sur les critères d'évaluation de ces résultats.

Ainsi supposons par exemple que 5 % des salaires actuels affectés à de nouveaux investissements permettraient une relance significative de l'investissement. Ne peut-on pas envisager, comme certains l'ont suggéré, une participation des salariés à ce financement en contrepartie de créances à moyen et long terme (compléments de retraite...) ?

Les modalités d'accord peuvent être multiples, elles impliquent des changements quant au partage des résultats de l'action économique, mais aussi une certaine participation aux responsabilités, et une gestion centrée sur la valorisation collective des résultats.

La recherche et l'investissement ne sont pas les seuls éléments contribuant à la maîtrise technologique. La qualification de la main-d'œuvre, ses capacités d'adaptation aux technologies nouvelles sont aussi importantes.

Chaque entreprise valorise plus ou moins fortement la maîtrise technique et l'aptitude à innover judicieusement varie d'une firme à une autre. Ainsi certaines entreprises ont une organisation qui leur permet à la fois de mobiliser les capacités d'innovation du personnel, de détecter rapidement les projets efficaces et de mobiliser les moyens financiers pour les réaliser. De telles structures existent en France mais sont trop peu fréquentes.

Sur un autre plan, un réseau de petites entreprises innovatrices est un ferment efficace de la maîtrise technologique. La constitution de pôles géographiques à fort niveau technologique tel que celui qui existe dans la région de Grenoble pour l'électronique ou Toulouse pour l'aéronautique peut avoir des effets entraînants importants...

L'accroissement du volume des investissements n'assure pas de leur efficacité. Investir trop, trop vite ou dans de mauvaises directions ne garantit pas le succès d'une firme. Les investissements ou les innovations qui se sont révélés désastreux sont trop nombreux pour que l'on ne se pose pas la question des conditions des investissements efficaces. Parmi les différents facteurs qui interviennent en ce domaine il en est un qui est trop souvent négligé : la nécessaire prise en compte au niveau le plus élevé des données technologiques.

Dans les comités de direction des grandes entreprises japonaises ou américaines, il y a presque toujours un véritable technicien alors qu'en France leur participation est exceptionnelle.

Cette pratique française est le reflet de structures hiérarchiques dans lesquelles la technique est dévalorisée. Ce type de structure ne fait que traduire une compréhension insuffisante de ce qu'est le véritable marketing. L'adaptation au marché dans un monde en changement technologique rapide passe plus que jamais par la prise en compte de l'ensemble des variables commerciales, financières mais aussi technologiques ; c'est la qualité de cette intégration qui permet des investissements efficaces.

11. Repenser l'intervention de l'État

La modernisation industrielle n'est pas un choix mais une contrainte imposée par les normes dominantes sur le marché mondial ; la croissance économique nécessaire à l'emploi et au maintien du niveau de vie passe par cette modernisation.

La politique de l'emploi

Pourtant, pour le travailleur licencié ou pour le jeune adulte qui, à la sortie du système scolaire, ne trouve pas d'emploi, pour le propriétaire de P.M.E. qui doit déposer son bilan, la modernisation prend l'aspect d'une machine à fabriquer des « exclus ». Un nombre croissant d'individus qui ne trouvent plus leur place dans cette société en restructuration se trouve marginalisé. La garantie d'un minimum de subsistance à tous les rejetés du marché du travail est non seulement la manifestation d'une élémentaire solidarité mais une condition du respect des lois dans une société où l'absence de revenus peut conduire à la mort ou à la délinquance. Une protection importante des chômeurs, indépendamment de ses motivations de solidarité nationale, est une condition du consensus social sur la modernisation. Une protection sociale forte doit aussi être rigoureuse, elle doit éviter le maximalisme qui aboutirait, par exemple, à ne laisser qu'un écart modeste entre le revenu réel de celui qui travaille et de celui qui ne travaille pas, ou à permettre à certains « parasites sociaux » de bénéficier d'une solidarité qui ne se justifie pas.

La crise a rendu inévitable l'intervention de l'État en matière sociale et a bouleversé d'une certaine façon les priorités antérieures de la politique de solidarité. Le niveau global de dépenses sociales pouvant difficilement augmenter (en % du P.I.B.), la crise impose l'abandon de certains avantages acquis dans des domaines qui ne relèvent pas des besoins les plus impérieux au profit de l'indispensable aide à tous les exclus de l'emploi par la logique du marché. C'est la nature même de cette aide qui est aussi mise en question par la crise. L'ampleur du chômage, la faiblesse des marges de manœuvres de la politique économique française rendent impossible le maintien d'une indemnisation aussi élevée du chômage que celle qui existait dans les années 60. Les effets extrêmement pervers de l'exclusion sociale qui résulte des situations de chômage, les gaspillages en terme de production qu'implique le non travail, imposent le renforcement des politiques axées sur des recyclages qui débouchent sur des reconversions réelles et le développement du tiers secteur permettant d'utiliser le savoir-faire des sans emplois dans des activités d'utilité sociale, domaine dans lequel les besoins sont quasi illimités. La réduction de la durée du travail, si elle ne peut qu'être pragmatique pour tenir compte de ses effets pervers potentiels, est une des voies du partage de l'emploi. Elle n'est économiquement viable que si seul le salaire horaire est maintenu et si des incitations fiscales et parafiscales la favorise.

Changer la fiscalité

Dans un contexte de chômage, le système français de prélèvement des charges sociales devient particulièrement néfaste pour l'emploi. En effet, parce que l'assiette d'imposition est le salaire, plus l'entreprise emploie de personnel, plus elle verse de cotisations sociales ; les activités utilisant beaucoup de main-d'œuvre sont en quelque sorte pénalisées. Sur les bas salaires, les charges sociales (salariales et patronales) représentent près de la moitié du salaire net ; de ce fait, modifier le système d'imposition pourrait contribuer à soutenir l'emploi en réduisant les coûts salariaux. Comme le niveau global de prélèvement dans cette hypothèse est maintenu, la difficulté est de définir quels sont les impôts qui se trouveraient accrus. La taxe à la valeur ajoutée est l'impôt dont la hausse est le plus souvent envisagée pour assurer une réduction du poids des cotisations sociales sur les coûts salariaux. Cette substitution présenterait par ailleurs un intérêt au niveau de la protection du marché intérieur puisque la taxe à la valeur ajoutée s'applique à tous les produits vendus sur le territoire et frappe donc les produits importés, alors qu'aujourd'hui les cotisations sociales ne touchent que les produits nationaux.

Ce déplacement se heurte néanmoins à plusieurs obstacles. Tout d'abord, la hausse de la T.V.A., même si elle est compensée par une baisse d'un même montant global des cotisations sociales pourrait avoir un impact inflationniste dans la mesure où le prélèvement se trouverait déplacé des entreprises de main-d'œuvre vers des entreprises utilisant proportionnellement à leur valeur ajoutée moins de travailleurs. Les premières risqueraient de profiter de la réduction des coûts pour accroître leurs marges bénéficiaires, tandis que les secondes pourraient reporter les hausses des coûts sur le niveau de leurs prix. Toutefois, si le risque inflationniste existe, il n'induit pas une baisse parallèle de la compétitivité des produits français tant sur le marché intérieur puisque la T.V.A. frappe les produits étrangers importés, que sur le marché extérieur puisque la T.V.A. ne s'applique pas aux exportations.

Ensuite, une autre difficulté concerne l'homogénéisation des conditions fiscales à l'intérieur de la C.E.E. dont les taux de T.V.A. doivent en principe se rapprocher. Cet objectif communautaire supprime à peu près totalement les marges de manœuvre de la France en matière de taux de T.V.A.

Une des modalités fréquemment utilisées depuis 1974 pour stimuler l'emploi consiste à accorder aux entreprises des allègements ou des suppressions de cotisations sociales, non pas de façon générale, mais pour faciliter le recrutement de nouveaux salariés. Ce procédé atteint rapidement ses limites dans la mesure où, pour être financièrement supportable, il ne peut être que ponctuel et que d'autre part, il crée des disparités entre les entreprises qui ne relèvent pas de la seule efficacité et peut, à ce titre, être facteur d'effets pervers. Ainsi, l'entreprise ancienne peut se trouver défavorisée face à une nouvelle entreprise qui a une efficacité comparable, mais qui bénéficie de privilèges fiscaux parce qu'elle a créé récemment des emplois.

Les travaux d'utilité collective

Si la solidarité est nécessaire face aux difficultés à trouver aujourd'hui un emploi, il n'est, ni socialement, ni économiquement, souhaitable de laisser plus de deux millions de personnes sans activité productive, alors même qu'elles reçoivent une indemnisation. Deux millions de personnes sans emploi représentent une perte de production considérable qui pèse sur le niveau de vie de tous ; l'indemnisation sans travail risque d'induire des comportements d'assistés extrêmement pernicieux et une perte de compétence dans le travail qui réduit le potentiel productif.

Le problème des jeunes face à l'emploi est particulièrement aigu car le chômage les touche d'autant plus qu'en période de chômage la mobilité des emplois est extrêmement réduite, chacun restant là où il travaille par crainte des difficultés de réemploi et pour garder ses avantages acquis par l'ancienneté dans l'entreprise.

Les « travaux d'utilité collective » ont pour fonction de fournir aux jeunes sans emploi des activités socialement utiles, à temps partiel, leur laissant ainsi le temps nécessaire à la recherche d'un emploi « normal »[1]. Ces emplois se situent dans les secteurs sociaux où les besoins sont considérables (aide aux personnes âgées...) et qui présentent l'avantage de ne pas concurrencer les activités de production relevant du secteur marchand (artisanat, industrie, services). Outre l'intérêt social des travaux réalisés, ces T.U.C. donnent une première forme de contact avec la vie productive.

Partager le travail pour réduire le chômage, est-ce possible ?.

Il semble a priori qu'il suffirait pour supprimer le chômage de réduire le temps de travail de ceux qui ont un emploi et de le donner à ceux qui n'en ont pas. Ainsi, si dans une entreprise 7 800 heures de travail par semaine sont nécessaires, la production peut être réalisée soit par 200 personnes à raison de 39 heures hebdomadaires ou par 223 salariés si l'horaire n'est plus que de 35 heures.

1. Les TUC sont très faiblement rémunérés (1 200 francs par mois en 1985) et dérogent de ce point de vue à la législation générale des salaires.

Cette logique de partage se heurte en pratique à de nombreux obstacles :

Tout d'abord, si le salaire mensuel est maintenu, les coûts salariaux s'accroissent massivement. La logique du « partage » du travail implique une réduction des salaires même si on peut envisager que cette baisse soit moins que proportionnelle à la réduction d'horaire, soit par suite de gains de productivité liés à cette réduction, soit par suite d'une réduction des charges sociales tenant compte de la réduction du coût collectif du chômage qui résulterait de la généralisation d'une telle pratique. En fait, cette compensation salariale s'est heurtée en France à une résistance très vigoureuse de la plupart des syndicats (à l'exception partielle de la CFDT) ; l'autre solution envisagée pour éviter une réduction des salaires est l'utilisation plus intensive du capital technique par le développement du travail en équipe. Cette solution se heurte aux réticences liées à l'aggravation des conditions de travail qui en résultent (horaires de 7 heures à 14 heures ou de 14 heures à 21 heures par exemple).

Ensuite indépendamment de ce problème, le partage du temps de travail se heurte à d'autres difficultés. D'une part, la réduction de la durée du travail risque de susciter des demandes nouvelles d'emploi de la part d'inactifs (ce mécanisme est particulièrement important en ce qui concerne le travail à mi-temps).

Enfin, les réticences au niveau des entreprises sont nombreuses, car la gestion du personnel devient plus complexe et la division des tâches peut s'avérer difficile, soit parce que l'entreprise est de trop faible dimension pour faire appel à un nouveau salarié, soit parce que la nature des fonctions exercées rend difficile toute division. Ce problème se pose en particulier pour les postes de responsabilités qui s'adaptent mal au partage des horaires.

Il reste que les possibilités de réduction du chômage par un partage de l'emploi n'ont sans doute pas été suffisamment utilisées en France.

La déréglementation, une voie pour relancer l'activité ?

Au cours des dernières décennies, le nombre de fonctionnaires s'est fortement accru en France. Aujourd'hui l'État emploie directement 10 % de la population active (non compris les militaires). Cette croissance est principalement liée à la volonté de développer les services publics, en particulier en matière d'éducation et de santé.

Le développement de l'administration a permis de mettre à la disposition de tous des services essentiels et ce, selon des critères d'affectation qui sans être parfaits, sont les plus démocratiques que l'on connaisse. Le sens du service de l'État, la conscience professionnelle et même les contraintes de la réglementation se sont révélés des facteurs d'efficacité réels dans des domaines (éducation ou santé) dans lesquels le seul mobile du gain risque d'entraîner de multiples effets pervers. L'administration française a pour première fonction d'assurer des services collectifs et globalement elle y réussit bien, même si ici et là des déficiences réelles invitent à rechercher les moyens d'améliorer la qualité des services rendus ou d'en diminuer le coût.

Un autre aspect de l'action de l'État concerne la vie économique. Cette intervention se fait par l'intermédiaire des décisions de la haute administration dans le cadre des directives de l'État. Au fur et à mesure que les fonctions économiques de l'administration augmentent (impact croissant des commandes de l'État, des aides, mais aussi des mesures réglementaires...), l'absence de responsabilité directe du haut fonctionnaire, sa maîtrise souvent insuffisante des informations relatives aux entreprises peuvent être à l'origine d'erreurs de décision aux conséquences économiques dramatiques.

Le haut fonctionnaire n'a généralement pas d'expérience réelle de la production et de ses contraintes, puisque toute sa carrière se fait dans l'administration. Il risque d'en résulter une perception déformée des problèmes économiques réels et une survalorisation des données politiques par rapport aux éléments économiques et techniques. Par ailleurs, la tendance spontanée de l'administration consiste à multiplier les procédures qui rigidifient la vie économique et introduisent des lenteurs qui en période de changement rapide risquent de freiner les adaptations même si de nombreuses actions de l'administration cherchent à stimuler l'innovation et à faciliter les adaptations.

L'intervention de l'État en France, qui est aujourd'hui extrêmement importante, présente des effets pervers que les économistes libéraux ont souvent mis en évidence : politisation des décisions qui devraient rester dans le champ économique, jeu d'influences des entreprises pour obtenir le soutien de leur activité..., paralysie de certaines initiatives.

Mais la mise en évidence des inconvénients d'une politique n'assure pas que la politique inverse, en l'occurence la déréglementation, garantisse la reprise économique. Un regard sur les États-Unis montre que les effets de la déréglementation ne sont pas toujours ceux que l'on espérait : « Une chose curieuse s'est produite aux États-Unis, dans leur marche vers l'utopie de la déréglementation. La population a commencé à se plaindre, puis l'exaspération est devenue chose courante parmi les utilisateurs des télécommunications, des transports routiers, des chemins de fer, des compagnies aériennes et des services financiers, les cinq grands domaines dans lesquels s'est exercée la déréglementation aux États-Unis[1]. On s'attendait naturellement à des ratés dans les services ainsi qu'à des bouleversements structurels dans des secteurs d'activité protégés, depuis un demi-siècle et plus, par une réglementation officielle minutieuse. Mais l'inquiétude généralisée semble avoir une signification plus profonde et pose la question de savoir si l'on n'est pas en train de sacrifier les spécificités d'une société performante à une théorie économique en vogue.

A l'issue d'une année de déréglementation, le système téléphonique américain, qui était largement supérieur à l'infrastructure des autres pays industrialisés dans ce domaine, est en train de devenir un objet de désenchantement pour le public. Un sondage Louis Harris a révélé que 64 % des Américains pensent que le démantèlement d'ATT en 1983 était une mauvaise initiative.

La déréglementation financière a renforcé le manque de

1. Les entreprises considérées ont toujours appartenu au secteur privé ; elles bénéficiaient de protection limitant la concurrence, en contrepartie de l'obligation d'assurer certains « services publics ».

fiabilité chronique du système bancaire. L'année dernière, 79 banques ont fait faillite, chiffre sans précédent depuis 1938. « La déréglementation est forcément à l'origine de certaines d'entre elles », déclare William M. Issac, président de la Federal Deposit Insurance Corp. qui, il y a deux mois, avait sous surveillance renforcée le nombre record de 797 établissements en difficulté, soit 5,5 % de l'ensemble des banques américaines de dépôt. D'après l'institut de sondage Gallup, 58 % de la population font moins confiance aux banques qu'auparavant.

Les transports aériens, autre domaine dont s'enorgueillissaient autrefois les Américains, sont désorganisés. Au cours du premier semestre 1984, on a enregistré une augmentation de 73 % des vols retardés de plus de 15 minutes. Sauf sur certaines lignes à fort trafic, les tarifs n'ont pas diminué ainsi que l'avaient promis les instigateurs de la déréglementation et les vols à destination de nombreuses villes secondaires ont été supprimés ou considérablement réduits.

Les chemins de fer sont paralysés par un conflit entre les transporteurs et les chargeurs. Celui-ci trouve son origine dans le droit qu'ont les compagnies ferroviaires (privées pour la plupart) depuis le « Staggers Act » portant suppression de la réglementation, de fixer leurs propres tarifs et, partant, de faire jouer leur position dominante sans qu'intervienne l'Interstate Commerce Commission (I.C.C.). "La concurrence effrénée et l'avidité insatiable des années 1880 qui avaient justifié la création du I.C.C., menacent de réapparaître dans les années 1980", affirme le président d'une petite compagnie ferroviaire, "Grand Trunk". [...]

Dans les transports routiers de nombreuses entreprises ont disparu, entraînant une dégradation des services dans certaines régions. "L'anarchie règne", constate un analyste de ce secteur. Une mosaïque de tarifs et de services spéciaux a remplacé les structures de prix uniformes mais sans les bénéfices promis d'une baisse généralisée des coûts. Les prix, pour chargements inférieurs à la capacité totale du camion, ont augmenté de 25 % depuis 1980[1]. »

Ainsi la dérégulation a des effets pervers importants qui invitent à poser le problème de l'intervention de l'État moins en termes quantitatifs que qualitatifs.

1. John Thackray, *Management Today*, mai 1985.

Trop d'État ou trop peu d'État, un problème mal posé

Les analyses traditionnelles qui voient dans l'extension du secteur public ou dans sa disparition le remède miracle face aux difficultés, négligent de prendre en compte la situation réelle de l'économie française.

La crise a accru les besoins d'une intervention étatique. Sur le plan social d'abord, les restructurations, le chômage, l'évolution démographique posent des problèmes sociaux nouveaux auxquels aucun organisme de type privé ne pourrait répondre. Sur le plan économique ensuite, les difficultés financières poussent plus que jamais les firmes à gérer dans une optique de court terme. La maximisation du bénéfice de l'année tend à l'emporter sur les préoccupations stratégiques, les risques qui en résultent pour l'économie nationale sont considérables. L'État se doit d'imposer la réalisation de structures nouvelles plus efficaces. Si l'intervention massive de l'État a permis hier le développement d'un secteur aéronautique puissant, elle peut, peut-être, contribuer aujourd'hui à rattraper le dramatique retard pris dans la filière électronique et dans la production de machines-outils.

Une des caractéristiques de l'économie mondiale actuelle est l'importance de l'intervention de l'État y compris dans les pays qui se réclament du libéralisme. Cette intervention prend des formes très différentes selon les pays. Ainsi, l'existence d'un secteur nationalisé important est spécifique à l'économie française. Aux États-Unis, l'intervention de l'État est moins apparente mais néanmoins réelle. Le seul budget militaire atteint en 1985 la somme de 292 milliards de dollars, soit au taux de change courant plus de 2 500 milliards de francs, plus de la moitié du produit intérieur brut français ! Les retombées de ces dépenses sur les entreprises privées à travers les commandes du Pentagone sont extrêmement importantes.

Au Japon, l'intervention systématique de l'État dans la vie économique est aussi ancienne que le capitalisme japonais lui-même, et si celle-ci ne passe pas par le contrôle de la propriété des entreprises, les décisions du MITI ont une incidence décisive sur la vie des firmes. Sans doute la nature des relations État-entreprises, faites de négociations et de comportements orientés vers le compromis, réduit le caractère arbitraire des décisions du MITI et des organismes publics ; il reste que l'impact économique de l'action de l'État est considérable et s'est révélé globalement efficace.

Si les modalités de l'intervention de l'État sont très différentes aux États-Unis et au Japon, un point important semble les caractériser, l'attention portée à leur efficacité.

Exiger l'efficacité sous peine de sanctions

Plusieurs faiblesses caractérisent l'intervention de l'État à la française ; elles procèdent d'un comportement aux racines historiques très anciennes.

Tout d'abord, la contrainte d'efficacité imposée aux entreprises est faible, voire nulle. Ainsi quand une firme a bénéficié d'une aide de l'État, si elle ne réussit pas à se redresser, dans la quasi totalité des cas, aucune sanction ne la frappe... ; bien souvent l'État se trouve même contraint de renouveler l'aide pour éviter l'effondrement d'un secteur ou la chute dramatique de l'emploi dans une région.

Il semble que de ce point de vue la démarche japonaise ou américaine soit beaucoup plus rigoureuse. Si une firme a obtenu un soutien de l'État pour réaliser un objectif donné, en cas d'échec la sanction est presque automatique... elle n'obtiendra pas de nouveaux soutiens, y compris pour d'autres projets.

Il faut dire que la structure économique japonaise se prête particulièrement bien à ce type d'intervention. En effet l'industrie est très concentrée et les grandes entreprises sont le plus souvent des conglomérats aux multiples activités. Il en résulte que dans un secteur donné, si une firme n'est pas assez performante, il y a toujours un autre groupe qui peut, avec l'aide de l'État, prendre la relève.

En France, cette organisation conglomérale n'existe pas ; mais il était dans la tradition de l'État de veiller au maintien de deux entreprises concurrentes dans chaque secteur, Usinor et Sacilor dans la sidérurgie, Thomson et C.G.E. dans les produits électriques, Dassault et L'Aérospatiale dans l'aéronautique. La grande informatique où tous les moyens ont été regroupés dans une seule firme, est une exception.

Mais, en pratique la logique de l'équilibre l'a souvent emporté sur celle de l'efficacité. Pour répondre aux demandes des groupes de pression, les aides étaient partagées entre les groupes, toute mesure en faveur d'une firme étant compensée par une autre mesure pour l'autre à peu près équivalente, sans véritable prise en compte des efficacités respectives.

Par ailleurs, les contraintes liées aux économies d'échelle incitent à une concentration qui exclut la possibilité de sanctions. Quand une seule entreprise contrôle l'emploi d'une région ou la production d'un secteur, l'État se trouve réduit à soutenir son activité quoi qu'il advienne...

12. Les enjeux du grand marché européen

L'Europe industrielle en difficulté

L'Europe dont le taux de croissance avait été particulièrement élevé pendant les « 30 glorieuses », a été très marquée par les difficultés économiques au cours des dernières années. Alors que le Japon et les États-Unis obtiennent des taux de croissance de la production relativement élevés, l'Europe semble la grande perdante de la « redistribution des cartes » qui marque la crise de la seconde moitié du XXᵉ siècle dans laquelle nous vivons.

Bien plus, c'est l'Europe tout entière qui semble subir une certaine désindustrialisation, même si l'Allemagne fédérale reste une puissance industrielle de premier plan.

Le Marché Commun n'a pas conduit à une véritable intégration économique

Les promoteurs du Marché Commun voyaient dans la mise en place du Traité de Rome les prémices d'une intégration économique européenne et politique. Si les marchés se sont très largement ouverts, la C.E.E. ne constitue pas dans les années 80 une unité économique homogène et cohérente. Il reste une économie française, une économie allemande..., des entreprises françaises, des entreprises allemandes, qui loin de s'unir le plus souvent rivalisent... et passent des alliances avec des firmes japonaises ou américaines. Les politiques économiques suivies par les différents États sont souvent opposées : ainsi en 1982 la R.F.A. pratique une politique restrictive lorsque la France relance l'activité... ;

quant aux positions dans les négociations internationales, elles sont souvent peu coordonnées... La solidarité européenne reste limitée.

La nécessaire coopération européenne...

Si les difficultés économiques ont conduit à une multiplication des appels en faveur d'une Europe économique plus soudée, qui se sont concrétisés par la décision de mettre en place un grand marché européen c'est que les avantages potentiels d'une meilleure intégration sont importants.

L'intégration
réduirait la contrainte extérieure

Une meilleure intégration réduirait la contrainte extérieure de chacun des pays membres. Si, pris isolément, chacun des pays de la C.E.E. est très ouvert sur l'extérieur, il n'en va pas nécessairement de même d'un ensemble européen intégré. Dans le cas de la France, la moitié du commerce extérieur se fait en direction des autres pays de la C.E.E. (et il en va de même pour la R.F.A.) ; ce n'est donc qu'un pourcentage de l'ordre de 10 à 12 % du P.I.B. français qui fait l'objet d'un commerce extra européen. Une intégration monétaire et économique européenne complète aboutirait donc à une réduction de la contrainte extérieure que subit chacun des pays membres ; une relance de la demande deviendrait alors envisageable.

Le niveau des investissements nécessaires
impose cette coopération

nécessaires pour soutenir la concurrence américaine et japonaise impose des alliances qui vont encore accroître le degré de concentration.
automobile une dizaine d'entreprises européennes pouvaient coexister ; aujourd'hui le niveau des investissements nécessaires pour soutenir la concurrence américaine et japonaise accrue impose des alliances qui vont encore accroître le degré de concentration.

**L'intégration
permettrait une concurrence plus efficace**

On a vu qu'un des points faibles de l'intervention publique en France est la difficulté devant laquelle l'État se trouve de mettre suffisamment en concurrence les grands groupes leaders de chaque industrie par suite du nombre limité de ces groupes. Une politique européenne permettrait d'accroître le degré de concurrence tout en protégeant l'ensemble des firmes européennes des concurrences ex cessives qui proviennent soit d'une avance technologique extérieure, soit d'une protection sociale par trop différente de celle qui existe dans la C.E.E.

La réalisation du Marché Commun avait, dans sa phase initiale, fortement stimulé la croissance des pays de la C.E.E. Peut-il en être de même aujourd'hui avec l'avénement du grand marché européen de 1993 ? La réponse des experts européens à cette question est positive : outre l'effet bénéfique de la réduction de la contrainte extérieure sur la possibilité de relance, la croissance économique serait stimulée de deux façons. D'une part par la réduction des coûts attendus de la mise en place des différentes mesures d'unification, d'autre part par suite du développement des investissements stimulés par la perspective de l'accroissement de la concurrence et des possibilités de gains de part de marché.

Pourquoi après 30 ans de Marché Commun l'intégration est-elle limitée ?

Que l'intégration européenne soit souhaitable est une chose, qu'elle soit possible en est une autre. Si l'on veut définir les moyens de progresser en ce domaine, il faut analyser les difficultés qui limitent l'intégration. Deux affaires, qui ont chacune à leur époque fait du bruit, mettent en évidence la nature des blocages : la première date de 1976, c'est l'échec d'Unidata ; la seconde se termine en 1983, c'est l'affaire Grundig. La première est présentée page 207 ; la seconde mérite d'être racontée dans le détail comme le fait le journaliste J.M. Quatrepoint :

L'affaire Grundig

« Au début des années 70, Thomson est encore un nain dans l'industrie de la vidéo. [...]

Un accord avec l'américain R.C.A. aboutit à la création en 1971 de la société Vidéocolor. Elle devient peu à peu un des grands fabricants de tubes, approvisionnant non seulement Thomson, mais aussi d'autres producteurs européens de T.V. Sa technologie, d'origine américaine, évolue, « se francise » et Vidéocolor occupe en 1975 loin derrière Philips, le second rang en Europe. Ainsi Thomson peut-il croître sur le marché de la télévision sans dépendre pour ses tubes d'un groupe concurrent. Cette croissance se fait toutefois surtout en France et sur des marchés secondaires. »

Survient alors l'offensive japonaise en Europe. Elle va se dérouler sur plusieurs fronts. Dans la télévision, les sociétés japonaises attaquent à partir des petits tubes, des petits écrans, qu'elles sont seules à fabriquer. Elles deviennent ainsi les fournisseurs des principales marques européennes. Puis, des petits tubes, elles passent aux moyens et aux grands. Leurs prix sont nettement inférieurs et un à un, les fabricants européens de tubes disparaissent. Second front : l'audio. Le nouveau marché de la hi-fi va permettre aux Sony, J.V.C. et autres de se faire connaître, apprécier des revendeurs — qu'ils cajolent — et de la clientèle.

Face à la concurrence des produits du Sud-Est asiatique, l'industrie européenne voit s'effriter ses marchés traditionnels (radio, électrophone). Or ce sont ceux sur lesquels elle *fait* ses meilleures marges bénéficiaires. Beaucoup d'entreprises n'ont plus alors la taille critique, ni les moyens financiers pour reconvertir leurs usines.

Jusqu'alors Philips regardait sans s'émouvoir les rangs de ses petits concurrents européens s'éclaircir. Menant une stratégie mondiale, bien implantée aux États-Unis à la différence des autres, le groupe ne s'inquiétait pas outre mesure de ces nouveaux venus du Sud-Est asiatique. N'avait-il pas les meilleures relations avec Matshushita ? Les sociétés japonaises n'étaient-elles pas bien souvent ses licenciées ?

Pourtant les succès japonais outre-Atlantique, la percée des premiers magnétoscopes, aux normes nippones, commencent à l'inquiéter.

« Dès 1977, explique M. Jurazinski, patron de Philips France, nous avons donc proposé à Thomson une coopération européenne : former un bloc technologique face aux groupes japonais. Tout en reconnaissant l'intérêt d'une telle alliance, Thomson nous a fait valoir la faiblesse de son implantation en Allemagne, où il n'avait pas une seule tête de pont ». Philips a donc « laissé » Thomson reprendre la société allemande Nordmende afin de lui permettre d'avoir sa première implantation industrielle et commerciale en R.F.A. « Cela lui donnait d'un coup 8 à 9 % du marché allemand. Nous l'avons fait dans la perspective de cet accord technologique que nos deux maisons envisageaient déjà de conclure. Début 1979 nous les avons informés que nous comptions prendre 30 % de Grundig. »

Le groupe néerlandais veut ainsi *« se garder »* du côté de Grundig. Le numéro 1 allemand du secteur est son principal client pour les tubes et les composants.

Les deux groupes se mettent d'accord pour sortir un nouveau modèle de magnétoscope, le V 2000. C'est sur cette question des magnétoscopes que *« le front commun »* qui s'ébauche à peine entre Thomson et Philips va se lézarder.

Erreur de jugement ? Volonté de ne pas se disperser ? Incapacité de se projeter dans l'avenir ? On ne sait. Toujours est-il que Thomson n'a pas cru au magnétoscope et a abandonné dès le début des années 70 ses travaux sur ce matériel. Lorsque le marché démarre en Europe, en 1978, il se trouve alors fort démuni. Or, il ne peut en être absent.

Persuadé que le V.H.S.[1] de J.V.C. sera le standard dominant, peu enclin à conclure un accord avec Philips qui est son principal concurrent en Europe sur les téléviseurs, M. Jacques Fayard, qui dirige la branche grand public de Thomson, se tourne alors vers J.V.C. Cette filiale de Matshushita qui détient les brevets de base du V.H.S. est encore une société de taille moyenne. Aussi cherche-t-elle des appuis, des relais en Europe et est prête à ce titre à faire des propositions séduisantes. Un accord commercial est conclu. Désormais Thomson vendra sous ses diverses marques les magnétoscopes fabriqués dans les usines japonaises de J.V.C.

1. V.H.S. = *Video Home System.*

Cet accord permet à la société française d'engranger des profits commerciaux, sans avoir investi, et de tenir son réseau commercial. [...]

Ainsi le V.H.S. s'impose-t-il en Europe face au Betamax de Sony et aux matériels de Philips et Grundig.

Après l'échec d'Unidata, l'affaire Grundig-Thomson prouve une nouvelle fois qu'il est bien difficile d'organiser de vastes coopérations entre les grands groupes industriels européens. Les poids du passé, le jeu des hommes, les intérêts à court terme de ces sociétés sont des obstacles difficilement surmontables. »[2]

L'Europe ne pouvait se faire spontanément

Au-delà de ce cas particulier significatif, les obstacles à l'intégration européenne sont nombreux. Certains relèvent d'erreurs stratégiques au niveau de l'État (abandon d'Unidata), d'autres, comme le montre l'histoire Grundig, proviennent à la fois des jeux de pouvoirs et des conflits stratégiques à l'intérieur des firmes, mais aussi de ce que les entreprises européennes se sont opposées pendant des décennies. Les avantages de leur coopération ne leur apparaissent pas toujours comme évidents car il s'agit seulement d'additionner des marchés et de coordonner des politiques financières et industrielles, alors que les rapprochements avec les firmes extra-européennes leur permettent souvent de pénétrer sur de nouveaux marchés, sans poser par ailleurs de problèmes importants en matière de coordination financière et industrielle.

Au niveau de l'entreprise, la stratégie européenne jusqu'à ces dernières années n'apparaissait pas nécessairement comme la plus efficace à court terme pour l'accroissement des ventes et des profits. Cette donnée constitue un élément important pour comprendre la faiblesse de l'intégration des firmes au niveau européen. Sans incitation suffisante des États et sans la pression d'un marché unique, celle-ci ne se fait pas.

---

2. J. M. Quatrepoint, *Revue d'économie industrielle,* 1er trimestre 1984.

Le grand marché européen, un changement de logique économique

L'avenir de l'économie française se décide à Bruxelles

Le grand changement introduit par l'acte unique est le déplacement progressif de Paris à Bruxelles du centre de décision de la politique économique. Bruxelles surveille le respect des règles de concurrence (autrement dit, les aides de l'État aux entreprises sont surveillées et limitées), mais n'impose pas l'homogénéisation de la protection sociale par le haut ! Bruxelles veut assurer l'homogénéisation du marché européen, mais n'a pas obtenu des pays étrangers à la C.E.E. la réciprocité des facilités d'entrée dont ces pays vont bénéficier dans la C.E.E.

Bruxelles adopte aujourd'hui une politique qui pénalise l'économie française

La politique adoptée à Bruxelles exerce une forte pression en faveur de l'adoption de politiques ultra libérales : accroissement massif de la concurrence, quasi-absence de contrainte en matière sociale, pression à la baisse des prélèvements obligatoires, ouverture accrue sur l'économie mondiale...

Le problème de la France est que cette orientation a un coût élevé pour son économie. L'économie française a péniblement rétabli ses marges bénéficiaires au prix de licenciements massifs dans le secteur industriel. Elle a subi, depuis 30 ans, un accroissement considérable de la pression concurrentielle à laquelle elle s'est assez largement adaptée, à l'exception de quelques secteurs (électronique...).

Elle aborde l'accroissement de concurrence, liée au Grand Marché, dans des conditions de faiblesse : entreprises plus petites que dans d'autres pays de la C.E.E., niveau d'endettement supérieur, retard d'investissement accumulé depuis 20 ans...

En même temps, pèse lourdement sur la France l'effort d'adaptation : réduction massive de la T.V.A., baisse de la fiscalité sur les capitaux, ouverture des marchés automobiles, transports aériens... Pourquoi faut-il que la France réduise son niveau de T.V.A. sans que les pays à faible taux de T.V.A. soient contraints d'accroître leur taux ?

Obtenir une meilleure répartition des charges, mettre en place une politique communautaire mieux adaptée aux besoins de l'économie française

Même si l'Europe nécessite quelques sacrifices, il n'est pas acceptable qu'un pays subisse par trop exclusivement la charge de sa mise en place. Or, aujourd'hui, ce poids pèse lourdement sur la France. Obtenir une meilleure répartition des charges faciliterait la sortie de crise de l'économie française.

Pour la France, la priorité est la mise en place d'une politique sociale et industrielle européenne efficace. Une politique sociale communautaire est nécessaire pour maintenir la compétitivité prix de la France au sein de la C.E.E. sans réduction de la protection sociale. Une politique industrielle communautaire efficace est nécessaire pour faciliter les adaptations à la concurrence mondiale.

CONCLUSION

Sortir de la crise, c'est possible

Surmonter le choc de la crise

La cinquième puissance économique mondiale

La société française a fait preuve au cours des « Trente glorieuses » de capacités d'adaptation étonnantes. En moins de trois décennies, une population encore très largement rurale s'est adaptée aux contraintes industrielles modernes, une société presque repliée sur elle-même s'est ouverte à la concurrence internationale et a réussi à y faire suffisamment face pour atteindre une croissance économique supérieure à celle de la moyenne des pays industrialisés et, pour se situer aujourd'hui à la cinquième place mondiale, en ce qui concerne le produit intérieur brut, après les États-Unis, l'U.R.S.S., le Japon et la R.F.A. Quelles que soient les difficultés actuelles, ces performances sont porteuses d'espoir pour l'avenir, dans la mesure où d'une part, elles suggèrent que la société française recèle plus de capacités d'adaptation que ne pourrait le laisser supposer le constat des rigidités présentes et, d'autre part, parce qu'étant la cinquième puissance économique mondiale, la France peut trouver dans la dimension acquise les moyens de ses ambitions.

Une marge étroite

Cette croissance, si elle a permis une forte augmentation du niveau de consommation, s'est aussi accompagnée de fragilités nouvelles qui se révèlent aujourd'hui et constituent des faiblesses face aux nouvelles données de la compétition mondiale.

La sensibilité de l'économie française aux données extérieures, qu'il s'agisse de la conjoncture économique dans les pays clients ou du cours du dollar, est devenue très forte.

Parallèlement les possibilités de relance autonomes de la conjoncture par la politique économique se sont restreintes sans que les risques de dépression liés à une politique trop centrée sur la recherche des grands équilibres aient pour autant disparu.

A crise industrielle, réponse industrielle

Cette dépendance vis-à-vis de la conjoncture extérieure est le reflet d'une crise industrielle sérieuse dans une économie mondiale en mutation profonde.

A la logique ancienne faite de rigidité dans les techniques et l'organisation de la production, dans les relations du travail doit se substituer une logique de flexibilité, de recherche systématique de l'adaptation au marché, d'innovation et de compétitivité.

Il n'y a pas de recette miracle permettant de résoudre les difficultés de l'économie française, mais il y a des directions qui ont plus de chances de s'avérer efficaces.

Investissements et partage du travail

Sans modernisation suffisante des équipements, les pertes de compétitivité conduisent inéluctablement à des pertes d'emplois et à une baisse de niveau de vie. Un accroissement de l'investissement industriel, de l'ordre de dix à quinze pour cent par an, paraît à la fois nécessaire et possible. Un tel effort correspond à un glissement d'à peine 0,5 % du P.I.B. en faveur de l'investissement industriel. Cette reprise de l'investissement ne peut se faire que si les perspectives de profit sont suffisantes et si les conditions de financement sont favorables. La réduction de l'endettement des firmes, l'amélioration des marges bénéficiaires vont dans ce sens. Il est souhaitable que l'épargne nationale assure pour l'essentiel le financement de ces investissements par suite du niveau élevé de la dette extérieure et de la pénétration importante des capitaux étrangers en France.

Il serait illusoire de penser que cette modernisation, pourtant nécessaire, induise à elle seule le plein emploi. Le niveau de chômage atteint, le nombre important de jeunes qui arrivent chaque année sur le marché du travail... font que, si la modernisation évite à terme des pertes d'emploi, elle ne suffit pas à éliminer le chômage. Force est donc d'envisager sérieusement la question du partage de l'emploi.

Celui-ci ne peut réduire le sous-emploi que dans la mesure où il n'induit pas de dégradation de la compétitivité : accroissement de la durée d'utilisation des équipements, compensation salariale partielle ou inexistante... Les conditions auxquelles cet objectif peut être réalisé varient fortement d'une entreprise à une autre. Aussi, si l'État peut favoriser le partage de l'emploi, par exemple par la fiscalité, c'est essentiellement par des négociations décentralisées que l'on peut définir des modalités de mise en place permettant d'éviter les nombreux effets pervers que pourrait engendrer une telle mesure.

Gestion partagée et valorisation de l'efficacité

La gestion taylorienne se révèle beaucoup moins efficace, quand la demande subit des fluctuations brutales, quand une technologie se révèle brusquement obsolète entraînant de ce fait des surcoûts élevés pour tous ceux qui ont fait le mauvais choix technique, quand la fiabilité des produits et la qualité des services après-vente sont au même titre que les prix des éléments essentiels de la compétitivité.

Dans ce monde en changement rapide, trois éléments semblent prendre aujourd'hui une importance stratégique :
- la compétence de la main-d'œuvre, qui fait du système éducatif un chaînon essentiel de la sortie de crise,
- la capacité à mobiliser sur l'objectif « efficacité » tous les collaborateurs de l'entreprise quel que soit leur niveau hiérarchique,
- l'aptitude de la firme à permettre à toute idée valable, quelle qu'en soit l'origine, de se concrétiser.

De ce point de vue, la gestion participative et un système de rémunération et de promotion dans lequel la réussite concrète joue un rôle plus effectif, devraient pouvoir contribuer à une meilleure adaptation aux données actuelles de la concurrence mondiale... encore faut-il que les modalités de mise en place retenues tiennent compte des intérêts des différents participants à la vie de l'entreprise.

Les conditions du consensus

Compte tenu de ce que l'on sait des nouvelles conditions de l'efficacité économique, il ne peut y avoir de sortie de crise sans développement d'un consensus suffisant. Celui-ci ne peut exister que si les changements mis en place apparaissent globalement acceptables pour tous les partenaires sociaux. La sortie de crise passe donc par une renégociation des conditions du travail dans laquelle la flexibilité accrue s'accompagne d'une plus grande participation aux responsabilités et d'une structure de carrière et de rémunération plus nettement liée à l'efficacité.

Une telle mutation, pour être réussie, doit s'accompagner du maintien, voire du renforcement des principes de solidarité qui sont un acquis des plus importants de la société française. Cette solidarité peut changer de nature, mieux s'adapter aux besoins actuels, elle ne peut se réduire.

Rendre l'intervention de l'État plus efficace

Si l'État a son rôle à jouer dans ces mutations, il doit aussi s'adapter aux changements en cours. Sans doute, dans certains domaines une certaine déréglementation peut stimuler une concurrence efficace mais, globalement, une intervention publique importante est nécessaire dans le contexte économique et social de la France.

Les entreprises françaises ne sont pas assez puissantes pour renoncer au soutien de l'État. La déréglementation a des effets pervers qu'il serait imprudent de ne pas prendre en compte. Il existe des entreprises performantes aussi bien dans le secteur privé que public et inversement les rigidités et les erreurs de stratégies se retrouvent dans les deux types d'entreprises. Le problème central n'est pas de réduire globalement l'intervention de l'État, mais de la rendre plus efficace. La supprimer là où elle est inefficace, la renforcer là où elle se révèle stimulante et améliore les rapports de force de l'économie française et du reste du monde. Sur le plan qualitatif, une des faiblesses essentielles de cette intervention tient à ce que l'État ne maîtrise que partiellement les informations économiques permettant de définir une stratégie d'entreprise ou de filière ce qui conduit inévitablement l'État à faire largement confiance aux entreprises. Un des moyens d'éviter qu'il en résulte des gaspillages consiste à sanctionner sévèrement l'échec des firmes qui ont eu recours à l'aide de l'État.

Le bouleversement actuel, une chance à saisir dans le cadre européen

L'Europe constitue le plus important marché du monde ; l'efficacité technique de sa main-d'œuvre, son potentiel d'investissement sont comparables à ceux des deux autres pôles industriels mondiaux que sont les États-Unis et le Japon. La juxtaposition d'une multitude d'États lui fait perdre l'effet de masse dont bénéficient ses grands concurrents et entraîne des gaspillages d'investissement à peine imaginables. Cet émiettement donne aussi aux firmes de chacun de ces pays des pouvoirs considérables sur leur gouvernement respectif, leur survie s'identifiant de plus en plus avec le maintien du niveau de vie de la population nationale. L'union effective modifierait le rapport de force économique en faveur de l'Europe.

L'Europe est le seul cadre qui puisse permettre une véritable sortie de crise, parce qu'elle réduit la contrainte extérieure, accroît la concurrence à un niveau supportable, car marqué par une protection sociale sinon identique du moins comparable. Elle est le seul lieu possible pour les investissements massifs demain nécessaires.

Cette unité ne peut pas se produire de façon spontanée par le seul jeu de l'intérêt des firmes ; elle implique une volonté politique qui a bien du mal à se concrétiser, tant il est vrai que la crise incite chaque gouvernement à défendre les intérêts à court terme de ses électeurs.

La mutation des comportements

Ces mutations nécessaires, est-il utopique de penser qu'elles peuvent se réaliser, et que si elles ne sont pas acquises d'avance elles peuvent néanmoins se produire ? Si les rigidités restent nombreuses, certaines données militent en faveur d'une réponse positive. Le choc de la crise, les difficultés des politiques conjoncturelles, la gravité du chômage sont à l'origine d'une réflexion collective sur les enjeux et les causes des difficultés actuelles qui pourrait faciliter les adaptations... Sous certains aspects cette mutation est déjà commencée. Si la mutation des comportements reste pourtant incertaine, c'est qu'elle se heurte à plusieurs obstacles.

Ainsi, la crise modifie les rapports de force entre les groupes sociaux dans un sens défavorable aux travailleurs. La tentation est alors grande pour le patronat de profiter de la situation pour tenter de détruire les structures syndicales. Cette voie serait extrêmement dangereuse non seulement parce qu'elle conduit à une adaptation par le bas en termes de niveau de vie, mais aussi parce qu'elle constitue une réponse inadaptée à la crise actuelle dont les caractéristiques imposent, nous l'avons vu, un autre mode de résolution.

Une autre difficulté tient à ce que les tensions qui accompagnent la crise économique provoquent une multiplication des analyses simplistes. L'explication de la crise est alors réduite à une donnée mineure souvent juste, mais à laquelle on donne sans démonstration une portée explicative générale. Ce type de démarche a pour inconvénient de masquer les problèmes majeurs et donc de conduire à des politiques inefficaces. Ainsi, la focalisation de l'attention sur l'existence dans la société française de multiples privilèges, qui vont de l'électricité gratuite pour les salariés de l'E.D.F. à la stabilité de l'emploi pour les fonctionnaires, détourne l'attention de causes beaucoup plus profondes des difficultés actuelles : le retard d'investissement par rapport à la R.F.A. ou au Japon, le surendettement des entreprises, la faiblesse financière de nombreuses firmes... De même le juste rappel des rigidités de l'administration font oublier que les rigidités du secteur privé sont dans nombre de cas aussi fortes.

Sortir de la crise aujourd'hui, suppose à la fois la capacité de maîtriser la complexité, de s'adapter rapidement et efficacement au changement et de savoir prendre en compte les rapports de force réels au niveau mondial.

REPÈRES
STATISTIQUES

Quelques chiffres-clés

	1960	1973	1980	1989
Population (en millions d'habitants)	45,5	52	53,7	56,3
Taux de natalité (‰)	18,2	16,4	14,2	13,c
Taux de mortalité (‰)	11,6	10,7	10,1	9,4
Produit intérieur brut (en milliards de F courants)	296,5	1 114,2	2 769,3	5,658*
Produit intérieur brut (en milliards de F aux prix de 1970)	455,2	920,4	1 117,8	1 192**
Produit intérieur brut par habitant en F courants	6 491	21 378	51 398	101 276*
Produit intérieur brut par habitant en F aux prix de 1970	9 966	17 660	20 746	21 450**
Prix Taux d'évolution par rapport à l'année précédente	3,2 %	7,4 %	11,9 %	3,4 %
Chômage (en % de la population active) (au sens du BIT)	—	2 %	6,3 %	9,6
Exportations (en milliards de F courants)	41,2	191,9	580,1	1 217*
Importations (en milliards de F courants)	−33,6	−185,5	−635,6	−1 208*
Taux d'épargne des ménages	15,2 %	17,3 %	14,9 %	12 %*
Investissement (formation brute de capital fixe en milliards de F courants)	59,5	265	606,4	1 137*
Solde du budget de l'État (en % du PIB)	−1,6	+0,4	−0,9	−2,1 %*

*données 1988.
**données 1985.

304

Villes et régions

Les communes les plus peuplées (1982)		Les premières agglomérations (1982)		Les régions les plus peuplées (1984)	
Paris	2 189	Paris	8 007	Ile-de-France	10 100
Marseille	879	Lyon	1 200	Rhône-Alpes	5 000
Lyon	418	Marseille	1 100	Provence-Alpes-Côte d'Azur	4 000
Toulouse	354	Lille	900	Nord-Pas-de-Calais	3 900

(en milliers d'habitants)

Premières entreprises industrielles françaises

	Chiffre d'affaires 1988 (en milliards de F)
1. Renault	161,4
2. E.D.F.	139,5
3. P.S.A.	138,4
4. C.G.E.	128,0
5. Elf	126,1
6. France-Telecom	88,1
7. Total	83,3
8. Usinor-Sacilor	78,9
9. Pechiney	77,1
10. Thomson	74,8

PNB par habitant en dollars

États-Unis	18 410
RFA	14 436
Japon	15 755
France	12 862
Royaume-Uni	10 311

données 1988.

INSEE : Institut national de statistiques et d'études économiques
195, rue de Bercy, 75582 PARIS.

Principales publications
- *Économie et statistiques*
- *Tendances de la conjoncture*
- *Les comptes de la nation*
- *Tableaux de l'économie française*
- *Données sociales*
- *L'enquête sur l'emploi*
- *Annuaire statistique de la France*

Banque de France : 39, rue Croix-des-Petits-Champs, 75001 PARIS.

CERC : Centre d'études des revenus et des coûts
3, boulevard Latour-Maubourg, 75007 PARIS.

CREDOC : Centre de Recherche et de Documentation
sur la Consommation
142, rue du Chevaleret, 75013 PARIS.

INED : Institut national d'études démographiques
27, rue du Commandeur, 75014 PARIS.

Principales publications
- *Population*
- *Population et sociétés*

O.F.C.E. observatoire français des conjonctures économiques.
Principales publications
- *Observations et diagnostics économiques*

Ministère de l'économie et des finances
93, rue de Rivoli, 75056 PARIS.

Principales publications
- *Les notes bleues*
- *Statistiques et études financières*
- *Statistiques du commerce extérieur*

Ministère du redéploiement industriel et du commerce extérieur
101, rue de Grenelle, 75007 PARIS.

INDEX

Les noms en italiques sont ceux des entreprises citées.

TABLE DES MATIÈRES

DANS LA MÊME COLLECTION

Ouvrage de base

- Dictionnaire économique et social
- Dictionnaire des théories
  et des mécanismes économiques
- Dictionnaire d'histoire économique
  de 1800 à nos jours
- Dictionnaire de la pensée politique
  hommes et idées

- Comprendre l'information économique et sociale,
  guide méthodologique
- Initiation à l'économie,
  les concepts de base, les techniques,
  les grands économistes

- Keynes et les keynésiens aujourd'hui,
  des solutions pour sortir de la crise ?
- Les économistes classiques
  D'Adam Smith à Ricardo
  de Stuart Mill à Karl Marx
- Les économistes néo-classiques
  De L. Walras à M. Allais
  de F. von Hayek à M. Friedman

- Découverte de l'entreprise
  comptabilité et finance

Ouvrages thématiques

- Le dollar,
  monnaie américaine ou monnaie mondiale ?
- L'informatique,
  enjeux économiques et sociaux
- La Bourse,
  temple de la spéculation ou marché financier ?
- La productivité,
  progrès social ou source de chômage ?
- Les politiques industrielles,
  libéralisme ou intervention de l'État ?
- L'énergie dans le monde,
  stratégies face à la crise
- Le désordre alimentaire mondial,
  surplus et pénuries : le scandale
- Le tourisme international,
  mirage ou stratégie d'avenir ?
- L'économie française face aux défis mondiaux
- Singapour, Taïwan, Hong Kong, Corée du Sud,
  les nouveaux conquérants ?
- L'économie du Japon,
  une menace ou un modèle ?
- Le Tiers-Monde
  les stratégies de développement
  à l'épreuve des faits
- L'Europe de 1993
  espoirs et risques

Composition : FFC - 39100 Dole
et achevé d'imprimer en juin 1992 par SEPC sur CAMERON
18200 St-Amand-Montrond
Dépôt légal : juin 1992. — N° d'impression : 1274.
N° d'édition : 13070.

Imprimé en France